说明

钱眼儿里的皇朝

李长江 著

天津出版传媒集团

天津人民出版社

图书在版编目(CIP)数据

　　说明:钱眼儿里的皇朝 / 李长江著. -- 天津:天津人民出版社, 2020.5(2020.11 重印)
　　ISBN 978-7-201-15393-3

　　Ⅰ.①说… Ⅱ.①李… Ⅲ.①中国历史–明代–通俗读物 Ⅳ.①K248.09

　　中国版本图书馆 CIP 数据核字(2019)第 280588 号

说明:钱眼儿里的皇朝
SHUOMING: QIANYAN'ERLI DE HUANGCHAO

出　　版　　天津人民出版社
出 版 人　　刘　庆
地　　址　　天津市和平区西康路 35 号康岳大厦
邮政编码　　300051
邮购电话　　(022)23332469
电子信箱　　reader@tjrmcbs.com

责任编辑　　吴丹
装帧设计　　汤磊
封面题字　　孟贵涛
插图绘制　　顾志珊

印　　刷　　高教社(天津)印务有限公司
经　　销　　新华书店
开　　本　　710 毫米×1000 毫米　1/16
印　　张　　22.5
插　　页　　1
字　　数　　310 千字
版次印次　　2020 年 5 月第 1 版　2020 年 11 月第 3 次印刷
定　　价　　68.00 元

序 没见过这样写的税史

曹钦白*

　　首先要感谢长江,在《说明:钱眼儿里的皇朝》尚未完全竣工的时候,就青眼有加,发给我先睹为快。

　　我知道,长江向来对历史有兴趣,因为从事税务工作的原因,他对税史着力尤多。在他迄今出版的六部著作中,前三部都和历史、税收有关,第一部《杞人忧税》(2001 年)和第二部《德鉴》(2003 年)是随笔集,第三部《天下兴亡——中国奴隶社会封建社会赋税研究》(2005 年)则是专著,也因此他很早就成为大咖云集的中国税务学会学术研究委员会税史研究部的学术委员。

　　在我服务的《税收与社会》杂志上,他就惠赐过多篇税史作品,我印象较深的是发表在 2004 年第 11 期上的《甲申三百六十年祭》。

　　看到标题,许多读者会想起再早六十年的 1944 年,郭沫若写的《甲申三百年祭》。这篇作品借明朝覆亡三百年的节点,总结了明王朝亡国和李自成农民起义军昙花一现的原因。当时正值抗战胜利前夕,此文有着多方

---

　　* 曹钦白,龙年生人,"老三届"毕业生。下过乡,当过兵。复员后到税务局收税一年有余,后从事文秘工作。1985 年至今,供职于陕西《税收与社会》杂志社。写过各类题材文章千余篇,近年内容逐渐集中到税收评论和对税收基本知识的普及方面。有专著《我的观点》《享受税收》《税收未被解读的密码》《税:给你制衡权力的权利》和《忆军旅,能不忆玉树》。策划并主编《蜜蜂丛书》三辑 13 种,策划出版《税收与社会·走过十七年光盘典藏版》《岁月如歌》等。其办刊、宣传、科普和学术等税事活动引起财税学者李胜良关注和研究,于 2012 年出版专著《曹钦白评传:一个税刊总编的文化苦旅》。

1

面的意义。毛泽东阅读了此文,非常重视,指出要从李自成起义的历史中吸取经验教训,并将此文作为延安整风的文件之一。该文在延安和各解放区多次印成单行本,产生了很大的影响。

长江六十年后再做文章,煌煌万言,独具慧眼,独辟蹊径。上篇从明王朝后期财政失控着手,论述了明廷由于"增收无力,节支乏术",无法应对内忧外患的困境而导致的全面溃败;下篇接着论述了李自成"成也税收,败也税收"的无奈。其结论建筑在历史唯物主义的基础上,足可为人垂戒!

有此经验,我当然不会放过再次学习、领教的机会,在电脑屏幕上如追星族一般,盯了十天时间。阅读体验是愉快的、引人入胜的,使我全景式地、深层次地对明王朝的税收、财政、经济、政治和社会有了较深入的认识,还加深了对许多人和事的了解,进而对中华帝国的兴衰规律有了更有底气的印证。

在阅读过程中,我的脑海中不时地跳出一个感觉:没见过这样写的税史!直到阅读结束,这个感觉非但没有消失,反而更加执著:没见过这样写的历史!!

我知道,这是自己阅读感受的一个直觉。虽然它没有经过分析推理,但却是建筑在经验的基础上的,并非没有逻辑。此前,无论是历史著作还是税史著作,不论中外,不论通史还是断代史,我多少读过若干种、若干本,但像长江此书这种文风、这种结构、这种立意,却绝少见。说绝少见,是为了留有余地,毕竟,自己一介凡人,不可能穷尽所有著作。

但要写序,我必须诚实地遵循内心的感受,把自己的认识写出来,否则,既是对读者的不敬,也是对自己的不负责任。然而如此写,可能对长江这本心血著作或初衷有所误解,则是不得已的事情,还请长江海涵则个!

一、没见过这样的文风

除过书名朴实无华,直书主题以外,此书的六章七十二节的大标题、小标题,都是别具一格的口语体或者说白话体。

无疑,长江此书应该归类为历史著作,但它的语言和文风却与我们认知中的历史著作大相径庭。一般的历史著作可分为两类：一是纯学术的高头讲章，一是通俗的文学著作。前者语言规范，中规中矩；后者语言或典雅或通俗，不一而足。但长江此书的风格与前两者都不相符，是一种汪洋恣肆，大开大阖，既有口语甚至方言（河北味），又有学养蕴含的略带调侃兼容哲理的形象的语言。

先看标题。第一章内容是田赋及其征管形式和演变。但长江的标题是：**大国丰歉：谁的田园谁的歌**。其余章节类同，不赘。

再看小标题。第一章第一节，内容是朱元璋设计的明朝田赋方案。而标题则是：**朱元璋是个精算师**。

第三看叙述。第二章内容是工商各税。其中第七节写的是香税等杂税。且看作者怎样描述香税：

日暮时分，徐霞客终于攀上太和山金顶，即天柱峰。

这一天是天启三年（1623）三月十三日。在另一篇游记里，这位走遍名山大川的地理学家、旅行家和探险家曾以"慕尤切"表达对太和山的由衷向往，但真的落笔成文，似乎不及游历雁荡山、黄山、九鲤湖、嵩山诸篇高迈雄峻。唯一让读者印象深刻的是作者对榔梅的钟情和对破坏自然生态行为的激愤。对一生无拘无束、独往独来、我行我素的自由侠而言，这无疑是另一个维度的真性情。

真性情的人往往悲天悯人，批判意识强，眼里不揉沙子。当徐霞客在金顶止住脚步，目光滑过金殿、玄帝、四将和炉案，落到活生生的两个本朝官员身上时，他不由得眉头一皱。于是，"督以一千户、一提点，需索香金，不啻御夺"16 字突兀又刺眼地挤进他的游记，流传至今。

依大意翻译，是这样一句话：朝廷设一个千户、一个提点当场监督，索取香金，无异于巧取豪夺。

徐霞客笔下的香金其实是香税。香税是对朝山进香信士征收的一种税。

第四看论述。

从更宽泛的视角观察，所有的和平都是买来的。有一个亘古不变、出手大方的买家叫纳税人，长期花大价钱购买战争机器保家卫国。明初期、前期购买战争机器是为了肃清残敌、巩固政权和国防，后期和末期则演变成四处灭火、拯救危局。（第四章第九节）

天灾人祸肆虐累年，很多农民不再种地，也无法种地，多年保持平衡或基本平衡的剑犁关系严重失衡，粮食和其他战争补给品生产停滞，成为严重稀缺品。农民也找到新角色：流民、流寇、义军，剑犁关系转变成剑剑关系。问题出在财政，根子却在庙堂。（第四章第十二节）

第五看"夫子自道"。

常写文章，自然要常读文章。我喜欢黄仁宇、吴思、张宏杰、当年明月、秋风浩荡的作品。他们精心堆砌的文字，睿智、深刻、犀利、厚重、恣肆汪洋。他们用令人肃然起敬的风骨、文采和学者气度，深深地影响着我。①

再看友人的评价。

李胜良在一篇题为"长江笔法的八大利器"的文章中，称其文风有八个特点：幽默、对文体的"迷乱"和自负、与通俗作家为伍、意犹未尽的结尾、百姓话语的娓娓道来、习用史料习见人物习传观念的推陈出新、环环紧扣的论点展开法、古为今用旁征博引万物皆备于我的融会贯通。（《一个

---

① 李长江：《一声长叹》，内蒙古人民出版社，2009年，第284页。

税报记者的文采风流——李长江〈我说〉序》)

"话须通俗方传远,文必关风始动人。"借冯梦龙的话,做我的评价。

二、没见过这样的结构形式

本书结构,乍看与一般学术著作无异,按照税种,将全书分为六章,分别是田赋、工商税、矿税、军屯、财政分配和税收人物,面面俱到,浑然一体,无可挑剔。但读到1/3,就会发现每章的各个小节,都可以独立成章,就像电脑的模块,各有各的功能,组装起来成为一体,但如将单独的某节拿出来,它又可以成为一个独立的主体,也就是独立的文章。这也是文学评论常说的项链式叙事结构,既能像珍珠一样各自独立,又能用一根主线将每颗珍珠串联起来,形成新的主体。本书以第二章和第五章最为典型。与之相反,一般学术著作材料与主题的关系则有点像皮与毛,"皮之不存,毛将焉附"。多说一句,第二章的内容与现实最贴近,而第五章的内容则更让人感慨、玩味。

我在一份税刊供职几十年,我们刊物一直设有关于税史知识的栏目,由于刊物的特点,它不便刊登有体系的作品,只能发表一些局部的、具体的税史知识的作品,例如某个税种、某个税收事件、某个税收人物的文章。从短期看,似乎杂乱无章,不成系统,但长期看,这个栏目的文章有意无意、不知不觉竟然可以勾连起一两部中外税史的系统作品。其中的道理我这里不赘,但如从长江几十年不辍的税史研究和写作来观察,答案就昭然若揭了。

看到这里,再回看这本书的题目"说明:钱眼儿里的皇朝",就会发现看似平淡无奇的标题其实埋藏了作者的用心、匠心、苦心:这本书其实就是透过钱眼儿看明朝税收"故事"!

显然,这种结构的"税事",更浑厚、更具可读性;在阅读时,也更具灵活性,既可焚膏继晷,亦可善用"三余"。

低调的"奢华",这是我的评价。

三、没见过这样的立意

税事、税史都是历史，历史的写法多种多样，因事而异，因人而异。但人们往往对一些较专门的学科有着成见，认为这些都是知识，而不是人文科学。因此，影响了这些著作的读者面、传播面。比如《明朝那些事儿》《大明王朝的七张面孔》《明朝出了个张居正》《魏忠贤：八千女鬼乱明朝》等，就比《明代赋役制度》(梁方仲)、《明代的军屯》(王毓铨)、《十六世纪明代中国之财政与税收》(黄仁宇)等大学者的作品更具知名度、更畅销。

但具体到税收，到财政来说，如果也这样认识，那就很遗憾了。

埃德蒙·柏克说："从最早的时代起……为自由而进行的伟大斗争，针对的主要是课税问题。"(《美洲三书》)

马克思说："捐税问题始终是推翻天赋国王的第一原因。"①

管子说："取于民有度，用之有止，国虽小必安；取于民无度，用之不止，国虽大必危。"(《管子·权修》)

……

如果上述语录还嫌笼统的话，那么熊彼特在《税收国家的危机》一文中的话则再明确不过地挑明了财政税收与国家命运的关系："一个民族的精神、文化水平、社会结构以及由政策产生的行为，所有这一切以及更多的内容，都写在民族的财政史中，无须任何修饰之词。懂得在此处聆听财政史传达出来的信息的人，更能清晰地识别出世界史的巨响。"②

正是有感于税收对治国理政如此重要，却往往被人忽视的遗憾、耿耿和不甘，所以长江才几十年孜孜不倦地研究税收，所以他才不希望自己的作品被放置到某个专门学科的角落里尘封，所以他在写作初期的立意时，就自觉地将这本书放置到了研究国家兴衰历史的位置上。

---

① 《马克思恩格斯全集》第 10 卷，人民出版社，1962 年，第 629 页。
② ［奥］熊彼特：《税收国家的危机》，载［美］哈罗德·M.格罗夫斯基著、［美］唐纳德·J.柯伦编：《税收哲人——英美税收思想史二百年》，刘守刚、刘雪梅译，上海财经大学出版社，2018 年，第 180 页。

且看他的夫子自道："史家观察明朝的运动轨迹,大多选择政治、军事两大坐标系。这当然是对的。如果再从赋役的视角切入,相信会有更真实、更立体、更直接、更通透的观感。"(第一章第八节)"财政体制是大明的钱眼儿。透过钱眼儿看皇朝兴衰,便于调整焦点、景深、曝光量和白平衡。"(第五章第一节)

在现实中,不时见到一些官方和民间人士爱拿"枪杆子"和"笔杆子"与政权的关系说事,我看到这样的"高论"往往不以为然;他们只看到了历史的表面,而没有看到历史潮流下面的暗流,多数时候它才是决定历史走向的真正原因。以战争为例,过来人都说研究战争:"外行谈战略,内行谈后勤"。这里的后勤,上升到国家治理层面,就是税收、就是财政、就是"钱袋子"。不懂"钱袋子"的重要性,是不可能如臂使指那"二杆子"的。

即便在当今建设现代化的进程中, 税收仍然是国家发展的决定性因素。王绍光、胡鞍钢在《中国国家能力报告》(辽宁人民出版社,1993年)中谈到:"国家能力是指国家(中央政府)将自己的意志、目标转化为现实的能力。国家能力包括四种:汲取财政能力、宏观调控能力、合法化能力以及强制能力。其中国家汲取财政能力是最重要的国家能力,也是实现其他国家能力的基础。国家能力对一国工业化进程产生着深刻影响。一个国家的经济越落后, 工业化起步越晚,国家在工业化过程中所发挥的作用就愈大。因此,对于各国来讲,提高国家能力特别是提高国家汲取财政能力,也就成为最重要的国家能力,它是实现其他各项国家能力的基础。"众所周知,此报告深刻影响了1994年的财政分税制改革和税制改革。

正是出于这样的认识、这样的自觉,长江才有意识地将《说明:钱眼儿里的皇朝》和具体而微的考证相区别,和"拔鹅毛的艺术"相区别,在与明朝的兴衰联系的大道上叙事、掘进和论述。由此作品从整体到细节就呈现出不一般的大气和深沉,结论更是斩钉截铁:

"税收是王朝兴衰、更替的重要变量。税收演进和王朝兴衰具有时间、方向、深度和广度上的密切相关性和高度一致性。"(第一章第十二节)

"苏州司业诗名老,乐府皆言妙入神。看似寻常最奇崛,成如容易却艰

辛。"(王安石·题张司业诗)

我觉得用王荆公的这首诗来形容长江这本书的立意还是很恰切的。

这也没见过,那也没见过,有时并不是贬义,它恰恰证明和展示着作者不走寻常路的推陈出新的意识和一力打造的"独门秘器"。

也许,这正是长江想呈献给读者的全新体验和对税收作用的全新认识。

从此角度认识,我得说,长江的目的达到了!

扫码进入长江书友群

目　录

1

大国丰歉:谁的田园谁的歌

第一节　朱元璋是个精算师

"予本淮右布衣",朱元璋时不时拎出这句话当开场白,一半是为了炫耀,另一半还是为了炫耀。

这话的意思是:想当年老朱我过五关斩六将……

"淮右布衣"是个精算师。在承继元政(本质上是秦政)优秀和合理成果的基础上,他极富创意地设计明朝的制度和规范,建立起一个看上去精致、完美、安全、妥帖的社会模型。

特务政治、废除宰相不说了,离可歌可泣远了点。

《大明律》不说了,说说《大诰》。这是一部比《大明律》重要得多的法律文献,可圈可点之处很多。

以判例法成书,英美法系倾向明显,开风气之先。处心积虑的误打误撞,竟然走出一条中国特色的司法新路,说来也算神奇。

一万多个案例全部来自本朝司法实践,犯罪过程和处罚方式全景再现,包罗万象,分门别类,有名有姓,具体生动。平民百姓没本事熟记晦涩枯燥的律令条文,却有兴趣听专业人士绘声绘色的以案说法。在芸芸众生的潜意识里,那些滴血的纷争就发生在邻家牛栏、村西破庙和东山林地……纷争的当事人就是走乡串户的锢漏匠、偷鸡摸狗的二埋汰和饥寒交迫的刘寡妇……这在一定程度上满足了底层民众的猎奇感和求知欲。

不厌其烦、津津乐道地展示抽肠、剐皮等多种酷刑，以鲜血淋漓、触目惊心的特殊行为艺术警示民众，前车之鉴的作用一再放大。

犯人家里能不能找到《大诰》，直接影响判决结果。有《大诰》罪减一等，无《大诰》罪加一等。看上去匪夷所思的奇葩规定，蕴涵着朱元璋普及《大诰》的良苦用心。只有农民，才有这般厚道实在、直来直去、立竿见影的智慧。

说说明朝的皇室。对朱家子孙，朱元璋举手投足都是满满的、足足的溺爱。他把所有皇室成员小心翼翼地放进蜜罐，还在他们的左手右手各塞一个馒头，身前身后各放一碗红糖、一碗白糖。

为防止这些四体不勤五谷不分的纨绔子弟被人轰下台，一向以"杀尽江南百万兵"标榜自己雄武豪霸的首任皇帝果断举起屠刀，将开国功勋杀得七零八落、七荤八素，以至于朱棣起兵"靖难"那天，建文帝派不出像样的将帅御敌。

皇室人丁的雪球越滚越大，本该成为社会标杆、道德楷模和政权中流砥柱的皇族却因学识、胆识、能力和品行越来越差，形象越来越坏，被全社会看不起。如同扶不上墙的一摊烂泥，他们渐渐退化成七扭八歪、尸位素餐的家国拖累，成为全社会最大的负能量和最大的不良资产。

这个结果，肯定不是朱元璋期盼的。倘若地下有知，他一定痛心疾首，追悔莫及。太闹心了，这都些什么瘪犊子玩意儿？

说说身份固化。在封建社会，身份固化的事例比比皆是。我们熟悉的说法是世袭制、铁帽子，所谓"龙生龙凤生凤，老鼠的儿子会打洞"说的就是皇族和功臣对爵位、官职和特权的排他性延续，用经济学的术语说叫垄断——资源垄断，机会垄断——用老百姓的话说叫好事儿被有权有势的人家永远号下了。

想想似乎合情合理：皇权被你们朱家栽到自留地里，我们这些提着脑袋瓜子出生入死几十年的元功宿将，不该弄个公侯伯子男啥的平衡平衡脆弱的心灵？用幼儿园小朋友的话说这叫排排座分果果，用梁山好汉的话说这叫天罡地煞排座次。

只有充分共享造反成果，才能确保没人二次造反。这个道理，功臣们懂，朱元璋也懂。心有灵犀，他们配合默契。

朱元璋自然深知固化统治集团当下待遇和长久利益的必要性和紧迫性。他做得很彻底，处于社会金字塔最底层的民户、军户和匠户，也被顺手拉过来享受世袭制的阳光雨露。

至于这种让人哭笑不得的强制性、调戏性世袭事实上切断了弱势群体流动和上升的通道，严重抑制了社会发展进步的动力和活力，只是踌躇满志、心高气傲的朱皇帝一时半会还看不到。

捧在朱元璋手上的是一张社会分工树状图。民户的枝杈上长出儒户、医户等，军户的枝杈上长出校尉、力士、弓兵、铺兵等，匠户的枝杈上长出工匠户、厨艺户、裁缝户等。

树状图精细到毫末，我们以匠户为例。明初的匠户有民匠、军匠之分，也有住坐匠户（由内府内官监管辖）、轮班匠户（由工部管辖）之分。"轮班匠户含六十二行匠人，后细分为一百八十八行，洪武二十六年名额二十三万二千八十九名。"①

朱元璋用这种扒堆分治、横平竖直、行业传承的方法把百姓牢牢地固定在土地上，牢牢地固定在社会网格中。

对各级政府和各色官员，朱元璋同样操碎了心。不管是行政公务、司法裁决，还是仓储准备、人口统计，甚至街道保洁这些琐事，皇帝大人都不厌其烦，逐一制定操作规范，每前行一步都是不容偷懒的"分解动作"，这相当于今天买电器时附送的说明书。

动脑的事儿我干，动手的事儿你们干。看多了元帝国混乱无序、藏奸耍滑的明太祖幻想着帝国每一个阶层和每一个成员都各司其职，互不干扰，像无数条永不相交的平行线，一同编织出分工严谨、监管严密、等级森严、秩序井然的盛世大明。

看上去精致、完美、安全、妥帖的社会，实际上是不精致、不完美、不安

---

① 《大明会典》卷一八九。

全、不妥帖的社会。把千变万化、错综复杂、丰富多彩的人类社会装进预制的模具里，这想法又可爱又可笑。

固化和理想化，时间久了就是僵化。一个僵化的社会，是没有脑子、不动脑子的社会，也是缺少生机、活力和创造力的社会。

朱元璋犯了一个农民常犯的错误，那就是想当然、瞎指挥、跟着感觉走。他不知道，这走法儿会掉进沟里，而且爬不上来。

这也难怪，几十年光阴都耗在放牛、讨饭、撞钟和造反这些事儿上，朱元璋的文化底子确实薄了些，"以铜为镜，以古为镜，以人为镜"之类的先贤旧事，他知之不多，治国理政又不同于放牛和撞钟，这让他吃了很多暴亏。

比吃亏更糟糕的是，由于名头和权势太大，气焰和气场太盛，没人敢提不同意见，更没人敢嚷着要刹车改道，他的失算他的荒唐他的瞎鼓捣只能由整个社会在事后买单。

而且时时事事说一不二、唯我独尊的优越感和成就感迷住了他曾经犀利、善于发现问题的双眼。在错误的道路上，他只能越走越快、越走越远。

大独裁早晚会走向大败亡，原因就在这里。

让朱元璋津津乐道、自我陶醉的帝国秩序，很快就滑向失序。比失序更可怕的是很多事情都直接调转了方向：某些皇室成员冲冠一怒，起兵造反夺权；帝国税基一再缩水，秋天的谷场不再丰盈；吏治严重腐败，虽峻法高压亦屡禁不止，愈演愈烈；宦官接续当权，一个比一个负能量大，一个比一个破坏性强；流民四起，动辄数万人、数十万人武装大游行。

这些难题，让朱元璋的后继者伤透脑筋，一筹莫展。

如同郎中不能包治百病，精算师也不敢确保数据精准无误。"人算不如天算""智者千虑必有一失"两句老话告诫我们，和社会运行、发展规律之类的天理、天道、天条、天候、天机相比，人类个体的理性总是有局限的。

因为自己是皇帝，朱元璋犯起错来，自然高出别人几个重量级。或许，"啥都玩得大"也是特殊禀赋。

总算有例外。我说的例外是税收制度、税收管理和税收秩序。至少在

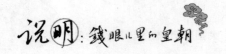

明初,这活儿干得相当靠谱儿。

第二节　我是宗主我怕谁?

别不服气,就严密性、完整性和系统性而言,明初的赋役制度绝对好于历史上任何朝代。

这得益于朱元璋对赋役尤其是田赋本质、特征的深刻探查和对当事各方身份的精准定位。

当然,这要借助一个大前提、大背景、大平台:皇权,绝对皇权,不容置喙、不容置疑、不容挑战的绝对皇权。

不管是深思熟虑,还是灵机一动,明太祖触碰到了一些本原的问题,也就是根子上的问题。他提出了问题,思考了问题,也回答了问题。在合适的时间、合适的起点和合适的语境,以合适的身份、合适的手法和合适的路径。

第一个问题:我是谁?

以前我是放牛童工朱重八、打杂和尚朱国瑞、造反派领袖朱元璋,现在我是洪武皇帝,以后我是明太祖。

我的岗位极其重要,我的工作极其辛苦:高高在上、生杀予夺、主宰一切,制定规则、解释规则、改变规则。

第二个问题:你是谁?

一般的说法,你是民户、黎庶、庄稼人、泥腿子、种地的。最神圣、最有尊严、最能激发自豪感的说法,你是光荣的大明子民。

第三个问题:谁是土地的主人?

我呀!皇帝!这是秃子头顶的虱子——明摆着,不用讨论,瞎耽误工夫,还容易引发混乱。万一把思想搞乱可不得了,要知道,思想的混乱是最大的混乱。

老祖宗早把话撂在那里:普天之下莫非王土。这话何其深刻,放之四海而皆准,颠扑不破。

记得我的座右铭吗?跟我念一遍,以后别忘了,忘了对你没好处:你的就是我的,我的还是我的。那么多喘气的人都是我的,遑论那么多不喘气的田地和财物?

朱元璋的逻辑简单、直接,看上去也底气十足:土地的所有权是我的,不容置疑,但这不影响农民劳作,因为所有权和经营权可以分离,只要满足一定条件,即确定雇佣关系。同样,农民是种地的不假,但这不能说明农民种的地是农民的。

第四个问题:土地上的产出归谁?

上一个问题解决了,这个问题就不是问题。土地是我的,土地上的产出,也就是粮食或其他农作物,当然也是我的。

有一个技术问题顺便一并解决:农民兄弟辛勤劳作付出了时间和汗水,除了"土",农业生产还需要"肥水种密保管工",我拿走我该拿走的那部分,剩余的就作为必要回报留给农民吧。换句话说,我不付工钱了,佃农们扛几袋粮食养家糊口吧。

第五个问题:有地没人种,咋办?

办法很简单:移民。从元至正二十七年(1367)到永乐末年,明朝大移民运动历时 60 年,移民规模有据可考者 200 万左右,实际可能 400 万左右甚至更多①,基本实现了以"狭乡"补"宽乡",均衡人口,调节地力,使"地无遗利"和"人无失业,而有恒产"的人口布局调整目标。这绝对是一项深刻影响了中国历史的伟大工程。

看明白没? 朱元璋的套路和以往的帝王不一样。他从所有制入手,顺着两根金色的常青藤,捋清了帝国的土地制度和赋役制度,包括:土地的分配与所有权的归属、土地的垦殖与经营管理形式、地租的等则与征收方

---

① 近年有研究者提出,仅洪武二十六年(1393)移入长江流域的人口就达 700 万(见曹树基:《明代初年长江流域的人口迁移》,《中华文史论丛》第 47 辑)。

式、地租的分割占有。

第一根藤叫宗主。皇帝是全国人民的大宗主，所有百姓都是他的编户民，也就是役户。这是一种人身依附，干净彻底，不容争辩。这是一切政治经济社会文化关系的总开关，找到这个总开关，天上地下房里屋外的能源和通讯网络统统搞定。

既然是编户民，就要分拨承担徭役，纳粮当差。可以有例外，根正苗红、浓眉大眼的钦赐优免者另当别论。

百司官僚、地方庶尹也要更新观念。你们的职责是替皇帝经管土地、牧养百姓。你们是官不假，但官也是役，荣耀一点、体面一点、特殊一点的役。你们大多是读书人，想必知道"普天之下莫非王土"后面还跟着一句"率土之滨莫非王臣"。通俗地说，你们的本分是服役，你们服役的那个岗位是当官。皇民的职业先有分工不同，后有高低贵贱之分。这就对了。

第二根藤叫地主。皇帝是全国头号大地主，总地主，皇帝名下的每一寸田地都是户役田。皇家土地被授予或被允许管业，均以役户必须执行其本等差役为前提。

啥意思？欢迎耕种本地主的土地。本地主实力雄厚，宅心仁厚，回报优厚，选择和本地主合作，说明你有眼光。两条规矩，说在前面：你种我的地，要经我授权；你种我的地，要承担本等差役。这是充要条件，公平合理，必须满足。没问题吧？好，签字画押那一套就免了，牵牛过来吧！

不得不佩服朱元璋的聪慧和气魄，他以大宗主＋大地主的双重身份坐实了"占田于民，则入赋于君"①的封建逻辑。

发现自己"不一样"，是聪明；开发和经营自己的"不一样"，是智慧。

同此前此后的朝代大体相同，明朝田制的说道很多。除了皇家掌控的官田，还有散落民间的民田。

《明史·食货志》说："田土之制，凡二等：曰官田，曰民田。初，官田皆宋、元时入官田地。厥后有还官田，没官田，断入官田，学田，皇庄，牧马草

---

① （明）顾炎武：《天下郡国利病书·南阳府志·田赋》。

场,城堨苜蓿地,牲地,园陵坟地,公占隙地,诸王、公主、勋戚、大臣、内监、寺观赐乞庄田,百官职田,边臣养廉田,军、民、商屯田,通谓之官田。其余为民田。"

　　容我粗略解释。宋元时入官田地,即前朝官田易主,又称"旧额官田"或"古额官田"。这是最实际、最实在、最实惠的造反成果。本朝新籍官田,称"抄没官田"或"近额官田"。前者主要是南宋官田过户,后者主要是"打土豪"斩获。还官田,一种是赐田于公侯,以租代俸,后"给公侯岁禄,归赐田于官"。另一种是赐给官员或百姓承种,后因故收回。没官田,即籍没之田。断入官田,指多方争抢,来历不明的田土,既然搞不清以前是谁的,那从今往后就是官府的。这样断案堪称创举:一件值钱但有争议的物品,没断给原告,没断给被告,几堂下来,断给了法官自己。学田,也叫供田,包括书院田、儒学田,以其租办学或助困。皇庄,后更名官地,皇家私产,其租入皇室。牧马草场,官马放牧地。城堨苜蓿地,城郭旁饲料地。牲地,光禄寺、太仆寺所用牲畜之饲料地或放牧地。园陵坟地,帝王陵墓用地。公占隙地,民间义冢或显贵坟茔,官仓坛殿用地。诸王等赐乞庄田,皇帝赐给功臣或诸王向皇帝奏讨的土地。百官职田,品官职分之田,以租补俸。边臣养廉田,置于边境,官吏和监军使津贴来源。军、民、商屯田,分别用于解决边区及内地军队粮饷、民食、资助边境军粮的田地。

　　民田,民众自有田产,包括新开田、沙塞田、闲田、僧道常住田等。

　　就数量而言,官田少于民田,苏松两府官田多于民田。明中叶后,官田逐渐私有化,科则与民田合一。

　　"官田"最早见于《周礼》,其后演化轨迹,杂说不一。一说"自汉至唐不闻云官田者",一说汉唐亦有官田。至宋至元,官田渐多,迄明益盛。多数学者认为,明初官田实为"国之所有",法律禁止买卖。民田为民所自有,允许交易。

　　明初官田、民田的差异之一,是征税名目、税粮科则不同。官田曰租,民田曰税。官田租重,民田税轻。官田多由贫民佃种,民田多在豪右名下。

　　这里说的科则,指的是田租的等级和数量。

没错，官田多由贫民佃种。既为佃种，总地主派穆仁智小组来收租，错了吗？

按照这样的"地界"理解明初田赋，大体不会跑偏。

第三节　一帖两册：人间正道耕与读

如果说摆足大宗主、大地主的 pose 是为了找感觉、震山威，接下来的编造田籍则是夯实税基的真功实做。

地主家有没有余粮，地主知道。地主家的田产坐落在哪个方位、租给谁耕种，地主更该知道。

好地主的标准之一：晨昏理田亩，俯仰识盈亏。洪武元年（1368）正月初四，朱元璋称帝，兼总地主。9 天后，派国子监生周铸等 164 人去苏松各地核田亩，定赋税。当地主要有样儿。这节奏，妥妥的夙夜在公，只争朝夕。

好地主的标准之二：往来沐风雨，稼穑应农时。朱元璋这样教导中书省官员：兵火之后，郡县版籍多亡。而田赋之制，不能没有增损。征敛失中，百姓必然生怨。今欲经理，以清其源，不能超过限度损害百姓。养政在于养民，养民在于宽赋①。

朱元璋又嘱咐周铸及其随员：你们经理田亩，必须据实奏报，不要重复以往的弊病，妄自增损，曲徇私情，以害吾民。否则，国法难容②。

好地主的标准之三：丹心付社稷，泪眼看苍生。看得出，朱元璋立志当个"好地主"。然而这并不容易。因为几乎所有地主都不想当"好地主"，他们没那个习惯，也没那个意愿。好地主不能当饭吃，能当饭吃的只有人口

---

① 《明太祖实录》卷二五。
② 《明太祖实录》卷二五。本书多次用到"经理"一词。两种用法：动词，经营管理；名词，负责经营管理的人。本书多为前一种用法，指行为。

和土地。洪武十三年(1380),户部核实天下田土,江浙豪民富户与朝廷斗智斗勇,争夺人口和土地。这些南霸天和黄世仁心明眼亮,脑袋瓜子塞满了粮食和财宝,哪里还挤得下责任和义务。他们将自家田产诡寄于亲邻、佃仆,以躲猫猫的手法逃避赋役,时称"铁脚诡寄"。日久天长,相沿成风,层层欺瞒,奸弊百出,"铁脚诡寄"升级为"通天诡寄",也就是上下合伙躲皇帝的猫猫。就这么一糊弄,贫民赋役日重,欠税激增,马太效应显现,社会矛盾尖锐复杂,皇权赖以生存的物质基础受到冲击。

佃农出身的当朝皇帝自然洞悉个中猫腻儿。他采取果断措施,编造赋役黄册,正本清源,釜底抽薪。

这帮死刘德,跟我玩儿?看我不玩儿死你们!刘德是地主。朱元璋当和尚之前,给他放过牛。

洪武十四年(1381)正月,赋役黄册告成。黄册为"四柱式",逐户详列旧管(以前登记户口)、新收(出生或迁入户口)、开除(迁出或死亡户口)和实在(目前实有户口)之数。黄册对加强户口管制,健全基层政权组织,维护社会秩序,完成赋役任务发挥了不可或缺、不可替代的重要作用。

黄册的局限性也暴露出来。朱元璋眼神儿极好,看得清清楚楚:"赋役必验民之丁粮多寡,产业厚薄,以均其力。赋役均,则民无怨。"[1]"民有田则有租,有身则有役,历代相承,皆循其旧。今民愚无知,乃诡名隐藏,以避差役。互相仿效,为弊日甚"[2],以致"一里之内,贫富异等"。

朱元璋给出的高招儿是王八拳加扫堂腿,双管齐下,同步清查户口和田地。以普查人口为基础建立户籍,以清丈土地为基础建立田籍,使户籍和田籍交叉稽核,相辅相成。

自洪武十九年(1386)起,国子监生武淳等先后到江浙地区府县乡里"丈地""画册",经理"田赋图籍"[3]。他们逐丘丈量田土,采集形状、四至等

---

① 《明太祖实录》卷一六三。

② 《明太祖实录》卷一六五。

③ 《明史》卷一五〇《古朴传》、卷一五一《吕震传》。

田地信息绘图,加注田主相关信息后,各按字号次序编类为册。图册犬牙交错,状如鱼鳞,故称鱼鳞图册。

两册之前,朝廷已颁行户帖制,也就是人口普查登记。《食货志一·户口》记载:

> 凡户三等:曰民,曰军,曰匠。民有儒,有医,有阴阳。军有校尉,有力士、弓兵、铺兵。匠有厨役、裁缝、马船之类。濒海有盐灶。寺有僧,观有道士。毕以其业著籍。人户以籍为断,禁数姓合户附籍。漏户、脱户,许自实。

明朝的户帖,相当于现在的户口簿。含三项内容:圣旨;户主姓名、籍贯,全家人口,分为男子成丁、不成丁和妇女大口、小口,俱记姓名、年龄及其与户主关系;登录事产,包括房屋、田地、船只和耕牛等。

户清、口清、地清、产清,底数通透。户口制度、土地制度、赋役制度三位一体。三农这点儿事,至此齐活儿。

对了,管理方式也有变革,主要是实行粮长制。以税粮万石为标准划区,每区设粮长四人,"以田多者为之,督其乡赋税"。这和大造赋役黄册时行里甲制一样,也是先完善组织,再责任到人。

这叫以民治民。据说这是治民的最高境界。

现代税收理论认为,越是税制简化、税基宽泛、税率从低、征管严密的税收,越是文明的税收。明廷找到鱼鳞图册和赋役黄册两大抓手,有效厘清和拓宽了税基。从传导机理看,这事儿并不复杂:"按图以稽荒熟,为某人现业,则田土不可隐;按册以稽某家某户占田若干,坐落某处,则税不可逋。"①

更重要的是,两册构建起田土和户籍管理长效机制。选取某个时点的

---

① 《大明律·户律》。

"实在"为"旧管",加减此后"新收"和"开除",新的"实在"随时生成。"鱼鳞册为经,田土之讼质焉。黄册为纬,赋役之法定焉。"①凡典卖田土,备书税粮科则,官府记录在籍,有案可稽,隐瞒田土、转嫁税粮、产去税存现象随之大幅减少。

经纬交织,就是一张网。张网收网,财源滚滚。

户口制度和土地制度并行不悖,立法可谓科学、完备。

善于"两头堵"的明太祖不是"一根筋"。明初的基本政策,走的是原则性和灵活性兼顾的柔性、理性、中性道路。

屡经战乱,中原地区田地荒芜。朱元璋命中书省议定分配办法,计民授田。洪武三年(1370)设立司农司,经管垦田事务。临濠地区地多闲弃,朝廷验民丁力,计亩给田。北方地广人稀,地多不治,朝廷招民耕种,免税粮三年。

为调动农民种田积极性,朝廷规定:凡由官府资给耕牛、农具者,收其租税;凡额外垦荒者,永不起科。

人间正道耕与读。农民皇帝朱元璋统领雄心勃勃、百废待兴的农业大国,走上铸剑为犁、安居乐业的稳健发展道路。

从洪武元年(1368)到十六年(1383),全国累计垦田2 053 314顷。到洪武二十六年(1393)全国田土8 577 623顷,比洪武元年(1368)增加652万顷。

洪武十八年 (1385) 全国收获麦米豆谷20 889 617石②,二十六年(1393)增至32 789 800石③,和元代全国税粮12 114 700石相比,增加将近一倍④。"是时宇内富庶,赋入盈羡,米粟自输京师数百万石外,府县仓廪蓄积甚丰,至红腐不可食。岁歉,有司往往先发粟赈贷,然后以闻。"⑤

粮食多得是。赈济灾民,先斩后奏,跟朝廷报个数儿就成。

①《明史》卷七七《食货一》。

②《明太祖实录》卷一六七。

③《明太祖实录》卷二三〇。《明史·食货志》:"赋役作夏秋二税,收麦四百七十余万石,米二千四百七十余万石。"

④《元史》卷九三《食货一》。

⑤《明史》卷七八《食货二》。

明制以税粮定府县等级。县分上中下，分别以田赋10万石、6万石、3万石以下为标准[①]；府亦分上中下，分别以田赋20万石以上、20万石以下、10万石以下为标准。洪武八年(1375)起，开封由下府升上府，怀庆、平凉升中府，太原、凤阳、河南、西安升上府，扬州、巩昌、庆阳升中府，鄞县升上县。扬州残破最重，历时8年恢复到中府水平，可见发展迅猛。

洪武十四年（1381）全国10 654 362户、59 873 350人[②]，二十六年(1393)增至16 052 860户、60 545 812人[③]，与元朝极盛时期相比，户增340万，口增700万[④]。

随着桑麻棉果普遍种植，纺织业快速发展，商业跟进繁荣，出现了许多以纺织工业和商业为支柱产业的新兴城市。

炊烟袅袅，牧歌悠扬。汗水洒进田野，笑意写在脸上。“开轩面场圃，把酒话桑麻”的日子，坚定地、平和地走来。

第四节　哥赏的不是土地，是税基

事儿，还是坏了。坏在税基上，坏在吏治上。

祸根早就种下。史书告诉我们，鱼鳞图册算不上朱元璋的发明，这玩意儿至迟元朝就有。核田亩，定赋税，是历代相沿的传统套路，套路本身没啥问题，问题是弄着弄着就走了板、变了形、偏离了方向、脱离了轨道，甚至180度大转弯。

勉勉强强走过洪建永三朝，鱼鳞图册就受到冲击，日渐花奁。最大的乱象，是税粮与田亩分离，“有田者无粮”“有粮者无田”，田产已去而税粮

---

①《明史》卷七八《食货二》。

②《明太祖实录》卷一四〇。

③《明史》卷七八《食货二》。

④ 据《元史》卷九三《食货志》数据对比计算。

犹存,无田者纳无穷之税。

"誊旧塞责,遂成故套"八个字表明,下坡路的第一步是"猫盖屎",把明白账弄成糊涂账,把清水搅成浑水。

"坏事儿"的过程虽然漫长,但紧要处只有一两步。

从牵驴到拔橛儿,基层政权扮演了至关重要的龌龊角色。

可恨的是,挖完帝国墙脚,慷完帝国之慨,他们振振有词:我们这样做,是为了讲政治顾大局,报效朝廷,造福桑梓。

事情要从亩制说起。北方丈地,5 尺为步,240 步为亩,百亩为顷。起初,明廷沿用元代里社制①,原住民以社分里甲,称"社民"。后移民屯田,迁入者称"屯民"。社民、屯民步尺迥异,社亩是大亩,屯亩是小亩,此亩非彼亩。麻烦来了。

转折点在宣德朝(1426—1435)。宣宗朱瞻基违背太祖承诺,锐意开源,当年信誓旦旦"永不起科"的垦荒地,连同低洼、盐碱地,一概量出作数,列入赋额。由于原额地少,丈出地多,地方政府怕引发朝廷不满,公然作假,拿大亩当小亩,甚至拿数亩作一亩,左一刀右一刀剔至原额上报。

此后的事情似乎顺理成章。每逢编制册籍,地方政府想也不想即沿用双重标准:以大亩上报,用小亩派粮。

听说过大小斗、大小秤吗? 一个原理。一出一入,学问大大的;刀前刀后,猫腻大大的;亩里亩外,好处大大的。

地方官员由衷地佩服自己:你说俺咋就这么聪明?

大小亩并存,后果之一是基层胥吏人手一捆伸缩自如的橡皮筋,随时随地上下其手、弄虚作假,无所顾忌。

正向推,上欺下骗糊弄过去了。反向再推,推不回去了。纳粮田亩和实际田亩,就这样人为分置到两个频道。

田亩乱了频道,鱼鳞图册也就成了废纸。

比"橡皮筋"更具破坏力的行径,是法治松废,土地兼并之风盛行。明

---

① 即在乡村里中以 50 家为一社,20 家为一甲。

初，太祖刑用重典，执法严猛，多数人不敢以身试法，只好乖乖如实申报、登记，欺隐田土现象因而罕见。时过中叶，法治日趋松废，土地兼并之风盛行，田土多被欺瞒，见籍纳税的老实人越来越少，鱼鳞图册名存实亡。

嘉靖八年（1529）六月癸酉，詹事霍韬的一份奏折揭开了大明皇朝额田真相。霍韬的定性是"蠹国害民，弊无纪极"，这说明事情不是一域的坏，也不是一时的坏、一般的坏。

> 臣等奉命修《大明会典》，各该衙门未见送到册籍。未及编纂，臣等先于私家将旧典各书翻阅。窃见洪武初年，天下田土八百四十九万六千顷有奇。弘治十五年，存额四百二十二万八千顷有奇，失额四百二十六万八千顷有奇。是宇内额田，存者半，失者半也……由洪武迄弘治，百四十年耳，天下额田已减强半。再数百年，减失又不知何如也……洪武初年，甫脱战争，人庶鲜少，田野多荒，田额宜少也，乃犹垦辟八百万顷。今奕世承平，人渐生聚，田野尽辟，田额宜多也，乃失额四百万顷。总国计者，可不究心乎？天下有司，受猾民赃利，为之欺隐额田，蠹国害民，弊无纪极[①]。

一个头脑简单又恪尽职守的文墨小吏奉命搞一本文件汇编，有关部门懒得配合，他只好自己动手查阅资料，不想误打误撞，惊异地发现一座深潜多年的冰山。天哪，他被吓坏了。

弘治十五年是 1502 年，上溯 134 年是洪武元年，霍韬说的"百四十年"，是概数。134 年划过指尖，"疆里如故"而又"田野尽辟"，田土飞不动、搬不走，怎么就折损过半？

田土并没减少，减少的是纳粮的田土。这叫税基缩水。

借用小品演员范伟的一句台词：我只想知道我是咋没的？

很大一部分赏给了王公大臣。开国那阵子，皇帝指点江山，激情澎湃，

[①]《明经世文编》卷一八七《霍文敏公奏疏·修书陈言疏》。这里的"奇"，是零数。

动作潇洒,出手大方,封官拜爵赏田产,凝心聚力奔小康,忙得意盈志满,忙得不亦乐乎。

由太祖到成仁宣英代宪孝武世穆神12帝,亲王55国。亲王嫡长子嗣位为王者321人。王之子孙封郡王、镇国将军、辅国将军、奉国将军及镇国中尉、辅国中尉、奉国中尉者,将近3万人。除常禄外,有的直接拨给田土。

看到那么多凤子龙孙一把鼻涕一把泪地跪在自己脚下唠唠叨叨重复感恩戴德的漂亮话,大明天子的成就感屡屡爆棚。

赏地不是小孩子过家家,那要动真格的。明朝的"真格的"是亲藩受赐田地载于金册,免除全部税粮和差役。这意味着大量占有土地、资产和资源的王公贵族及官僚阶层从拿到地契那一刻起,和税收监控不再发生半毛钱关系。

最初的土地赏赐还算构筑了一种激励机制,后来的土地赏赐则掺杂了权势角逐的复杂因素。明后期,免税土地的受赐和受益范围毫无节制地扩大,逐渐形成一个以足够体量和动能冲击直至动摇税基的庞大免税特权阶层。

嘉靖四十年(1561),景王之国,多请庄田,其他土田湖陂入者数万顷[1]。

潞王居京邸时,王店、王庄遍畿内。万历十七年(1589),就藩卫辉,上赐豫、楚两地闲田及原景王府庄田4万顷[2]。

万历四十一年(1613),福王就藩河南,神宗赐良田4万顷,经叶向高等大臣据理力争,改赐2万顷,河南土地不够,以山东、湖广之地补足[3]。

4万顷,约占全国田亩总数6‰。2万顷,3‰。

4万顷或2万顷的主儿,只要凑够167个或333个,167人或333人之外的所有人都将"地无一垄"。

---

①《明史》卷一二〇《景王传》。

②《明史》卷一二〇《潞王传》。

③白寿彝总主编:《中国通史》第九卷(上),上海人民出版社,1999年,249—250页。

天启年间，藩王无田可拨，竟令各地农民分摊银租，致现"无田之租"①。

捧读史书，笔者发现一个十分有趣的怪现象：貌似居高临下的赏地有时竟是对"奏讨"的无奈回应。所谓奏讨，就是可怜巴巴地上一道折子，一把鼻涕一把泪地痛说一番革命家史，摆一摆祖上和自己的功劳和苦劳，摇摇尾巴，乞求皇帝赐几顷地，讨点闲钱解解穷气。咱是皇帝的至亲近臣，不能穿麻衣吞野菜给皇帝丢人不是？

这和后来社会的跑官、要官蛮像一回事儿。

夏言奉敕勘报皇庄及功臣国戚田土疏有这样一段文字：

> 近年以来，皇亲侯伯凭藉宠昵，奏讨无厌，而朝廷眷顾优隆，赐予无节。其所赐地，多是受人投献，将民间产业夺而有之。如庆阳伯受奸民李政等投献，奏讨庆都、清苑、清河三县地五千四百余顷。如长宁伯受奸民魏忠等投献，奏讨景州、东光等县地一千九百余顷。如指挥金事沈傅、吴让受奸民马仲名等投献，奏讨沧州、静海县等地六千五百余顷。以致被害之民，构讼经年，流离失所，甚伤国体，大失群心②。

奏讨无厌＋赐予无节＋构讼经年，事情已然滑到失控的边缘。甚伤国体、大失群心事小，侵蚀税基、危及社稷事大。

夏言点了某些人的名，字里行间，很看不上这些人的本事和德行。

另一则史料用到"朦胧奏讨"一词：景泰初顺天、河间等府县地土，多被宦豪朦胧奏讨及私自占据，或为草场，或立庄所，动计数十百顷③。与"奏讨"相比，"朦胧奏讨"显然是"高一年级"的新花样。

血腥、疯狂的魔鬼程序一旦启动，除了静候它自我毁灭，或者关机重启，没有第三条路。

---

① 孙翊刚：《中国财政史》，中国社会科学出版社，2003年，第278页。
② （明）夏言：《夏桂洲先生文集》卷一三。
③ 《明英宗实录》卷二〇一。

第五节　地主家真的有余粮

对地主,朱元璋区别对待,又打又拉。

A 组地主被连哄带吓弄到京郊,划拨一片田地,继续享受"稻花香里说丰年,听取蛙声一片"的田园生活。

B 组地主被选作"税户人才",赏个知县、知州、知府当当,个别长袖善舞的聪明人渐渐熬成布政使以至九卿[1]。

C 组地主被选作粮长,充任连接官民的桥梁。洪武四年(1371)九月,户部计算田土租税,选用地主为粮长,督收和运交税粮[2]。浙江人口 1 487 146 户,年纳粮 933 268 石,设粮长 134 人[3]。粮长下设知数 1 人、斗级 20 人、运粮夫千人[4]。粮长按时运粮抵京,朱元璋时常亲自召见,合意的还会留下做官。

皇帝把征粮和运粮的权力交给地主,是料定"此以良民治良民,必无侵渔之患矣"[5],"免有司科扰之弊,于民甚便"[6]。

问题是多数地主不是良民。耗子腰里挂上仓库钥匙又别上枪,虽不至于打猫的主意,却忍不住动起偷食五谷的心思。地主当了粮长,征纳一体,征解一体,再盘剥农民,如虎傅翼。

有一个粮长叫邾阿乃,被当作反面典型写进皇家普法教材。邾粮长扰民之计,立名曰舡水脚米、斛面米、装粮饭米、车脚钱、脱夫米、造册钱、粮

---

① (明)吴宽:《匏翁家藏集》卷七五《施孝先墓表》。

② 《明太祖实录》卷六八。

③ 《明太祖实录》卷七〇。

④ 《明太祖实录》卷八五。

⑤ 《明太祖实录》卷六八。

⑥ 《明太祖实录》卷一〇二。

局知房钱、看米样中米、灯油钱、运黄粮脱夫米、均需钱、棕软蒉钱12色。通计敛米37 000石，钞11 100贯。正米止该1万石，便做加五收受，尚余22 000石，钞11 100贯。民无可纳者，以房屋准者有之，变卖牲口准者有之，衣服段匹布帛之类准者亦有之，其锅灶水车农具尽皆准折①。

啥情况？邾粮长为朝廷收米1万石（即便加五收受，也不过1.5万石），用12种名目中饱私囊22 000石，外加钞11 100贯。百姓交不起，就拿房屋、牲畜、衣服和农具抵账。咱阿乃心眼儿好，体谅乡亲们难处，不怕麻烦。

还有一个粮长叫金仲芳，"创新"的本领更强。他在嘉定县巧立名色，把征粮附加一口气扩展到18种②。

在巧立名色这一点上，地主们不比粮长们笨。地主盘剥小民的惯用手法是洒派、包荒、诡寄、移丘换段。

民间洒派、包荒、诡寄、移丘换段，这等都是奸顽豪富之家，将次没福受用财赋田产，以自己科差洒派细民；境内本无积年荒田，此等豪猾买嘱贪官污吏及造册书算人等，其贪官污吏受豪猾之财，当科粮之际，作包荒名色征纳小户，书算手受财，将田洒派、移丘换段，作诡寄名色，以此靠损小民③。

隆庆元年（1567），巡按御史董尧封奏言：查出苏松常镇四府投献、诡寄田土1 995 470亩，花分田3 315 600亩。

地主和粮长压榨小民，往往要勾结官府才能变现，这就使事情变得复杂而诡秘，成本高而风险低。比如折收秋粮，州府县官发放，每米1石官折钞2贯，粮长加收水脚钱100文、车脚钱100文、口食钱100文，库子加收辨验钱100文、蒲篓钱100文、竹篓钱100文、沿江神佛钱100文。里里外

---

① 《大诰续编》卷四七。
② 《续诰》卷二一。
③ 《大诰续编》卷四五。

外、上上下下,很多黑手勾勾搭搭,连剥农民三层皮。

地主勾结官吏,高招儿很多。都是聪明人,自然好办事。或隐匿丁粮,规避徭役,负担转嫁小民。或营充职事,使小民受累。《明英宗实录》卷八九记:

> 七年(1442)二月丁酉,应天府府尹李敏奏:本府上元、江宁二县富实丁多之家,往往营充钦天监太医院阴阳医生、各公主府坟户、太常光禄二寺厨役及女户者,一户多至一二十丁,俱避差役,负累小民。

英宗时江西按察司佥事夏时言:

> 今之守令冒牧民之美名,乏循良之善政,往往贪泉一酌而邪念顿生,非深文以逞,即钩距是求。或假公营私,或诛求百计。经年置人于犴狱,滥刑恒及无辜。甚至不谙法律而颠倒是非,高下其手者有之,刻薄相尚,而避己小嫌,入人大辟者有之。不贪则酷,不怠则奸,或通吏胥以贾祸,或纵主案以肥家,殃民蠹政,莫敢谁何①。

有粮长如斯,有地主如斯,有官员如斯,有皇族如斯,大明再不灭亡,就没有天理了。

从佃农变身皇帝兼大宗主、大地主后,朱元璋的世界观和方法论发生了深刻变化。洪武十年(1377),他通过律令表达自己的赋役观:"食禄之家,与庶民贵贱有等,趋事执役以奉上者,庶民之事也。若贤人君子,既贵其身,而复役其家,则君子野人无所分别,非劝士待贤之道。自今百司见任官员之家有田土者,输租税外,悉免其徭役。"

两年后,朱元璋又下令扩大豁免赋役范围:自令内外官致仕还乡者,复其家终身无所与②。乡绅享免役权自此成为定制。在学的学生,除本身免

---

① 《明英宗实录》卷四〇。
② 《明太祖实录》卷一一一、一二六。

役,户内优免二丁差役①。

当代史学家吴晗归纳了明朝秀才和举人的特权:除呼奴唤婢、法律优待、享受礼遇外,这帮文化人还能免役、免粮。

法律规定,除本身免役,秀才免户内二丁差役。一个有田二十亩的中农,假如家里出不了一个秀才,一轮到里役,便得破家荡产②。一个县里秀才、举人越多,百姓便越穷,因为他们要分担绅士的赋役。

法律还规定,秀才家道寒苦,无力完粮的,可由地方官奏销豁免。有些秀才自己免役、免赋,还包揽隐庇,借此发财。廪生国家每年给膏火银 120两,不安分的便揽地主钱粮到自己名下,再求豁免,"坐一百,走三百",不动腿,每年 120 两,多跑县衙,一年 300 两。

越是大地主,越有实力和机会让子弟接受应试教育,通过科举和税户人才等途径成为官僚绅士,依法享受免役权。地富子弟一经中试便变身儒户,一入仕途又变身宦户,致仕(退休)后再变身乡绅。一路下来,特权一直跟在身后。

搞笑的是,由于贫农无田,所种多为佃田,即有恩恤,好处也落到地主身上。《明英宗实录》卷五记:"宣德十年五月乙未,行在刑科给事中年富言:江南小民佃富人之田,岁输其租。今诏免灾伤税粮,所蠲特及富室,而小民输租如故。"小地主加力剥削,变身大地主。大地主买官捐监,变身官宦。贫农饱受盘剥,变身佃农。盘剥加深,变身流民。帝国开启两极分化模式。

等佃农不陪地主玩儿了,剥削和被剥削的游戏就单方面宣告终止。等流民变身流寇,统治和被统治的游戏也将戛然而止。到了这一步,掌握话语权的,只剩下刀枪;说话的方式,只剩下流血。各自提起脑袋,开打吧!

该说结论了。赏一部分、丢一部分、漏一部分,本书没谈到的因素再蚕食 N 部分,加总就是 426.8 万顷。

---

① (明)张居正:《太岳集》卷三九《请申旧章饬学政以振兴人才疏》。
② (明)温璜:《温宝忠先生遗稿》卷五《士民说》。

这张饼图,想必足以解开霍韬的所有疑惑,却无法解开朱元璋的疑惑。他精心设计的政权延续和社会运行模式,终究难逃自由落体般的败运。

　　或许我们该告诉朱皇帝,税收是文明的对价。文明的税收首先必须是公平的税收, 坚守横向公平和纵向公平的税收, 公平对待合理负担的税收。经济条件相同的人要交纳相同的税收,支付能力或获取收入能力不同的人要交纳不同的税收。

　　必须承认,明朝的赋役坚持了区别对待原则。只是,弄反了方向。该多纳税的没纳税或税收负担相对较轻,该少纳税的反倒纳了自己的税又纳别人的税。

第六节　赋改预备势:金花银和均田均粮

　　明朝是一面镜子。透过这面镜子,我们看到一系列重叠在一起的斑驳影像:一半开明一半昏暗的政治,一半平稳一半动荡的政局,一半勤政一半懒政的皇帝,一半励精图治一半困顿萎靡的朝堂,一半壮心不已一半党同伐异的官僚,一半忠君律己一半滥权祸国的权宦。

　　必须说,明朝不乏有识之士、忠勇之士、勤廉之臣和股肱之臣。他们用才华、胆识、心血和忠诚,甚至鲜血和生命,书写着一个皇朝的勇毅和昂扬、勤勉和执著、光荣和梦想。

　　很多故事,在赋役这方田野次第展开。曾经,这是希望的田野、丰盈的田野。曾经,这是荒芜的田野、破败的田野。

　　从开局到颓局、乱局和残局,最重要的时间节点、空间节点是中叶。黄仁宇之所以把万历十五年选作观察明朝兴衰的历史窗口, 是因为无论是居庙堂之高还是处江湖之远,一种叫作风气或运势的东西在这一时期积聚成型,无声地、无形地、无情地冲击一切、裹挟一切、摧毁一切、吞噬一切,整个社会由此走上下坡路,接下来就将集体见证加速度的魔力了。

明中叶，经济社会局势发生重大变化，田赋制度随之发生重大变化。很多变化由有识之士推动，因而是积极的、进步的、承前启后的、影响深远的。这样的变化被后世称为改革。

改革的预备势是金花银。金花银是固定地充当一般等价物的特殊商品，也就是货币，引申意义的金花银特指货币化的田赋，也特指由太监掌管的内承运库银。

田赋承载着黎庶的卑微和艰辛，库银支撑着皇家的高贵和奢靡。而田赋和库银，原本是画等号的同一个东西。

金花银的来路，《明史·食货志》有清晰记述：

正统元年（1436）八月，副都御史周铨言：行在各卫官俸支米南京，道远费多，辄以米易货，贵买贱售，十不及一。朝廷虚縻廪禄，各官不得实惠，请于南畿、浙江、江西、湖广不通舟楫地，折收布、帛、绢、白金，解京充俸。江西巡抚赵新亦以为言，户部尚书黄福复条以请。帝以问行在户部尚书胡濙，濙对以太祖尝折纳税粮于陕西、浙江，民以为便。遂仿其制，米麦一石，折银二钱五分。南畿、浙江、江西、湖广、福建、广东、广西米麦共四百余万石，折银百万余两，入内承运库，谓之金花银。其后概行于天下①。

俸帖贱卖只是金花银登场的表面原因。实质上，金花银应运而生、应时而生绝非偶然，其背后蕴含着深刻的社会背景。

田赋是封建土地国家（皇帝）所有的经济体现，种皇家田必须纳朝廷粮，天经地义，不容置疑。

明初以米麦为主的田赋之征是民著于土的产物，反过来又进一步推动、强化了民著于土。置身于民生凋敝、百废待兴的历史新起点，这样的制

———————————

①《明史》卷七八《食货二》。

度安排是合情的、合理的。

随着经济发展和社会进步,实物税的固有弊端日渐显露。

中国国土广袤,"田土高仰,物产瘠薄,不宜五谷"①之地甚多,但田赋是维正之供,部分地区百姓所供非所产,所产非所供,不得不易米以供纳,"转展折阅,公私交弊。"②种不种米麦没关系,费一点周折换来米麦交付朝廷就行。此一。

税粮运纳既有舟车转运虫蛀鼠蚀等折耗,又有搬运装卸如人夫水脚芦席木板粮袋等费用,还有风波漂没和盗匪劫窃等风险。如果僻居深山远涧,则像朱元璋感叹的那般艰辛,"民间租税,水陆驾远,送纳京师,实为艰难。"③此二。

税粮贮存也是个大难题。稍有不当,会造成劳动成果和社会财富巨大浪费。永乐中期的教训可谓惨痛:米粟自输京师数百万石外,府县仓廪蓄积甚丰,至红腐不可食④。这话本来是炫耀经济发展,物阜民丰的,但这种现象并不可取。糟蹋和浪费粮食,罪莫大焉。如果"仓廪粟米腐"和"白骨抛行路"并存,这社会就显得过于自私过于残忍过于冷血。此三。

从产销对接的视角省思,单一的田赋实物之征越来越难以满足皇室和百官日益增长且日益庞杂日益丰富日益多样化日益个性化的消费需求。此四。

田赋折纳势在必行。其好处显而易见:官民两利、征解两便。

本想好好体恤一下自己,没想到顺便便利了百姓。倒逼出来、顺势而为的民心工程,从很多环节更新了治理体系和治理能力。拍拍脑门,静静心神,顺着利己利人的道路继续前进。

田赋折银并不是明中叶的发明。宋仁宗曾将陈州夏税征麦折变现钱。

---

① 乾隆《昆山新阳合志》卷六《田赋》。
②《皇明诏令》卷一《初元大赦天下诏》。
③（明）归有光:《与邑令论三区赋役水利书》。
④《明史》卷七八《食货二》。

熙宁十年（1077），宋神宗曾尝试田赋输银①。明初，太祖为解决逋赋（即积欠税粮）、灾伤、税粮贮运三大难题，多次改折田赋为他物，还创造出一个专业术语：折色。

金花银与折色一脉相承，体现出政策的延续性和递进性。较折色更具进步意义的是，金花银实现了田赋折纳货币的常态化、制度化和机制化，这是继两税法之后，我国赋役制度的又一重大变革，对明清赋役制度的发展影响深远。田赋折银带动力役折银，最终催生纳银募役的一条鞭法。

金花银促进了明中叶商品经济的繁荣和活跃。这是必然的，也是神奇的。"输赋之金，必负米出易"②，客观上要求农民向市场投放更多更丰富的农产品。不投放不行，农民需要现钱。家家投放，样样投放，屡屡投放，自然加快了农产品商品化进程。随着全民商品意识和货币意识普遍增强，以农为本的传统价值观受到冲击，手工业、商业迅猛发展。在江南等富庶地区，专业市镇蓬勃兴起，社会经济生活绚丽多姿。

金花银在运行中也遇到一些难题。其一，尽管朝廷明令"折色以米值为断"③，但各地通过抬高税粮折银价以盘剥纳税人的事例屡见不鲜。成化十六年（1480），山西闻喜县粮价每石三四钱，而禄米折价银每石三两④。不动黑心不下黑手，干不成这么缺德的事儿。其二，田赋折粮价随市场粮价波动而波动，还和交通便利度直接关联，在年份间、地区间呈现较大差异。

第一个难题不是制度固有的，而是由吏治腐败衍生的。第二个难题应归属到技术范畴，可通过定制解决。

改革的另一个预备势是江南均田均粮。很多史书把这件事定性为"活动"或者"运动"，可见其主体推动力量在民间。

均田均粮不是平均地权，而是"欲因田以平其赋，使无不税之田"⑤。不

---

① 《续文献通考》卷二《田赋》。
② （明）何乔远：《闽书》卷三八《风俗》。
③ 《古今图书集成·食货典》卷一四五《赋役部·总论八》。
④ 《明宪宗实录》卷二一〇。
⑤ （明）章潢：《均田论》，见《古今图书集成·食货典》卷五八《田制部·总论》。

管从什么角度看,这样的诉求都是正当的、合理的,应当受到尊重的。

之所以自下而上掀起这样一场运动,是因为以苏州、松江为中心的江南地区赋役繁重。

丘濬列举的数据很有说服力:

　　洪武中,天下夏税秋粮以石计者总二千九百四十三万余,而浙江布政司二百七十五万二千余,苏州府二百八十万九千余,松江府一百二十万九千余,常州府五十五万余,是此一藩三府之地,其田租比天下为重,其税粮比天下为多①。

换一种对比方式更能说明问题。苏州府以全国 1.16% 的垦田输纳全国 9.8% 的税粮,松江府以全国 0.67% 的田土上缴全国 4.1% 的额赋。

无论是绝对田赋总额,还是相对亩赋税率,一藩三府均高于全国其他地区,而且不是一点半点、一时半会。

江南赋重,成因复杂,本书不作探究。

由持续重赋引发的逋赋和百姓逃亡等社会问题不时为统治者敲响警钟。这钟声,洪武、建文和永乐不是听不到,但他们忙着稳定社稷、封诸王戮功臣、削藩、靖难和反靖难、迁都、荡平漠北、编书、问罪安南,赋轻赋重这等翻不起多大波浪的小事儿只能搁置不提。

第七节　赋改进行时:从周干、周忱到张居正

帝国步入守成期,"仁宣致治"拉开架势,解决江南重赋问题终于列入朝廷议事日程。仁宗派广西布政使周干巡视苏州和松江。次年周干详奏官

————————

① (明)丘濬:《大学衍义补》卷二四《经制之议》。

田困民之弊,刚刚继承皇位的宣宗深受触动,面色凝重地三下诏令对重租官田改科减征。

宣德五年(1430),"才力重臣"周忱怀揣"环球同此凉热"的壮心,以工部右侍郎巡抚江南,正式拉开均田均粮序幕。

周忱是一个心里装着社稷也装着苍生的好官。甫至江南,即"入民间与村夫野老相语,问民间疾苦"①"一切故弊皆为之虚心访问"②。他和苏州知府况钟悉心筹划,"曲计减苏粮七十余万"③,还于宣德六年(1431)奏请将松江古额官田依民田起科。此后,周忱以均耗折征法调整官田、民田赋税负担。

没点儿政治智慧和担当精神,均耗这玩意儿还真推不下去。啥情况?卡钱眼儿上了。官田改科减征,减的是白花花的银子,这挑动了一大帮官老爷脆弱而敏感的神经,一时间,"持筹者辄私戒有司,勿以诏书为辞"④者有之,编织"变乱成法,沽名要誉"罪名弹劾周忱者有之。面对"两头堵"的困局,周忱削峰填谷,通过向豪户加征耗米,迂回地均平了税负。

周忱走的是折中路线。他绕了一个弯,坐实了三句话:田赋总量不减,负担相向消长,向平均数靠拢。

理想很丰满,现实很骨感。田还是那么多田,人还是那么多人,赋还是那么多赋,赋役负担结构性调整并不能根本解决江南重赋问题。这一点,周忱比谁都清楚。但他没办法,他只能走到这一步。

放眼全国,形势更加严峻。随着政治腐败、国家控制力减弱及商品经济发展,明中后期,皇帝和百官不得不面对两大严峻挑战:其一,国家统治集团不断增容,奢侈性消费恶性膨胀,行政开支急剧增加,百姓赋繁役重;其二,土地兼并愈演愈烈,吏治日渐腐败,官僚、地主、胥吏沆瀣一气,通同作弊。

---

① (明)焦竑:《焦氏笔乘》卷四《周文襄》。
② (明)陈建:《皇明从信录》卷十七。
③ 《明史》卷一三五《周忱传》。
④ 《明宣宗实录》卷七七。

世风日下,运势日衰,败象日显,帝国开启烂根模式。

为摆脱财政困境,均平赋役负担,缓解阶级矛盾,有识之士相继启动明中叶赋役改革。

江南巡抚周忱改革里甲正役,将正杂二役混编合并征收、徭役编金由户等向丁田(尤其是田)过渡、固定役额,同时将力役折银,缩短里甲轮支时间,既保证了国家赋役正常征派和财政收入稳定,又在一定程度上均平了徭役负担。

江西按察佥事夏时创行均徭法,区分有定额、有定期的常役和无定额、无定期的上命非时的杂泛差役,把前者从杂役中独立出来,冠其名曰均徭,自此明代徭役正式区分为里甲正役、均徭、杂泛差役。厘清边界,徭役渐趋规范。

均徭法在推进过程中,也暴露出弊端。其一,里甲贫富不等,而徭役负担相等,"富里之民虽田盈千亩一役不沾,患里之民虽无立锥,且充数役。"[1]其二,富豪贿赂胥吏,《均徭文册》登载失实,有司"只凭册籍,漫定科差",负担不均。

弄着弄着,又成了乌烟瘴气、狼贪鼠窃、鸡飞狗跳的一摊烂账。好多事儿,都是这样整坏的。

为革除均徭弊端,十段册法应运而生。十段册法又称十段锦法,内容在各时各地差异颇多,主要方式不外两种:

十段田法。不再采取里甲轮流服役之法,而是通计一县丁粮,均分十段,每年提编一段。丁田互折,力差折合为银差。

提编法。"算该每年银力差各若干,总计十甲之田派为定则,如一甲有余则留二三甲用,不足则提二甲补之。乡宦免田,十年之内止免一年;一年之内止于本户。寄庄田亩不拘同府别府,但已经原籍优免者,不再免。"[2]

十段册法保持均徭内含役目不变,只对均徭编审对象和轮役方式进

---

① (明)樊维城等纂修:《天启海盐县图经》卷六《食货篇第二》。
② 《明世宗实录》卷五四三。

行改革，一定程度上杜绝了富户贿赂胥吏避重就轻，也抑制了优免冒滥。

田赋货币化与江南均田均粮活动、均徭法与十段册法只是一些小修小补，明朝赋役改革的大动作是推行一条鞭法。

"一条鞭法"又称"一条编法"，简称"条鞭""条编"。《明史·食货志》说：

> 一条鞭法者，总括一州县之赋役，量地计丁，丁粮毕输于官。一岁之役，官为佥募。力差则计其工食之费，量为增减；银差则计其交纳之费，加以增耗。凡额办、派办、京库岁需，与存留、供亿诸费，以及土贡方物，悉并为一条，皆计亩折银，折办于官，故谓之一条鞭。

一条鞭法发轫于嘉靖初年，至隆庆、万历初盛行，万历中叶后遍行全国。一条鞭法的要点是赋役合并、一概折银。

所谓赋役合并，就是将以前的徭役折成银两，与赋税折成的银两统一征收。行一条鞭法前，赋役分开征收，赋以田亩为征收对象，收夏粮和秋粮，役以户、丁为征收对象，分为里甲、均徭、杂泛三种。行一条鞭法后，化繁为简，赋役合一，并且改以田亩、户丁两项为征收对象，政府从税银中拿出一部分统一雇人代役。

所谓一概折银，是将夏粮、秋粮、马草、驿传、马价、种马草料、均徭（银差、力差、听差）与里甲各项，全部折成银两，照地亩和人丁均摊。

一条鞭法部分地改变了以往赋役负担不均的状况。将各种徭役折成银两，又将原先按丁征收的役，改由丁、田分担，相对放松了对农民的人身控制，客观上有利于生产力发展。役银与田赋折成的银两合并，统一征解，使原先繁多的杂税归于一条，赋役因此简化。

实施一条鞭法，缓解了明王朝的财政危机。户部太仓储银由之前的每年 200 万两增至每年三四百万两。京师储粮 700 万石，是隆庆年间的 3 倍，可供京营官军消费 6 年。

与一条鞭法几乎同时进行的声势浩大的清丈土地运动同样意义重大。

清丈土地的动因是官僚地主瞒报地亩，钱粮无法落实，国家赋税不足。万历六年(1578),皇帝下令在福建试点清丈钱粮。三四年后,扩展到全国。

一条鞭法是换了一把刀,清丈土地是抄起刀子割肉,而且割的是地主老财的心头肉。毫无疑问,后者的难度系数明显大于前者。

清丈由张居正亲自督办,自然不缺决心和力度。山西代王府宗室、镇国中尉廷和奉国将军俊梯阻挠清丈,张居正建议神宗废俊梯为庶人,其余人等剥夺宗禄。一些奸猾的地方官员把首辅令箭当成鸡毛,很快受到严厉惩处。万历九年(1581),松江知府阎邦宁、汝州知府郭四维、安庆知府叶梦熊、徽州府掌印官李好问,都因清丈钱粮怠缓被停俸,戴罪管事。同年,河南获嘉知县张一心以旧册数字充报清丈数据,被连降两级。

再不勉力履职,小心脑袋上的乌纱和乌纱下的脑袋。

从结果看,张居正设定的(通过清丈使土地)"皆就疆理,无有隐奸,盖既不减额,亦不益赋,贫民不敢独困,豪民不能兼并"①的目标基本实现。

土地面积较清丈前增加 180 万顷,税基扩大,赋税增加。

清丈改变了税粮负担不均的状况,长期以来税粮与土地分离的紊乱局面暂时得到改观,昔日没有土地而要承担税粮的农民摆脱了不公平的赋税负担。

以清丈为基础,政府重新编制鱼鳞图册,鱼鳞图册成为此后按土地征收赋税的重要依据。

清丈的同时,全国统一了亩制和缴纳税粮科责。

不管是周忱的局部修补,还是张居正的大刀阔斧,都顺应了时代要求,遵循了赋役发展规律。

总结所有的经验、教训,赋役改革的正确取向只是十个字:公平、公正、低成本、简便化。

赋役并轨是这样,清丈土地是这样,一概折银也是这样。

---

① (明)张居正:《张太岳文集》附录《文忠公行实》。

第八节　见证奇怪：羊毛出在猪身上

明朝没有货真价实、光耀千秋的盛世。某些时段（包括仁宣）勉勉强强可以看作守成或短暂中兴（致治嘛，好像不太够格），激灵了一下，振作了一下，比划了一下，就偃旗息鼓、洗洗睡了。这光景，满满一副"有心杀贼，无力回天"的颓态。抑或，"杀贼"的欲望都不齐整，爱咋咋地。

明朝的走势，总体上看是一个 L。如果不是尾巴拖得还算有些尺寸，大明的形象和气韵其实会和开国皇帝朱元璋的龙颜一样难看。如果不是三杨（即杨士奇、杨荣、杨溥，下同）、于谦、徐阶、张居正、戚继光、申时行、孙承宗、袁崇焕、杨嗣昌这些忠臣良将贡献聪明才智、碧血丹心，这条尾巴不会断断续续、扬扬抑抑地拖那么长。

史家观察明朝的运动轨迹，大多选择政治、军事两大坐标系，这当然是对的。如果再从赋役的视角切入，相信会有更真实、更立体、更直接、更通透的观感。

前文说过，"坏事儿"的过程虽然漫长，但紧要处只有一两步。鱼鳞图册名存实亡、税基严重缩水是第一步，流民四起、流寇武装大游行是第二步。两步走完，国家机器全部死机。

第一步的历史性贡献，是以群体性要流氓的野蛮和不负责方式，打破发展社会生产的公平竞争机制。这一步可以轻而易举推进，但要耗费很多时日。

顶端设计和实际操作两个核心环节极端不公平的赋役政策、赋役管理极大地刺激了土地兼并，大量应税耕地滚雪球一样集中在特权阶层名下，变成免税耕地，以致富者田连阡陌，贫者立锥无地。兼并侵吞大量土地的王公、勋戚、豪强、官僚和地主，极力隐匿田产，逃避纳税。他们集体蔫溜儿了。

说好的大家一起交税渐渐变成一部分人交税,而且"一部分人"以穷人为主体。见证奇怪的时刻到了。

税基收窄,要想赋税依然满足或接近满足国计民生需要,只能调高税负。这是明朝官员从实践中总结出来的。用老百姓的思维方式来理解,这叫"羊毛出在猪身上"。

这要借助一个前提:"乘数"还在,"一部分人"还在。"乘数"或"一部分人"不在了,也就是"猪"不在了,此题无解。

起初,"乘数"尚在。开启重税模式后,贫民无力应对,只好典产于地主,产去而税存。正统元年(1436)六月戊戌,湖广辰州府沅陵县奏:"本县人民多因赔纳税粮,充军为事贫乏,将本户田产,典借富人钱帛,岁久不能赎,产去税存,衣食艰难。"①

典借就是抵押贷款。岁久不能赎,只能坐视田产改姓。大明是法治社会,说话办事要守信用讲规矩。套用贺岁片《甲方乙方》的经典台词:"那不成啊,得按合同办,地主家也没有余粮啊!"

产去税存,就是田产没了,但赋役砸在自己手里,抖落不出去。就是"本"没了,"分"还在。这事儿是不是很坑人?

有人典地,也有人典房。正统六年(1441)五月甲寅,直隶淮安府知府杨理言:"本府贫民以供给繁重,将屋典与富民,期三年赎以原本,过期即立契永卖。以是贫民往往趁食在外,莫能招抚。"②

这里的"期"实质上是过渡期。期满,财尽,力竭,技穷,望断,心枯,志灭,只能貌似雄武地信守承诺,立契永卖。

后面的事儿就简单了。抹一把老泪,望一眼旧屋,挑担掮囊,扶老携幼,向着未知的明天,向着漂浮的远方,走起。

典产是无奈的、主动的,被侵夺则是无助的、被动的。京都附近农民经常遭遇这样的窝囊事儿。弘治年间,外戚王源占夺民产 2 200 余顷。正统

①《明英宗实录》卷一八。
②《明英宗实录》卷七九。

时诸王夺小民庄宅田地 3 000 余顷①。南京中官外戚占田 63 350 亩，房屋 1 228 间②。

我们从吴中赋税对比看田产流动。有史料说：

> 吴中有官田，有民田。官田之税一亩有五斗六斗至七斗者。其外又有加耗，主者不免多收，盖几于一石矣。民田五升以上，似不为重，而加耗愈多，又有多收之弊也。田制肥瘠不甚相远，而一丘之内，咫尺之间，或为官，或为民，轻重悬绝。细民转卖，官田价轻，民田价重，贫者利价之重，伪以官为民，富者利粮之轻，甘受其伪而不疑。久之，民田多归于豪右，官田多留于贫穷。贫者不能供，则散之四方，以逃其税。税无所出，则摊之里甲。故贫穷多流，里甲坐困，去住相牵，同入于困③。

看明白没？田产是长着腿，嫌贫爱富的。田产流动的祸首和原动力，是双轨制的赋役。这两条，王鏊早就看透了。王文恪公说，吴中官田民田并存。官田依每亩 5～7 斗征税，加上加耗啥的接近 1 石。民田赋税每亩不低于 5 升，看上去不重，但加耗多，没准谱儿。官田民田肥瘠不相上下，同在一丘之内却赋税差别极大。民间转卖，民田比官田值钱，穷人看重眼前利益，掂量地价高低，把官田说成民田，而富人放眼长远利益，权衡税负轻重，心甘情愿接受作假。日久年深，民田大多积聚在富人手里，官田大多滞留于穷人名下。穷人纳不起官田重税，就想方设法逃税。税粮收缴不来，只好分摊里甲。结果是穷人变成流民，里甲坐困，逃的和没逃的相互牵连，一同陷入困境。

农民吃了亏，以农民的方式。说他们鼠目寸光，似乎有失公允，有失厚道。说他们人穷志短，长短肥瘦刚好不差。

---

① 《明英宗实录》卷七二。
② 《明英宗实录》卷二九。
③ （明）王鏊：《王文恪公文集》卷三六《吴中赋税书与巡抚李司空》。

朱元璋把农民负担称作"分"。"分"的本意是职责、权利的限度,这里引申为本分,即本身应尽的责任和义务,还有安于所处的地位和环境。所谓守本分,就是无条件履行义务。

问题是,"本"不复存在,"分"将安出?

"本"真的没了。准确地说,"本"并未消亡,而是处于飘忽、流动、静音和潜水状态,朝廷无法掌控。

"本"是这样走失的:由于负担过重,部分农民浪迹天涯,行踪飘忽,沦为流民;或者削发束冠,隐身寺观,为僧为道;甚至辗转沟壑,啸聚山林,为盗为匪。

酝酿和铺垫的过程说来艰难却也简单,《桃花扇》主要人物侯朝宗勾勒得大致清晰明了:"明之百姓,税加之,兵加之,刑加之,役加之,水旱灾祲加之,官吏之贪渔加之,豪强之吞并加之,是百姓一而所以加之者七也。于是百姓之富者争出金钱而入学校,百姓之黠者争营巢窟而充吏胥。是加者七而因而诡之者二也。即以赋役之一端言之,百姓方苦其积重而无告,而入学校则除矣,充吏胥则除矣,举天下以是为固然而莫之问也。百姓之争入于入学校而争出于吏胥者,亦莫不利其固然而为之矣。约而计之,十人而除一人,则以一人所除更加之九人,百人而除十人,则以十人所除更加之九十人,展转加焉而不可穷,争诡焉而不可禁。天下之学校吏胥渐多而百姓渐少,是始犹以学校吏胥加百姓,而其后逐以百姓加百姓矣。彼百姓之无可奈何者,不死于沟壑即相率而为盗贼耳,安得而不乱哉。"[①]

洪武二十六年(1393)五月,道士仲守纯等125人向朝廷申请度牒。经

---

① 复社名士侯方域(1618—1654,字朝宗)目睹明朝灭亡,入清后在《壮悔堂文集·正百姓》中写下本文引用的这段文字,该现象被当代学者吴思命名为"淘汰良民定律(假说)"。见吴思:《血酬定律:中国历史中的生存游戏》,中国工人出版社,2003年,第222页。侯方域是孔尚任《桃花扇》里的人物,此剧表现了明末以复社文人侯方域、吴次尾、陈定生为代表的清流同以阮大铖和马士英为代表的权奸之间的斗争,通过侯方域和李香君悲欢离合的爱情故事,展现南明覆亡的历史,并总结明朝300年亡国的历史经验,表现了丰富复杂的社会历史内容。用作者的话说:借离合之情,写兴亡之感。

礼部查实,这些人是逃避徭役的流民。后来朝廷安排他们学做工匠,隶属于锦衣卫,算是下岗再就业①。

有点本事或心眼活泛的,想方设法脱离农民队伍,由牛羊变成牧工,拔掉穷根。手里有了牧羊鞭,赋役不再敲门,时不时还能搞到水盆羊肉或羊杂汤解馋。心智和老榆木一样瓷实顽固的,牙一咬心一横,背井离乡,带走穷根。

很明显,这是一个纳税人群递减的过程,也是一个赋役负担递增的过程,还是一个淘汰良民的过程。

第九节 大明皇朝是穷死的

对逃民、流民,《明史·食货志》给出的判定标准是:人户避徭役者曰逃户,年饥或避兵他徙者曰流民。在吴晗看来,逃民和流民其实都是在本地不能生活,忍痛离开朝夕相亲的土地,漂流异地的贫农②。

笔者理解,小避、暂避、季节性躲避曰逃,大避、远避、永久性躲避曰流。

逃和流都极其可怕。不是这些人破坏力有多强,而是他们选择的作用点太关键,他们冲击的是社会秩序。农民把锄头镰刀挂上墙头举家外出流荡,留下一帮地主守在田间地头大呼小叫,你说这社会该如何运转?

流民破坏了社会生态系统。旧的生态被锄头镰刀打破,修复难度极大,新的生态一时无法补位,社会变得极其脆弱,这题目出得实在够大够狠。一个被统治者空窗、虚置,只留下统治者趾高气扬、耀武扬威的社会,是什么狗屁社会?

---

① 《明太祖实录》卷二二七。
② 吴晗:《吴晗论明史》,武汉出版社,2013年,第297页。

用时下的话说,流民是社会不稳定因素,流动的炸药包。流民体量越大,漂浮时间越长,波及地域越广,潜在风险越大。

民跑跑不知道明天的早餐在哪里。民跑跑不知道明天的太阳会不会照常升起。民跑跑只知道,他们要是失了控,连他们自己都害怕。

正统三年(1438)正月辛亥,行在户部奏:"直隶清苑县人民逃移五百九十余户,遗下秋粮六百六十余石,草一万三千四百余束。山西临晋县人民逃移四千五百七十余户,遗下秋粮三万四千一百四十余石,草六万八千二百九十余束。"①遗下粮草,是说粮草指标还在,纳税人跑路了。

正统十二年(1447)四月戊申,巡按山东监察御史史濡等奏:"青州府地瘠民贫,差役繁重,频年荒歉,诸城一县逃移者一万三百余户,民食不给,至扫草子削树皮为食。续又逃亡三千五百余家。地亩税粮,动以万计。"②

正统十四年(1449)河南右布政使年富报告,陈、颍二州逃户不下万余③。同年五月巡抚河南大理寺少卿于谦报告,各处百姓递年逃来河南者将及二十万,尚有行勘未尽之数④。

更可怕的事还在后面。流民一旦为盗或附贼,不稳定因素就升格为敌对势力,局面越发不好收拾。

成化初年(元年1465),荆襄盗起,流民附贼者至百万。项忠用兵平定,先后招抚流民复业者93万余人⑤。

成化十二年(1476)"原杰出抚荆襄,复籍流民,得户十一万三千有奇,口四十三万八千有奇"⑥。

到成化中期,"四方民穷则竭,逃亡过半。版籍所载,十去四五。"⑦

①《明神宗实录》卷三八。
②《明神宗实录》卷一五二。
③《明神宗实录》卷一八四。
④《明神宗实录》卷一五四。
⑤《明史》卷一七八《项忠传》。
⑥《明史》卷一五九《原杰传》。
⑦(明)刘大夏:《刘忠宣公遗集》卷一《处置军伍疏》。

有史料说，在历史高点，明朝流民多达 600 万人，占全国人口 1/8，局部地区"十室九空"。

羊毛出在猪身上，或可糊弄一时。一旦"猪没了"，朝廷势必"玩儿不转"。面对捉襟见肘、入不敷出的财政窘境，明朝既得利益者选择了一种旨在维持庞大帝国正常运转的新规则：加征赋税。

万历四十六年（1618），辽东开战。明廷议决，除贵州外，每亩加征田赋 3 厘 5 毫，后又加征 3 厘 5 毫。万历四十八年（1620），再增 2 厘。三年三增赋，共得银 520 万两。这宗以"辽饷"为名加征的田赋，被朝廷固定为常赋。

崇祯二年（1629），因军饷依然不足，于每亩已加 9 厘外，复加辽饷 3 厘，是年辽饷增至 900 万两。崇祯十年（1637），为镇压农民起义，朝廷开征剿饷，以旧额田赋为基础加粮折银输官，得银 200 万两。崇祯郑重承诺，剿饷为临时加派，"勉从廷议，暂累吾民一年"[1]，转年，又厚着脸皮收了一半。

崇祯十二年（1639），廷臣议练边兵，遂于天下田土中，亩加赋银 1 分，共增赋 730 万两，是为"练饷"。跟辽饷一样，练饷也成为明廷常赋。

辽饷、剿饷和练饷并称三饷。加派三饷是明廷转嫁财政危机于小民的剜肉医疮之策。有御史称，"一年而括二千万以输京师，又括京师二千万以输边"是亘古未有之事[2]。

三饷之外，还有加饷、助饷、新饷、均输、丁银、差徭、杂项等，可以说五花八门，"争奇斗艳"[3]。

为确保收入，明廷变革赋税征收方式，广泛使用带征、预征等极端手段，导致"旧征未完，新饷已催，额内难缓，额外复急，村无吠犬，尚敲催追之门；树有啼鹃，尽洒鞭扑之血。黄埃赤地，乡乡几断人烟；白骨青磷，夜夜常闻鬼哭"[4]。

---

① 《明史》卷二五二《杨嗣昌传》。
② 《明史》卷七八《食货二》。
③ 白寿彝总主编：《中国通史》第九卷（上），上海人民出版社，1999 年，第 266—267 页；孙翊刚：《中国财政史》，中国社会科学出版社，2003 年，第 278—279 页。
④ （明）郑廉：《豫变记略》卷一。

预征,就是赋税和政府形象、政府信誉同时透支,就是寅吃卯粮、寅吃辰粮、寅吃巳粮、寅吃 N 粮,就是国家搜刮。

不计后果的国家搜刮带动各级官吏疯狂"搭车",而搜刮和搭车的一切后果,最终都要由百姓承担。危难之际,老天爷不甘寂寞,连续奉送大剂量、大范围天灾①。天灾人祸搅在一起,百姓无法生存,只好揭竿而起,扯旗造反。

农民造反,朝廷就要镇压,镇压就要增加军费,增加军费就要加重盘剥和搜刮,加重盘剥和搜刮农民就要造反。

滴血的箭头绕着闭环,螺旋状旋转,越转越快。恶性循环就此启动、提速。

"坏事儿"的进程不可逆转地运行到第二步。第二步的历史性贡献,是以"流氓会武术"的无赖和不合作方式,打烂一个旧世界,但不一定建立一个新世界。这一步耗费很多时日,曲折艰辛。

内外两条线上的连续缠斗将明廷财力消耗殆尽,大明财政不可避免地陷入灾难性危机。

朝廷实在无力为前线开饷,只好再行下下策:欠饷。

1610 年至 1627 年间,京运饷银积欠 900 多万两。

崇祯元年(1628),陕西兵饷积欠 30 个月。

崇祯二年(1629),延绥、宁夏和固原三镇欠饷 36 个月。

朝廷长期欠饷,加上军官贪扣,士兵每月只得饷银 5 钱,按市场米价折算,只能买米 10 斤。

这样一支饥寒交迫的队伍,不但无法战胜强敌,反而哗变反抗,劫掠扰民,甚至掉转枪口,加入义军②。

---

① 自万历到崇祯的 70 多年中,有灾之年 63 年,其中水灾 26 次,旱灾 21 次,蝗灾 11 次,饥荒 36 次,疾疫 2 次。有的灾难遍及全国。资料来源于孙翊刚:《中国财政史》,中国社会科学出版社,2003 年,第 274 页。

② 翁礼华:《礼华财经历史散文》,浙江文艺出版社,2000 年,第 7 页。

没救了，这回真的没救了。

户部的数据最能说明问题。万历十年（1582）朝廷岁入白银三百六十七万两，岁支四百二十二万两，超支五十四万两①。万历二十七年（1599）前后，每年超支五十万两左右②，至万历三十七年（1609）已是"老库将尽，京粮告竭，太仓无过岁之支"，"从古以来未有公私匮竭如今日之穷者"③。

让人气愤的是，明廷不会过日子。有时大手大脚，有时吝啬小气。该花的钱不肯花，不该花的钱不少花。

明末，整个皇室成员近七十万人（一说约百万人），其奢靡生活消耗，让"乞丐财政"雪上加霜④。

明朝的皇室费用，包括皇室生活费、奢侈品采购费及宫室、皇陵建造费。

皇室生活费主要由光禄寺承办。宪宗成化以后，添坐家、长随八十余员，传添汤饭的宦官一百五十余员。天下常贡不足，责买于京师铺户，市井负累⑤。仁宗时厨役六千三百名，宪宗时增四分之一，至七千九百名，嘉靖初减为四千一百名，岁额银节减到十三万两，不久又反弹到四十万两。额派不足，从太仓借用，太仓不足，乃令增派⑥。万历中期皇帝一人年膳食费三十万两⑦。

皇室奢侈品或由地方贡献，或由官府采办，或组织生产。明初，此类支出较小，后日渐奢靡，尤以宪武世神四朝为厉。宪宗为搜集珍玩，采购禽鸟，靡费国家资财动辄万计。神宗大肆收购珠宝，致市价攀升二十倍。万历末年，由于采造耗费过大，内府告匮，而移济边银以充用。

明帝先后建南京、北京、中都宫殿，工役浩繁，耗资惊人。仅北京一地，

---

① （明）谈迁：《国榷》卷七二。

② （明）王德完：《稽财用匮竭之源酌营造缓急之务以光圣德以济时艰疏》，见《明经世文编》卷四四四。

③ （明）赵世卿：《题国用匮乏有由疏》，见《明经世文编》卷四一一。

④ 蔡劲松：《明朝崩溃与财政保障失控》，《内蒙古财会》2003 年第 8 期。

⑤⑥ 《续文献通考》卷三十《国用考》。

⑦ 《明史》卷八二《食货六》。

建殿 86 所、宫 48 所、楼阁 23 所、馆 22 所,斋室堂轩不计其数。建于凤阳、南京、北京的 17 处皇陵,更耗费了大量民脂民膏。仅定陵,即耗银 800 万两①。

综合运用各种财政收支手段,大明为自己挖了一个深坑。等到李自成称孤道寡的时候,等到八旗兵丁呼啸南下的时候,等到军心涣散殆尽民心失望透顶的时候,这个坑刚好挖完。

如果我说大明皇朝是穷死的,您同意吗?

第十节　咱是皇族,能不能靠点谱儿?

朱元璋在最初的制度设计上就予以特殊安排以保障朱家子孙永世享受荣华。

明朝皇室是一个雪球,两百多年一路滚下来,浩浩荡荡超过百万之众(一说七十余万)。飞扬跋扈,狂吸痛饮,享尽荣华富贵,是这个族群毕生的职业。只要生在皇族,十岁领取俸禄,结婚时领用房屋、冠服、婚礼费用,死后还有丰厚的丧葬费。皇子册封亲王,年俸万石,是最高官员的近七倍,还有大量的土地和各种名目的赏赐不时涌入他们的名下。这等无微不至的呵护,在中国历史上独一无二,明人不禁感慨,"我朝亲亲之恩,可谓无所不用,其厚远过前代矣。"

这和官员低俸形成鲜明对照。

朱元璋"富养"皇族,是想让朱家子孙体魄和心智健康卓异,文能安邦,武能定国,成为维护统治的中流砥柱,雄武豪霸,坚不可摧。他无论如何也想不到,他的子孙那么快就退化成全社会最大的负能量和不良资产。

明代皇族的鲜明特点是"集体不靠谱儿"。他们时时处处丢不下、藏不

---

① 孙翊刚:《中国财政史》,中国社会科学出版社,2003 年,第 281—282 页。

住狂放不羁、愚顽颓废、专横跋扈、乖戾鄙贱的衙内气质。

长期沉醉于本朝"亲亲之恩"的酒池肉林，一代又一代皇子皇孙在物欲肉欲里挣扎委顿，表现出一脉相承又推陈出新的穷极无聊。时常窄衣秃帽，游行市中，袖锤斧伤人者有之；每日挥刀舞棒，挟弹露剑，怒马驰逐，斫击百姓者有之；强抢民女、嫖娼、纳妓为姜，淫乐无度者有之；抢占寺庙财产，经官后身藏利刃，割耳要挟官员者有之。

除了骄奢淫逸地享受，穷凶极恶地折腾，大明皇族最热衷、最擅长的运动项目是耗子动刀——窝里斗。为了摆在紫禁城里的那把特殊椅子，除了自己发飙用狠，孤注一掷，还时不时赔上纳税人的鲜血和生命，这等自私到毛孔里的糗事，只有占尽天下所有便宜仍觉得吃亏的皇族能干得出来。

天顺以后，另一乱象悄然登上历史舞台，那就是私欲和特权的衍生物：皇庄。至嘉靖初年，全国有皇庄数十所，占地 37 595 顷 46 亩，扰害农民，不可计极。对此，夏言看到了皇庄的负能量和副作用，随便拎出哪一条，都很吓人：

> 皇庄既立，则有管理之太监，有奏带之旗校，有跟随之名下，每处动至三四十人……擅作威福，肆行武断。其甚不靖者则起盖房屋，则架搭桥梁，则擅立关隘，则出给票帖，则私刻关防。凡民间撑架舟车，牧放牛马，采捕鱼虾螺蚌莞蒲之利，靡不括取。而邻近土地，则展转移筑封堆，包打界至，见亩征银。本土豪猾之民，投为庄头，拨置生事，帮助为恶，多方掊克，获利不赀。输之宫闱者曾无什之一二，而私入囊橐者盖不啻什八九矣。是以小民脂膏，吮剥无余。由是人民逃窜，而户口消耗；里分减并，而粮差愈难。卒致辇毂之下，生理寡遂；闾阎之间，贫苦到骨[1]。

看懂没？皇庄并不是皇室成员圈一块地，汗流浃背地自己耕种。每一

---

[1] （明）夏言：《勘报皇庄》，《明经世文编》卷二〇二。

处皇庄都是一个特区,一个城堡,一个名利场,一个黑社会,一个世外桃源,一个独立王国。在皇庄反复上演的,依旧是那个"不稼不穑,胡取禾三百廛兮?不狩不猎,胡瞻尔庭有县貆兮"的老故事。

皇庄破坏了政治生态、经济生态和社会生态,引发一系列危及政权、远远超出赋役范畴的社会问题。"公私庄田,逾乡跨邑,小民恒产,岁朘月削……产业既失,税粮犹存,徭役苦于并充,粮草困于重出,饥寒愁苦,日益无聊,辗转流亡,靡所底止。以致强梁者起而为盗贼,柔善者转死于沟壑。其巧黠者或投充势家庄头家人名目,资其势以转为良善之害,或匿入海户、陵户、勇士、校尉等籍,脱免徭役,以重困敦本之人。凡所以蠹民命脉,竭民膏血者,百孔千疮,不能枚举。"①

衙内们会占便宜,自然也会耍横。张居正清丈田亩那阵子,山西代王府宗室、镇国中尉廷和奉国将军俊㭸腆着肚子挡横,百般阻挠,被首辅大人狠狠参了一本,神宗一气之下,废俊㭸为庶人,其余人等剥夺宗禄。

前文说过,明朝败亡始于财政失控。财政失控原因很多,其中一条匪夷所思:皇帝贪财。

明朝的财政体制是分灶吃饭,皇室收入称内帑,征赋收入称太仓银。内帑和太仓银虽然来源和用度不一,但从理财上说,应该形成互补机制。本来,这是很科学的分配机制,然而明末的皇帝却像葛朗台一样,将内帑银子看得很紧,绝不肯拿出来给太仓银开支,反而累累挪用太仓银补贴皇室。

崇祯二年(1629)春,三边总督杨鹤建议朝廷变换手法,对起义军以招抚为主,追剿为辅,崇祯纳之,屡见奇效。然而,崇祯怕花钱,四年(1631)正月,一吴姓御史奉命放赈陕西,崇祯给他的帑银只有区区十万两。饥民哀鸿遍野,十万两帑银无异于杯水车薪。很快,已经投降的起义农民,又一次拿起武器,造反的烈焰渐成燎原之势。清兵几次兵临城下,急需内帑和私囊救急,崇祯及王公贵族、官僚大臣莫不抱紧各自小金库,大敌当前却不

---

① (明)夏言:《夏桂洲先生文集》卷一三。

肯捐助分文。

皇帝和皇族舍不得掏腰包，不是因为没钱，而是因为穷得只剩下钱。李自成破城后发明一种酷刑叫"夹棍"，用于威逼王公贵族、官僚大臣交出私房银子，斩获颇丰。崇祯的岳父周奎，在城破之前装出一副穷酸相，不肯捐饷，夹棍一夹，50万两白银哗啦啦就流出来了。大学士陈演也被夹出白银十多万两。太监王之心被夹出15万两白银和金器。其余王公大臣个个交出巨款。史料记载，李自成破京半月之内，夹得银子7 000万两。在一贯勤勉的崇祯皇帝自缢煤山之后，大顺军在他的宫殿内搜刮银3 700万两、金近2 000万两。

散场结账的时刻总会到来，皇家世纪盛宴也不例外。明末农民起义风起云涌，呼啸纵横，几乎所有亲王、郡王、将军都成为农民军最感兴趣的猎物。兵锋所及，皇族在劫难逃。各地辉煌壮丽的王府，悉数灰飞烟灭。太原总兵姜瓖亲见，农民军"凡所攻陷，劫掠焚毁，备极惨毒，而宗藩罹祸尤甚"。仅山西，丧命于李自成刀下的朱姓子孙超过万人。惯于玉石俱焚的张献忠，攻陷襄阳后，大大咧咧地拍着襄王朱翊铭的肩头说："吾欲借王头，使杨嗣昌陷藩伏法。"言毕，"杀之城上，焚城楼，投尸于火。"也是张献忠，克武昌后活沉楚王朱华奎于西湖，王府宫殿楼阁统统付之一炬。史书记述兵锋下的皇族遭遇，用词都是"尽""皆""合族""一律"加"诛""杀""戮""灭"。

尸骨累累，大明来了。尸骨累累，大明去了。

这个结果，绝对不是朱元璋期盼的。倘若地下有知，他一定痛心疾首，追悔莫及。太闹心了，都些什么瘪犊子玩意儿？这话，一半是骂"逆贼"，一半是骂子孙。

第十一节　太监、言官、党争:误国不分先后

有必要探讨贪官是怎样练成的。

略过十年寒窗,我们从寒士登第说起。登第本是好事,有些登第者兴奋之余不免惴惴不安:他们囊中羞涩。

钱不是万能的,没有钱是万万不能的。明朝的书呆子们没听过这句直截了当的话,但他们懂这个直截了当的道理。成为某某大人前,他们要坚定而扭捏地干一件事:举债。

借债要还,但官俸微薄,这就让事情不再简单。很多官员走上贪墨之路,第一个坑就在这里。

吴应箕扯过这事儿,"士始一窭人子耳。一列贤书,即有报赏宴饮之费,衣服舆马之需,于是不得不假贷戚友,干谒有司,假贷则期报以异日,谒见则先丧其在我。黠者因之,而交通之径熟,圆巧之习成。拙者债日益重,气日益卑,盖未仕而所根柢于仕者已如此矣。及登甲榜,费且数倍,债亦如之。彼仕者即无言营立家私,但以前此之属债给于民,能堪之乎?"①

看见没?树苗刚刚种下,摘果子的就搬把椅子等候在树下。

更绝妙也更无奈的是,有些官员前脚刚迈进官衙,债主后脚就尾随而至。京债之累,往往迫使某些人职场第一步就走偏。学不会法外弄钱,他们只能狼狈万状。

周顺昌曾经这样诉苦:"读来札知诸亲友之索债者,填门盈户,甚至有怒面相訾者……今以滥叨之故,做一不干净之人,五年宦游,不能还诸债主,官之累人也多矣。"②

---

① (明)吴应箕:《楼山堂集》卷七《拟进册》。
② (明)周顺昌:《忠介烬余集》卷二《与吴公如书二》。

经过一些时日的观察和试探，资浅官员开始熟悉官场，主要是熟悉规则。日久年深，他们变得成熟、圆滑、稳健。

官场是一个染缸，社会是一个更大的染缸。官员们白白净净地进去，花里胡哨地出来。

我刚才说的官员，处于官场底层或下层，现在说说高层。

高层有时很特殊，因权柄旁落，由特殊人群执掌。这个人群，好听的说法叫中官，一般的说法叫太监，情绪化的说法叫宦竖，代表人物是王振、李广、刘瑾。王振擅权用事，"畏祸者争附振免死，贿赂辏集，籍其家得金银六十余库，玉盘百，珊瑚高六七尺者二十余株，他珍玩无算"[1]。李广惧罪自杀，"帝疑广有异书，使使即其家索之，得赂籍以进，多文武大臣名，馈黄白米各千百石。帝惊曰：广食几何？乃受米如许！左右曰，隐语耳，黄者金，白者银也。"[2]刘瑾把持朝政，上下交征，竟成贿赂世界，"瑾故急贿，凡人觊出使官，皆有厚献。给事中周钥勘事归，以无金自杀……令天下巡抚入京受敕输瑾赂，延绥巡抚刘宇不至，逮下狱；宣府巡抚陆完后至，几得罪，既赂乃令试职视事……边将失律，赂入即不问，有反升擢者。"[3]

不光自己坏，还带动甚至胁迫整个朝堂整个社会一起坏。

反向推导，脉络大体清晰。地方官横征暴敛的成果，未必全然进了自己腰包，他们要再分配：一部分用于家业，买房置地娶妻纳妾，一部分悄悄奉献上官。上官汇集各方所得分贿京中权贵和太监，京中权贵再以所得分贿太监。就这样，太监、阁臣、地方大官、地方小官、地主串成一串，贿赂系统告成。

不能说没有清官，比如海瑞。遗憾的是，清官相对稀缺。

任何社会都是大而全的运转系统。更多时候，官僚、地主、胥吏是沆瀣一气，一体作弊的，这就让事情变得柔软坚韧、错综复杂。明廷以极其腐朽

---

① 《明史》卷三〇四《王振传》。
② 《明史》卷三〇四《李广传》。
③ 《明史》卷三〇四《刘瑾传》。

的政治维持长期统治,与官场上下内外庞大的腐朽势力的支持直接相关。

我们来看一个事例。万历清丈期间,张嗣修奉父命严格查核自家诡寄田亩,发现原有田土不过粮 70 余石,而县衙赋役册簿的记录却是"内阁张优免六百四十余石",多出来的 570 余石,"有族人倚借名号一体优免者,有家僮混将私田概行优免者,有奸豪贿赂该吏,窜名户下巧为规避者,有子弟族仆私庇新故公行寄售而逸者,是以十分之中,论本宅仅其一,余皆他人包免。"查实后,张嗣修将诡寄于自家田粮上交国家,还主动放弃优免待遇。

张居正和张嗣修无疑是正面典型。透过正面典型,我们依然可以看到官僚、地主、胥吏沆瀣一气,通同作弊的底本。族人、家僮、奸豪、子弟族仆,呵呵,全了。用金钱和利益把这些人串在一起,一个原生态社会顷刻成型。

有些人本原不想坏,但他们还是坏了。连他们自己都很难知道,他们是怎么变坏的,他们到底有多坏。

从系统性清廉到系统性腐败,假以时日就够了。从明初到明中叶,"时日"积攒得差不多了。明人陈邦彦认为:"嘉隆以前,士大夫敦尚名节。游宦来归,客或询其囊橐,必嗤斥之。今天下大吏至于百僚,商较有无,公然形之齿颊。受铨天曹,得膻地则更相庆,得瘠地则更相吊。宦成之日,或垂囊而返,则群相姗笑,以为无能。士当齿学之初,问以读书何为,皆以为博科第,肥妻子而已。一行作吏,所以受知于上者非贿赂不为功,而相与文之以美名曰礼。"[1]

还是吴晗眼光独到,他说嘉隆前后吏治好坏只是相对的。洪武年间兵部侍郎王志受贿 22 万,户部侍郎郭桓侵没近千万。成祖朝纪纲之作恶,方宾之贪赃,宣宗朝刘观之黩货,英宗朝王振之贿赂辏集,逯果、门达之勒贿乱政,宪宗朝汪直、尚铭、梁芳,武宗朝刘瑾、朱彬、焦芳、韩福、张彩之权震天下,公然纳贿,几乎没有一个时代是不闹得乌烟瘴气的,这和后来的严

---

① (明)陈邦彦:《陈岩野先生集》卷一《中兴政要书·励俗篇第四·奖廉让》。

嵩、魏忠贤时代比较，只是程度不同而已①。

程度确实不同。嘉隆以前，社会指斥贪污为不道德；嘉隆以后，社会指斥不贪污为无能。这样的变化，实在悲哀。

明朝的政治生态，坏于两个人群加一种现象：太监、言官加党争。这些人，误国不分先后。

太监祸国，不止明朝。但就太监的能量、影响力和破坏力而言，明朝是一个很少能被超越的历史顶峰。王振、汪直、刘瑾、魏忠贤，随便想起一个，脑后都飕飕冒凉风。尤其是生祠遍地、子孙盈朝的魏忠贤，演出的是荒诞离奇的闹剧和笑话。

和其他朝代明显不同，明中后期太监的舞台并不局限于朝堂和后宫，皇帝甚至置文官的职守和脸面、职场基本规则于不顾，长期重用身体残疾，心理、操守和专业素养可能残疾的中官到全国各地开矿榷税，并放任其为非作歹，这引起文官集团的不满甚至愤怒。由于皇帝拒绝和臣僚合作，君权和相权（其实无相，只有内阁）维持着一种残缺、畸形、一边倒的平衡。

没有最坏，只有更坏。有明史研究者一针见血地指出，明朝的言官超越太监，成为最敢挑事儿、最会坏事儿、最能耽误事儿的第一群体。言官们常年雄踞道德高地，以有色眼镜洞察庙堂、俯瞰江湖，看谁不着调、不靠谱或者不顺眼，提起笔来就骂，骂得无遮无拦、义正词严、文采飞扬、壮怀激烈。每每想起夹杂在奏折里的私心和私货，某些言官想必自己都害怕。谁干事骂谁，谁在台上骂谁，骂到无人可骂，一切都消停了。崇祯一朝，先后任用内阁大学士50人，其中很多人与其说是自己走的或者被皇帝轰走的，不如说是被言官骂走的。

言官误国和党争误国原本是一回事儿。不管是东林党，还是齐党、楚党、浙党，我们很难简单地判断孰是孰非，在相互敌视、相互攻讦、相互拆台、相互倾轧这几点上，他们没有任何区别。崇祯年间为增补内阁大学士

---

① 吴晗：《吴晗论明史》，武汉出版社，2013年，第328页。

不得已推出的妙招儿枚卜(俗称抓阄),说明党争的危害已让人瞠目结舌。后人骂不作为、乱作为的明朝官员是王八蛋,半点也没委屈他们。

第十二节　历史周期律和税收周期律

税收是王朝兴衰、更替的重要变量。

税收演进和王朝兴衰具有时间、方向、深度和广度上的密切相关性和高度一致性。

纵观中国历史,除去特别短命的几个王朝,多数王朝大致都要在肇建初期整理税制、承前启后,在发展前期轻徭薄赋、休养民力,在鼎盛时期挥霍无度、蠲免有加,在衰微时期改革自救、开源节流,在没落时期用度超常、横征暴敛。

不管各种机缘曾经如何促成王朝的盛世或中兴, 当内忧外患激化各种潜在矛盾,任是多么昌盛的王朝,都阻不住渐进衰败的国势;在末世用度超常和资源不济的情势下,君王、百官、军队、绅士与百姓各方关系默契投合所形成的盛世平衡状态,因税收关系失衡而渐次失衡;农业社会所供应的低产税率的税源,不足以支撑征纳双方同富,一方过分富有必然导致另一方贫困潦倒,长期苛征百姓必将危及政权[①]。

从税道运行、税收治理、税制设计、税收管控和税收征纳关系等角度,我们不难梳理历朝历代兴衰成败的内在机理。不管皇朝们是昙花一现(秦、隋),还是五世纷呈(初世、盛世、衰世、兴世、末世)、梅开二度(两汉、两晋),最终都会鬼使神差地重蹈"慎税而兴、妄税而衰"的历史覆辙。

王朝背景下的赋税,外延较为宽泛,在形态上表现为赋税、徭役、征

---

① 李胜良:《税道长安》,陕西师范大学出版社,2012 年,第 158 页。

榷、贡献和类税、准税、隐税并存、并行。如果把清初学者黄宗羲归纳的"积累莫返之害，所税非所出之害，田土无等第之害"一并考量，实际运作层面的赋役比制度设计层面的赋役要复杂得多、惊悚得多、离谱得多。

赋役不是孤立的社会存在，也不是孤立的历史存在。赋役是一系列"因"的"果"，也是一系列"果"的"因"。只有放在更恢弘更广阔更有纵深感的政治背景、社会背景和历史背景下观察赋役问题，我们的结论才更接近于全貌和真相。

不管多么挣扎、多么苦楚，多么殚精竭虑，多么依依不舍，明朝还是迎来"依山尽"的苍凉和"近黄昏"的悲壮。甲申年（1644）三月十九日，让史家无限同情的崇祯皇帝把尊贵的躯体、深重的遗憾和 277 年的祖宗基业一同挂在煤山的一棵老槐树上，一个皇朝只剩下一个远去的背影。

明朝灭亡，留下一个"冻骨无兼衣，饥肠不再食，垣舍弗蔽，苫蒿未完，流移日众，弃地猥多"和"地亩荒芜，百姓流亡，十居六七"的乱世。

黄炎培归纳的"其兴也浡焉，其亡也忽焉""政怠宦成""人亡政息""求荣取辱"的周期律又一次得到验证。

历史周期律和税收周期律高度关联，互为表里，同向同幅。

就系统性、严密性和完整性而言，明初的赋役制度明显好于历史上任何朝代，妥妥的起步扎实、起跑稳健、起点较高。

出台于洪武三年（1370）的户帖制度，为赋役征收提供了初始依据。"各书户之乡贯、丁口、名、岁，以字号编为勘合，用半印钤记"，"男女田宅牛畜备焉"，"寄藏于部，帖给之民。仍令有司岁记其登耗以闻"[1]。一步一个脚印沉稳起势，新兴皇朝朝气充盈，活力四射，敦厚质朴，温润妥帖。

分别肇始于洪武十四年（1381）、二十年（1387）的黄册、鱼鳞图册，构筑起户籍制度与土地制度并行不悖、经纬交织、动态更新的立体坐标系，夯实了赋役管理基础。

---

[1]《续文献通考》卷十三《户口考》。

田野辟,户口增,是明初社会稳定、经济恢复的标志之一,也是明太祖巩固皇权的基础和本钱。这一目标顺利实现,与有序、有效、完备和稳固的土地制度、赋役制度密切相关。

万历年间的土地清丈,重新厘清了税源底数,赋役管理从部分失序、失度、失效回归到总体上有序、有度、有效,但新的失序、失度、失效再次积聚。随着国家控制力、吏治、社会生态步入下行通道,赋役管理不可避免、不可逆转地走向无序、无度、无效。

张居正强力推动的系列改革,切中时弊,具有重要的现实意义和深远的历史意义。作为内阁首辅,实际上的摄政王,张居正深谋远虑,刚毅明断,清醒地认识到明皇朝已成一幢“将圮而未圮”的危楼,挽狂澜于既倒,雷厉风行,大胆改革。难能可贵的是,张居正对社会危机和政权危机的认识清醒而深刻,在他看来,“当国者政以贿成,吏朘民膏以媚权贵,而继秉国者又务一切姑息之政,为逋负渊薮,以成兼并之私。私家日富,公室日贫,国匮民穷,病实在此。”[1]“豪民有田不赋,贫民曲输为累,民穷逃亡,故额顿减。”[2]

彪炳史册的一条鞭法改革上承唐两税法,下启清摊丁入亩,是中国赋役制度的重大变革。

中国社会极其复杂,受利益博弈、人情运作等多种因素影响,任何一项制度在操作层面远比设计层面丰富、多变、富于弹性。赋役制度作为和社会各阶级、各阶层联系最紧密的基本制度,历经数百年演变,很多规则成为与设定目标相去甚远、面目全非,甚至本末易位的新规则或者潜规则。

赋役问题积重难返,是社会自我净化功能退化,整体滑向机制性堕落的恶果。国家治理能力退化、社会生态恶化,反过来又刺激赋役问题堆积、

① (明)张居正:《答应天巡抚宋阳山论均粮足民》,见《明经世文编》卷三二七。
② (清)谷应泰:《明史纪事本末》卷六一《江陵柄政》。

失控。

永乐年间，鱼鳞图册受到冲击。"有田者无粮""有粮者无田"，田产已去而税粮犹存，无田者纳无穷之税怪象比比皆是。

至宣德朝，土地政策生变，国初承诺"永不起科"的垦荒土地一概量出作数，列入赋额。地方政府恐基数增大，就用大亩当小亩，至有数亩当一亩者。自是编制册籍，往往双重标准：大亩上报，小亩派粮。地亩和隐含于地亩中的赋役可以随意伸缩，为经理者上下其手、弄虚作假大开方便之门。

开门吱吱呀呀，一路稀里哗啦，结果糊涂一塌。

明中叶后，国家法治日趋松弛，土地兼并之风盛行，田土多被欺隐，见籍纳税者日渐减少。

万历年间土地清丈，勋贵、宦官、豪绅地主欺隐田土的不法行为受到一定程度遏制，民间虚粮赔纳之弊有所收敛。此后，随着吏治败坏，赋役管理始终没能走出田籍混乱、田亩失准、赋役不平的乱局。

归根到底，包括赋役问题在内的一切经济社会问题统统出自统治集团自身，这牵扯到能力、技巧、操守等诸多方面。

历史不能假设，笔者还是忍不住作一点假设。假如明朝从头再来，不知朱元璋会不会接受这样一些建议：

第一，土地所有制或可双轨，多划拉一些到皇帝的名下也不是不行，皇帝既当大宗主又当大地主也没什么不好，但税制无论如何要单轨。双轨这玩意儿，弄不好就成为乱源。社会末梢的界限和规矩乱了，重新规整很难，也很麻烦。

第二，讲"亲亲之恩"是对的，但要有度，有所为有所不为。无条件包养整个皇族，反而害了皇族。假如皇族始终以荣誉、责任、尊严、勇气和自律，而非物质享受为追求，以文化的教养、社会的担当和自由的灵魂为精神支柱，明朝这座大厦不会坍塌，至少不会那么快就坍塌。

第三，废除与赋役有关的所有特权，赋役面前人人平等。关爱和奖励皇亲国戚、官员、士绅、生员的方式很多，唯独不能赏地，不能免税。桥归桥，路归路，永远不会错。

第四,官员低俸未必能省下钱。

不知朱元璋是不是读过张养浩的散曲《山坡羊·潼关怀古》。要不,我们替他读一读?

　　峰峦如聚,波涛如怒,山河表里潼关路。望西都,意踌躇。伤心秦汉经行处,宫阙万间都做了土。兴,百姓苦;亡,百姓苦!

第二章

大国征纳：谁的篮子谁的菜

第一节　盐课和盐专卖：一桌霸王餐

明朝征收盐税，始于元末。这么大一个提前量让元朝心慌。

元至正二十一年（1361），为确保夺权活动本钱充足动力强劲，朱元璋造反集团"始议立盐法，置局设官以掌之，令商人贩鬻，每二十分而取其一，以资军饷"[①]。

手法简便，套路清楚。提前上位，毫不客气。差不多是空手套白狼的无本生意，钱和大风刮来的没多大区别。

置局、设官、收税，坐实一方政权，意义非比寻常。

说来土地还是元顺帝的，但土地上的收获物进了朱元璋的谷场。这变化，说来就来，干净彻底。

随着造反节节胜利，朱元璋在主要产盐区相继设立食盐管理和课税机构，摆明一副雄武豪霸架势：俺就吃定你了，吃倒闭了算，咋的？

从元至正到明洪武年间，朱元璋名下的都转运盐使司、盐课提举司及相应分司、盐课司布局到位，三级盐务管理系统成型。该系统的主要摊点，设在两淮、两浙、河间长芦、广东、海北、山东、福建、四川和云南。

食盐生产、转运和销售体系同步成型。手里摆弄的是过程，眼睛死盯

---

①《明太祖实录》卷九。

着的是结果。这个结果，是财政收入。

我们从户役说起。明初行配户当差制，产盐户被定为灶籍，也称灶户。灶户必须世守其业，为朝廷兼办盐课。

啥意思？你们这帮人连同"无穷匮也"的子子孙孙打包绑在食盐上了，你们的任务不艰巨但光荣：多出盐出好盐，报效朝廷。

灶丁定了位，剩下的事儿就顺手多了。盐运司向各盐场征收盐课，比照地方府县税粮征收办法，横平竖直，规范严谨。

据统计，洪武时期全国有灶户 92 150 户，灶丁 270 843 丁；弘治时期 120 224 户，351 981 丁；嘉靖、万历时期 82 502 户，413 051 丁。其间，灶丁、灶荡的隐占、流失，与朝廷为保证食盐生产、盐课收入而清理灶丁、灶荡的矛盾始终存在。草荡有为豪强兼并者，有将灶荡丈量入民额者，有征银充兵饷者。盐业管理系统与地方有司间的撕扯也很激烈①。

让皇帝和户部官员兴奋的是，袒露着白花花后背的灶丁用白花花的汗水生产出白花花的食盐，白花花的食盐转眼带来白花花的税银。

大明皇朝试营业期间，对过往货物征收商税，二十取一。这里的过往货物，包括食盐。至正二十四年（1364），朱元璋在占领区征收盐税，"浙东所辖金华、广信等府及诸全州接连外境盐货，以十分为率，税其一分。"②此时的盐税等同于商税，延续到洪武初年，被开中制取代。

说明朝财政，不能不说专卖和开中。为确保盐业利益最大化，明朝以灶户盐课统制为基础，在食盐运销环节实行垄断经营，即专卖。专卖的核心是开中制，即招商运盐。与成本高、准头差的官盐官运相比，好吃不贵的官盐商运大受青睐。一般认为，开中法始于洪武三年（1670），较早的记载是"令商人于大同仓入米一石，太原仓入米一石三斗者，给淮盐一引，引二

---

①（清）延丰：《重修两浙盐法志》卷二○，《沿革二》引旧《两浙盐志》，清同治刻本。草荡，生长煎盐用苇草的荡地。灶荡，明清淮南等地盐场按灶丁数分到盐户名下，用于种植煎盐用苇草的荡地。

②《明太祖实录》卷一一。

百斤"①。

改变一下思路和手法，效果和好处立马显现，"转输之费省而军储之用充。"②

初，商人转输的是朝廷积储的夏税秋粮，即官米，与自购自销迥异。后，由于盐粮价格剧烈波动，加之边方行米粮采买制，商人购米上纳开中渐成主流。

从单纯的"搬运工"到兼职"采购员"，市场机制的潜能瞬间激活。

明代开中形式多样。方式一，户部响应边方或纳粮地区军政官员需求，提请皇帝奏准，榜示纳中米粮地点和仓口，公布上纳米粮数额及所中盐运司的盐引数额，商人选择所报中的盐运司，到指定仓口报中上纳米粮。仓口官发给仓钞，管粮郎中填发勘合，商人据此到指定的盐运司比兑，经盐运司指派到盐场取盐，最后到盐场指定的行盐府县发卖。该方式普遍采用。方式二，又称抑配法，由盐运司将本年度投入开中的盐引额，发派到行盐府县，招诱客商。方式三，由官运盐货到有关布政司或府县卫所，就近招商中纳米粮。

随着开中制推移，上纳物资因边储军需日益多样化而复制到更多品类。米粮、钞贯、铁、茶、马等中纳系统次第出现，纳钞中盐、纳马中盐一度盛行。永乐二年（1404），"上以福建、山东、广东运司积盐多，命户部暂令民以钞中纳。户部定例：福建、山东盐每引纳钞五十贯，广东每引三十贯。"③永乐二十二年（1424）行输钞中盐法，"沧州盐每引钞三百贯，河南、山东每引百五十贯，福建、浙东每引百贯。输钞不问新旧，支盐不拘资次。"④纳马中盐与边政密切相关，正统三年（1438），为收买民间良马，经户部、兵部会议，"上马一匹，与盐百引；中马一匹，与盐八十引，听于陕西地方鬻之。"⑤

---

①《明太祖实录》卷三五。

②《明太祖实录》卷三五。

③《明太祖实录》卷三三。

④《明仁宗实录》卷二。

⑤《国朝会典》卷九六《户部·盐法》。

有马就要有草料，纳草中盐法扯着马尾巴登上历史舞台。

观察开中制演进轨迹，我们不难看出，明廷已将初始意义上的招商运米中盐，运用到解决金融和其他问题的诸多领域。这显然得益于朝廷牢牢掌控盐货运销——盐巴攥在手里，朝廷可根据需要，依托政权力量和官僚制度，在官民之间建立盐粮、盐马、盐铁、盐茶交易关系，搭建国家控制框架下的全国性物资流动网络。用今天的时髦话说，这个网络叫"盐货＋"。这个盐货，某种程度上充当了一般等价物。

开中制的延伸和补充形式，是户口食盐课。明朝盐专卖奉行"计口食盐"原则，即依据府州县人口数量，按法定标准运输、配给，"凡行盐地方，该运司备查州县里分，岁用食盐若干，开申巡盐衙门，照数批行，运司填给水程，行令各商前往行盐地方发卖，卖完之日，同引目一并缴部存查。"①

对食盐实行直接抑配的售卖制度并非明朝首创，但明朝显然玩儿得更溜儿。洪武年间，户口食盐课征收标准相对灵活，广东"男女成丁者，岁给盐三斤，征米八升"②，陕西一度"田亩输粮米，复征其盐米六升"③，福建"户口食盐，每引收银十两，或钱一万二千，民艰于办纳，请自今土产代输为便，从之"④。这说明，户口食盐课以户口或田产作被乘数，以既定标准作乘数，以积征米粮，有时也征钞、银或土产。

永乐二年（1404），鉴于"出钞过多，收敛无法，以致物重钞轻"，朝廷出台户口食盐钞制度。"帝令户部会群臣议：大口月食盐一斤，纳钞一贯，小口半之，从其议。"⑤明廷行高压政策，在全国推行该制度并产生很大影响。

明代供给户口食盐，用的是余盐和盐课。正统后盐课改征折色，本色盐断炊，户口食盐自然无以为继。天顺年间钞法破产，米钞换余盐制度废止。政府无盐可支，户口食盐钞依然普遍征收。不同的是，征收物品重回米

①《明太祖实录》卷七二。

②（明）顾炎武：《天下郡国利病书》卷九八《广东二》。

③《明太祖实录》卷五六。

④《明太祖实录》卷五九。

⑤《明史》卷八一《食货五》。

粮、银布的老路。英宗时山东莱州"民每岁口征盐钞十二贯,后改折棉布,既而户部又以钞贯每口减作六贯,然民既纳钞,而布未除"①。天顺时,浙江布政使"乞令照依时价输米或银,以充军饷,从之"②。嘉靖时,湖北蕲州"每丁亦征钞六贯,每贯折银一厘一毛五丝三忽"③。行一条鞭法后,户口食盐钞大多并入秋粮中带征。

盐课和盐专卖是明朝财政收入的重要组成部分。中叶后,田赋征收日益艰难,盐课和盐专卖收入成为财政收入的大宗之一。万历朝户部尚书李汝华疏称"国家财赋所称,盐法居半者,盖岁计所入者止四百万,半属民赋,其半则取给于盐策"④。各盐课司并各边商所中盐粮银合计约二百一十万两。

明后期官场严重腐败,商人贿赂官府,贩卖私盐,攫获暴利,官府借壳盐课巧立名目,大肆搜刮,官商联手致盐政大坏。走到这一步,除了坐等崩盘,已没有别的路。

第二节　茶课和茶专卖:买尽青山当画屏

国人的字典里,老早就有"榷茶"这词儿。

宋高承《事物纪原》说:"(榷茶)起于唐建中正元(贞元)之间。赵赞、张滂建议,税其什一。一云德宗正元八年,张滂奏收茶税……一云穆宗时王涯始榷茶。"

张敬群《中国税史品读》说,唐前期茶无税,亦不专卖。德宗开茶税先例,文宗行专卖。

---

① 《明英宗实录》卷一七四。
② 嘉靖《延平府志》卷一六《人物二》。
③ 嘉靖《蕲州志》卷二《户口》,天一阁藏明代方志选刊。
④ (清)孙承泽:《春明梦余录》卷三五。

榷，本义为独木桥，引申为专利、专卖、垄断。《史记·五宗世家》说："榷者，禁他家，独王家得为之。"独此一家，别无分号，垄断经营，闲人免进。

元至正二十一年（1361），中书省议定茶法。这里的中书省，不属于元朝，也不能说属于明朝，只属于朱元璋的割据政府。开国在即，百废待兴。官员们积极性高，做事儿也用心。

　　官给茶引，付诸产茶郡县。凡商人买茶，其数赴官纳钱请引，方许出境贸易。每引茶百斤，输钱二百，郡县籍记商人姓名，以凭勾稽。茶不及引者，谓之畸零，别置由帖付之。量地远近，定其程限，由、引不许相离；茶无由、引及相离者，听人告捕①。

由、引、帖、官、商、茶，用一个"钱"字串起来，简单、清爽、直接。茶的味道，钱的味道，混合成世俗的味道。

明朝茶政有内地和边区之分。

内地产茶区行茶引制。南直隶、浙江、福建、湖广、江西所产茶叶，商人请引买卖，政府设置茶课司和茶批验所管理征课和批验事务，产、销、管有序衔接。《明史·食货志》说："南直隶常、庐、池、徽，浙江湖、严、衢、绍，江西南昌、饶州、南康、九江、吉安，湖广武昌、荆州、长沙、宝庆，四川成都、重庆、嘉定、夔、泸，商人中引则于应天、宜兴、杭州三批验所，征茶课则于应天之江东瓜埠。自苏、常、镇、徽、广德及浙江、河南、广西、贵州皆征钞，云南则征银。"

王恕写于成化年间的《申明茶法奏状》表明，明茶法与当代税法或条例相似度很高。其亮点是违章处理，下手又准又狠。笞杖徒流死五种刑罚，用到三种。捧读这样的法律文本，我们分明能听到刑具击打臀部的声音：啪！啪！啪！

---

①《明太祖实录》卷九。

一、茶引、由内，茶引一道纳铜钱一千文，照茶一百斤；茶由一道纳铜钱六百文，照茶六十斤，见行事例。每引、由一道，纳钞一贯，中夹纸一张。

一、诸人但犯私茶，与私盐法一体治罪。如将已批验截角退引入山影射照茶者，同私茶论。

一、客商兴贩茶货，先赴产茶府州具报所卖（买）斤重，依例纳课买引，照茶出境发卖。如至住卖去处，卖毕随即于所在官司缴纳原引。如或停藏、影射者，同私茶论。

一、山园茶主将茶卖与无引由客商兴贩者，初犯笞三十，仍追原价没官。再犯笞五十，三犯杖八十，俱倍追原价没官。

一、茶引不许相离，有茶无引，多余夹带，并依私茶定论。

一、客商贩到茶货，经过批验所，须要依例批验，将引由裁角，别无夹带，方许放行。违越者笞二十。

一、伪造茶引者处死，籍没当房家产。告捉人赏银二十两。

一、卖茶去处，赴宣课司依例三十分抽一分。芽茶、叶茶，各验价直纳课。

一、贩茶不拘地方①。

边区茶政其实是茶政和马政的融合体。很多时候，茶马原本一体。闻名古今的茶马古道，说的是人驱马、马驮茶行进于喧嚣而孤寂的商路。而颠簸于马背的部分茶叶，最终用来换马。这意味着，茶马古道上的商贸活动比我们想象的更为丰富。

我们拿川陕说事。川陕边区与西部少数民族聚居区犬牙交错，交往密切，这是一条。"番人嗜乳酪，不得茶则困以病"，其"青稞之热，非茶不解"，这又是一条。洞悉这两条，就不难解读唐宋元明中央政府同少数民族间的

---

① （明）王恕：《王端毅公奏议》卷二。

茶马贸易。这个可以有。这个必须有。

明朝善于传承，也善于创新。善于传承的明朝想也不想，接着搞茶马贸易，善于创新的明朝想了想，推出金牌制，由朝廷发给少数民族头人铜制牌状勘合，皇帝圣旨赫然其上。金牌有上号、下号之分，分别藏于朝廷内府、各少数民族部落。别小看这金属牌，它让茶马贸易变得正规而常态、庄严而神圣，还悄然坐实少数民族部族当差服役、缴纳贡赋的义务。

与内地茶课司和茶批验所迥然不同，管理边区茶政和茶马贸易的机构叫茶马司。

万变不离其宗。榷茶和茶马贸易以配户当差为制度基础，政府通过严密管制，将茶叶生产限定在户役制的框架内。种茶人、制茶人通称茶户，亦即茶课负担者，赋役黄册里有他们的专页，他们是编户齐民。

内地榷茶和边地茶马贸易，核心和实质是"官收茶制"。

这一点，洪武三十年(1397)《钦依禁茶榜文》说得明明白白："本地茶园人家，除约量本家岁用外，其余尽数官为收买。若卖与人者，茶园入官。"①

茶课以株计纳。明初徽州府朱升这样描述："茗贡课株，十赋其一。而一株之额粗精二两，此乃沃土所有。而我徽瘠土也，每百株赋其十株，责其纳茗二十两，殚其地之出而供其本色，已不堪矣。"②

朱升的意思，徽州地瘠人贫，不堪重负。

计株纳课，十赋其一，是茶课基本标准。该标准同样适用于茶马贸易活跃的川陕地区。洪武四年(1371)，户部议准："陕西汉中府金州、石泉、汉阴、平利、西乡县诸处茶园共四十五顷七十二亩，茶八十六万四千五十八株。每十株官取其一，民所收茶官给直买之。无户茶园，以汉中府守城军士薅培，及时采取，以十分为率，官取其八，军收其二，每五十斤为一包，二包为一引，令有司收贮，令于西番易马。"③《明会典》载，洪武五年(1372)，"令

----

① 转自刘淼：《明代茶叶经济研究》，汕头大学出版社，1997年，第50页。
② (明)朱升：《送分宪张公序》，见《明经世文编》卷二二。
③《明太祖实录》卷七〇。

四川产茶地方,照例每十株官取一分,征茶二两。其无主者,令人薅种,以十分为率,官取八分,有司收贮。又令四川碉门、永宁、筠连诸处所产剪刀粗茶叶,立局征税。"①

川陕茶课,贮于当地官仓,以供易马。遇库茶积滞,可能改征折色,收银或钞。永乐十年(1412),"令四川安县茶课折收钞"。正统、景泰、成化、弘治四朝,曾折征茶课。

明代茶课和茶专卖收入主要包括:茶户计株纳课,一般为1/10实物税;商人买引照茶,一般每引纳税千文;卖茶去处,商人赴宣课司缴纳商税,三十税一;川陕诸茶马司行招商中茶制,政府抽分所得;茶马贸易收入;各处批验茶引所秤制余茶和查获私茶。

明朝茶马贸易因物制宜,手法灵活。

第一种叫以茶易马,行于川陕。以茶易马,税收意义、马政意义和边政意义叠加。以茶易马,既能满足国家边防军需,节省兵费,又能和睦边疆少数民族。

明朝高度重视茶马交易,先后于洮州、秦州(后调整为西宁)、河州、永宁和雅州设立茶马司。《续文献通考》说:"上马、中马、下马一匹,分别得茶四十斤、三十斤、二十斤,亦有给茶百斤者。岩州茶马司上马、中马、马驹分别给茶一百二十斤、七十斤、五十斤。"

茶马交易让朝廷持续获得良马。洪武二十五年(1392),仅河州一地得马万余匹。

第二种叫以米易茶。永乐时,番马改道,川茶浥烂,朝廷令停茶粮事例,后延绥饥,复招商纳粮草。弘治十二年(1499)至嘉靖三十六年(1557),出于"以岁饥待赈""招纳边镇以备军饷""增开中以备赈荒"需要,令商纳粟中茶。

第三种叫以茶易盐。宣德七年(1432),题准开中茶盐,于四川成都、保

---

① 万历《大明会典》卷三七《户部·茶课》。

宁等地官仓支官茶,运赴甘州,给官盐八引;运赴西宁,给盐六引。

第四种叫运茶分成。明初及弘治年间,令商人运茶至茶司;官商分成,官茶易马,商茶给卖。

明初陕西茶税 26 862 斤,四川 100 万斤。万历时,陕西 51 384 斤,四川本色 158 850 余斤,折色 336 963 斤。

第三节　关市之征:因地设税,靠山吃山

商业税历来有广义和狭义之分。在传统农业社会,广义上的商业税包括"寓税于价"的禁榷(专卖)、关津税(商品通过税)和市肆税(商品交易税)。关津税和市肆税合称"关市之征"①。本书所称商业税,特指关市之征。

明朝商业税的最大特点是因地设税,靠山吃山。

第一个税种叫钞关税。宣德四年(1429),"令南京至北京沿河濒县、临清州、济宁州、徐州、淮安府、扬州府、上新河客商辏集去处,设立钞关,差御史及户部官照钞法例,监收船料钞。"②此税所靠之"山",是"客商辏集去处"。

几经增设、停罢,到万历年间,七处钞关处于营业状态:河西务、临清、淮安、扬州、浒墅、北新、九江。淮安、北新、扬州由南京户部派员榷收,余者由户部差员榷收③。

钞关税主要对过关船户征船料钞,各朝标准不一。宣德四年(1429)每船 100 料收钞 100 贯,4 年后降为 60 贯。正统四年(1439)、正统十二年(1447)、景泰元年(1450),每船 100 料分别纳钞 40 贯、20 贯、15 贯④。

第二个税种叫竹木抽分税。洪武初,朝廷在竹木产地及贩运要道设抽

---

①陈明光:《唐代财政史新编》,中国财政经济出版社,1991 年,第 348 页。
②③④万历《大明会典》卷三五《户部·商税》。

分竹木局，对竹、木、柴、薪等征收实物税。抽分局设于南京龙江、大胜港，北京通州、白河、芦沟、通积、广积，北直隶真定、保定，南直隶太平府芜湖，湖广荆州府沙市，浙江杭州南新关，陕西兰州（今甘肃），淮安清江浦。清远、南雄、肇庆、徽州、处州、梧州曾设抽分竹木局①。

第三个税种叫市肆门摊税，也叫门摊课程、市肆门摊课钞，是依店面计征的营业税。洪熙元年（1425），"增市肆门摊课钞"。宣德四年（1429），对两京以贩卖为主的蔬果园，不论官种私种，均征税。并将市肆门摊税推行全国，令33府州县市镇店肆，门摊税课加5倍②。同时颁布两京及各处买卖之家各类店铺门摊课税额：裱褙铺，月纳钞30贯；车院店，月纳钞2 000贯；油坊、磨坊，每座逐月连纳门摊钞500贯；堆卖木植、烧造砖瓦，逐月连纳门摊钞400贯。

宣德以后，钞法渐通，门摊课钞有所减免。正统元年（1436）规定："天下一应课程及门摊等项，俱照洪武年间旧额征收，不许指以钞法为由，妄自增课，违者罪之。"③正统七年（1442）规定在京都税、宣课二司收钞例，"每季段子铺，纳钞一百二十贯；油、磨、糖、机、粉、茶食、木植、剪裁、绣作等铺，三十六贯，余量货物取息及工艺受值多寡取之。"④

与其他商业税相比，市肆门摊税征收地域最广。

第四个税种叫门税。门，特指京城九门。弘治初，对通过崇文门的商货，课客贷进口税，每钞一贯折收银三厘，钱七文折银一分。门税收入大多解京库，小部留存本处，折支官军俸粮。正德年间，正式开征京师九门税，在崇文、正阳、宣武、阜城、西直、德胜、安定、东直、朝阳九门设税官，对通行货物课税。弘治六年（1493）起，九门课税事务统由崇文司监管，是谓"九门征课一门专"。

"文明城外柳荫荫，百啭黄鹂送好音。行过御沟回望处，凤凰楼阁五云

---

①《明史》卷八一《食货五》。
②④ 万历《大明会典》卷三一《户部·钞法》。
③《明英宗实录》卷一。

深。"明董暄《夏日出文明门》描绘了崇文门（元称文明门）的繁华和雅丽。"生不愿封万户侯，但愿一管崇文门"，广为流传的民谣则指斥了税吏的伤暴和贪婪。

清乾隆四十三年到五十一年（1778—1786），和珅任崇文门税务总管行营事务监督。这段经历，成就了此公在历史上的某项显赫声名。和珅之贪，与其在崇文门的特殊修炼和尾大不掉的商税积弊发生了吊诡的联系①。

第五个税种叫过坝税。始于嘉靖四十五年（1566），主要于淮安坝征收。该坝地处交通要道，凡淮河往来及出入运河船只必经此地，知府傅希挚建议对过坝米麦杂粮每石征银一厘，称为军饷，用来抵补所在州县夏秋税粮及民壮、军壮饷。隆庆四年（1570）增征脚抽、斛抽，次年又征济漕，合称淮安四税。脚抽从脚夫每石搬运费一厘中抽四五毫，斛抽从斛夫所得每石二钱一厘五毫中抽取五毫，济漕课征对象是过坝杂粮牙人所得口钱银。杂粮、子花、麻饼每十两，牙人所得口钱银五分，抽取二分五厘②。

过坝税最初直接对过往粮船，脚、斛二役及牙人征税。由于负担过重，牙、脚四散，便从客商付给脚、斛二役的工钱及牙人口钱中扣留代纳。一般岁入3万两左右。万历十一年（1583）四月南京河南道御史方万山请蠲裁牙行脚夫等税，七月户科都给事中肖彦等请罢淮安四税，户部议准③。

第六个税种叫过闸税。隆庆四年（1570）七月，总督河道右副都御史翁大立《为设处钱粮以济工事疏》称：

> 漕河之工在宝应，则当开越河以避湖险；在瓜洲，则当建闸座以通漕船……若明著条例，除夏月粮船盛行，商船民座俱不许由闸外，其余月分梁头一丈六尺以上者，税银五两；一丈四尺以上者，税银三

---

① 李胜良：《大任斯人》，中国税务出版社，2009年，第187页。
② 万历《大明会典》卷三五《商税》。
③ 《明神宗实录》卷一三九。

两；一丈以上者，税银一两。由仪真闸者递减税之。民座船虽有私货，一体征税，听管闸主事监督，淮、扬二府查收。一丈以下者俱令由闸，大约一年可银数万两[1]。

翁大立的建议得到工部认可，过闸船税开征。

隆庆六年（1572）八月，建瓜洲二闸，亦征瓜洲过闸船税银，税额同样依商船大小而定。

万历元年（1573），筑闭瓜洲闸，瓜洲过闸税停征。

第七个税种叫塌房税，也称塌房钞、房钞。南京成为全国政治中心、经济中心后，权贵、商贾云集。由于居民住房拥挤，商贾货物"或止于舟，或贮城外民居"。商民不便，易被中间商盘剥。太祖遂命于城西三山等门外濒水处，为屋数十楹，供商人贮藏货物及畜禽，称作塌房。

初，凡到南京的商货都贮藏于此，交易也在这里进行，禁止牙人进入，不征税，只征免牙钱一分。洪武二十四年（1391），令三山门外塌房，许放积各处客商货物，分定各房厢长看守，其货物以三十分为率，内除一分官收税钱，再出免牙钱一分，房钱一分，与看守者收用。货物听客商自卖，小民鬻贩者，不入塌房投税。

成祖移都后，永乐七年（1409）依南京塌房例，于北京皇城四门及钟鼓楼等处，各盖官店塌房，招商贮货，税银一分。

宣德四年（1429），因钞法不通，命在塌房贮货商人，月纳钞 500 贯。正统四年（1439），塌房税减半，自己房屋与人寄筐柜者免纳钞。正统六年（1441），塌房每间月纳钞 100 贯 500 文。

塌房税未普遍征收。南京五城兵马司塌房税岁征钞 160 多万贯，折银 970 两[2]。小钱而已。

第八个税种是市舶税。下文详述。

---

① （明）顾炎武：《天下郡国利病书·扬州》。
② （明）张学颜：《万历会计录》卷四三《杂课》。

第九个税种是商税。与前述商业税并列。顾炎武《淮关志》说，"旧例，凡淮所造一应货物并各处来淮发卖之物，皆有税，名曰商税。率三十分赋其一，收钞有差。"①异地销售淮货，各处来淮发卖之物，都要在淮安关缴纳1/30 的商税。

明代商税是课税司局与地方有司征收的商品交易税或落地税。交易前要办手续，"欲赍货贿之于四方者，必先赴所司起关券"②。关券又称物引，相当于现在的营业执照或外销证明单。商人缴纳 1/30 的商税于课税司局领取关券，货物可在当地自由入市销售，也可贩往他方。在不设税课司局之地，商税由地方有司代收。

明商税原则上实行实征制，由商人自行申报。中叶后，随着经济发展，商人流动性增大，实际征收时多采定额制。设有税课司局的河南彰德府，南直隶淮安府、常州府，山东沂州，未设税课司局的山东泰安州、济阳县，都有定额商税的记载③。

第四节　关市之征：从简而轻到苛而乱

除了靠山吃山，明朝商业税还有以下特点。

特点一，始简终繁，始治终乱。放眼古今，历史的演进，总是从简和治开始，到繁和乱结束。《明史·食货志》这样评价本朝关市之征："明初务简约，其后增置渐多。"

洪武十三年（1380）朱元璋谕户部："曩者奸臣聚敛，深为民害，税及天下纤悉之物，朕甚耻焉，自今如军民嫁娶丧祭之物，舟车丝布之类，皆勿

---

① (明)顾炎武：《天下郡国利病书·淮徐》。
② (明)丘濬：《大学衍义补》卷三〇《制国用，征榷之课》。
③ (明)张学颜：《万历会计录》卷四三《杂课》。

税。"①并罢天下抽分竹木场。

永乐元年（1403）朝廷重申："凡军民之家嫁娶、丧祭、时节追送礼物，染练、自织布帛，及买已税之物，或船只、车辆运自己物货并农用之器，各处小民挑担蔬菜，各处溪河小民货卖杂鱼，民间家园池塘采用杂果，非兴贩者，及民间常用竹木蒲草器物，并常用杂物铜锡器物，日用食物，俱免税。"②

这时的朝廷，心里装着社稷，也装着苍生。

以税及纤悉为耻，说明朱元璋和朱棣信守底线思维。

转折点在洪宣，推下坡车的是万历。洪宣两朝，商税经历了从简从轻向新税层出、税率波动的变轨。万历之后，商税名目不断增多，弊端越来越重，税收渐趋苛重、混乱。

乱源是吏治。吏治出了问题，直接败坏社会风气，冲击社会治理体系，考验社会治理能力。

一个恶例是门税。崇文门课税，初衷是补益钞关税，下手又轻又柔。日久年深，初衷啥的扔到脑后，门税在蛆虫涌动的社会大染缸里走形变味。以正德七年（1512）为起点，各门监税官横征暴敛，门税收入大增，较弘治年间钞增 4 倍，钱增 30 万文，商民深为其困。隆庆元年（1567），监税官倍征横索，民怨沸腾，朝廷头痛医脚，令九门之税分属五城御史，各委兵马司一员监收，税中会同部官覆奏，其原设监生吏典，悉行裁革，且将门税明定则例，揭示于门。重新洗牌后，税收秩序阶段性向好。明末，随着世风全面败坏，门税积弊严重，"举子皆不免；甚至击杀觊吏"，终成苛政。

另一个恶例是商税。明初商税须由地方税课司局解往户部，明后期推行定额制和折征制，各地不约而同，借机玩起额外征收新花样，"总之正数外，尚有余者，买作社仓，及一切修废之事"③，商税成为地方财政的

---

① 《明太祖实录》卷一三二。
② 万历《大明会典》卷三五《户部·商税》。
③ （明）余自强：《治谱》卷一〇《杂事门》，影印明崇祯十二年刻本。

灵活财源。

危险游戏自此启动。税越征越重，商民自会反弹，反弹的方式既智慧又无赖，结果刺激了官府和税吏的严管欲望，矛盾由此升级。"每见官府差遣巡拦弓手把截要津，往往得贿则私与放行，不得则驾名匿税，甚而□□少聚群，检搜笼袄，遂致望风畏遁，驱之而去者多矣。"①"得贿则私与放行"表明，征纳双方携手突破道德和法治底线。这很糟糕。

特点二，匠心独运，流程严谨。税制的演化，有其现实和历史规律性。认识和尊重税制演化规律，体现出一个政权的执政能力，也体现出一个治税团队的专业素养。

我们以竹木抽分局为例。《芜关榷志》还原了芜湖抽分局的征税流程：木商到关前申报木材种类和数量——抽分局查验并确定税额——芜关出具票据——商人持票到县交税——商人领旗过关。可以想见，这个流程经过实践检验和修正，闪烁着专业和智慧的光芒。任何时代，都有能吏和循吏，都有经验和成果。

下面这些术语告诉我们，榷税芜湖曾经是一件技术活儿。对大宗木材抽税，叫大抽单。对少量的船载竹木或竹木小筏抽税，叫小抽单。赴南京柴炭船过芜关，只发号单不收税，木商执号单到南京交税，该号单叫京关单。未载竹木的船只不交税，每天早中晚放行，叫无抽单。税额超过二两，须在芜关、京关分别纳税；税额不足二两，可申请在芜关预付京关税，这叫连京税。税额超过二两，在芜关只纳半税，称半税单。

《芜关榷志》列举的税则目录表明，明代竹木分类严谨而精细。例如杉木，即有虎尾木、笑木、桥木梁木、杨木株松、松木、松板之分，极具操作性。应税竹木一律十分抽一，计税依据不是市价，而是朝廷定价。这等手法，沿用至今。

特点三，常行变通之策。变通是一种智慧，也是一种圆融。变通是一种狡黠，也是一种机巧。变通，裁弯取直，让某些事情直通圆满。变通，节外生

---

① (明)吴遵:《初仕录·户属·广商税》，明崇祯金陵书坊刻《官常政要》本。

枝,让某些事情屡陷深坑。

放眼古今,变通征税的事例比比皆是。明朝商业税行变通之策,在竹木抽分税、商税和钞关税上印迹清晰。

竹木抽分税率因品种、时间、地点不同,差异明显。征以实物时,松木大约十取其二。如果纳银,综合考虑松木种类、规格和原产地等因素,折算后依 5% ~ 10% 不等税率征税。嘉靖后期到万历年间,北京大兴土木,竹木抽分更为复杂。

黄仁宇的研究成果表明,淮安竹木抽分税税负通常低于他处,因为松木周转到这里之前已经过抽分。淮安抽分局要向大运河上所有商业运输抽税,其中竹木等造船材料三十税一。此现象一。某些官员为邀功请赏或中饱私囊,往往加重商人负担。此现象二。品行端正宅心仁厚的官员一般会选择照实或依略低标准征税。此现象三。三种现象叠加,说明操作层面上的税收执法往往弹性较大。

其他地方也存在第三种现象。正德年间,工部主事何遵管理沙市抽分局,"令下商自百金下减算三之一,风水败货者勿算。次羡足常数但令相等。入算者手实其数几何,自挈之藏于郡帑,数日一会所入数,以等减算。"①何遵的继任者工部主事邵经邦完成当年抽分定额后,年内"启关任商舟往来"。芜湖监税竹木的李堂、榷税扬州的杨时乔,亦各有惠政传世②。

明后期地方官府额外征收商税,也是变通之策。

与沙市、芜湖、扬州的竹木抽分惠政和某些地方官府搭车收税的秕政相比,钞关税征收中普遍采用的变通之策,纯属技术问题。鉴于估料困难,该税常按船梁头尺寸分档计征。

特点四,总体走势,是始征钞,后征银。钞关税初设时全部征钞,后渐有钱、银之征,万历后普遍折银。各钞关间、每一钞关不同年代间,征收内

① (明)张萱:《西园闻见录》卷九二《工部六》。
② [美]黄仁宇:《十六世纪明代中国之财政税收》,阿风等译,读书·生活·新知三联书店 2001年,第 312—313 页。

容不尽相同。收入规模:成化十六年(1480)钞 2 400 万余贯①,弘治十五年(1502)钞 3 719 万余贯②。《万历会计录》记载,万历初年本色年分钱钞折银约 30.3 万两,折色年分征银约 26.7 万两。

明朝各抽分局的收入,史料中只有零散记录。有研究者匡算,正德、嘉靖、隆庆、万历、天启、崇祯各朝年均税收最低 27 020 两(嘉靖),最高 42 445 两(崇祯)。黄仁宇统计的时点数据是:成化二十年(1484)杭州税课使司岁入 23 000 两;弘治二年(1489)沙市、芜湖、杭州和淮安四个税课使司合计岁入 28 670 两;嘉靖四年(1525)芜湖税课使司收入超过 20 000 两,有的年份榷取之课超过 39 000 两;万历三十六年(1608)淮安税课接近 11 500 两。16 世纪晚期,上述四税课使司收入约 75 000 两,龙江年入大约 20 000 两。这里说的两,是白银。

市肆门摊课钞最初征钞,后逐渐征银。全国收入数额,无据可查。明沈榜《宛署杂记》说,北京铺行征税,分别由大兴县、宛平县负责,万历七年(1579)两县实征银 10 641 两。

门税收入散见《明实录》和《万历会计录》。弘治初,岁入钞 665 080 贯,钱 2 885 130 文。正德初,岁入钞 540 万贯,钱 620 文。正德五年(1510)岁入钞 3 388 200 贯,钱 4 202 140 文。嘉靖二年(1523)以前,岁入钞 2 558 920 贯,钱 3 190 366 文。嘉靖三年(1524)岁入钞 665 180 贯,钱 2 432 950 文。万历六年(1578),岁入钞 665 180 贯,钱 2 432 850 文。

这些数据表明:钞、钱并存,是门税特征之一;门税收入起伏明显。

---

①《明宪宗实录》卷一九九。
②《明孝宗实录》卷一九二。

第五节　关市之征：天朝上邦的涉外税收

　　明商业税的第八个税种是市舶税。市舶税是对进出口商品征收的税。对现代主权国家而言，市舶税者，关税也。

　　关税是政府开源的钱袋子，也是国家维权的工具箱。征收进口关税会加大进口货物成本，因而常被当作民族工业的保护伞。征收出口关税会加大出口货物成本，不利于本国货物参与国际竞争，因而对出口商品动用零关税甚至退税、补贴等手段，是主权国家的通行做法，但对某些稀缺商品而言，课征高得离谱的出口关税又可坐收寓禁于征的政策效果。

　　保持进出口商品的价格弹性和供求弹性，是一门考验胆识和智慧的艺术。加上资源封锁、技术壁垒之类的考量因素，卖不卖、咋卖、卖给谁还真不是简单的事儿。

　　贼贱是倾销，贼贵是惜售。

　　"贼"是市场稀缺度，或称市场饱和度。两种叫法，一个意思，看问题的方向和角度不同而已。市场稀缺至少有两种：一是资源性稀缺，除了俺家自留地，别处打着灯笼、掘地三尺也找不到，比如"工业黄金"稀土；二是技术性稀缺，除了本作坊和本工匠，别人打死也弄不出来，比如尖端武器。

　　天下攘攘，皆为利往。国际贸易和摆地摊没有本质区别。一般说来，一国硬实力和软实力足够强，在国际竞争中优势明显，往往奉行自由贸易政策；一国经济和军事落后，国际竞争力疲弱，往往奉行贸易保护主义政策。

　　遥想当年，明也是大国、强国。由于时代的、历史的局限性，大明皇帝和各级官员不可能睿智、透彻、有预见性地研判世界大势，也不可能理性、精准、娴熟地运用实力和心机谋求国家利益最大化。倒是那份嵌进骨子里的自大、虚荣和短视，让大明一再错失深度融入国际社会的良机。

　　曾经，中国是面对世界的。明初，尤其是洪武年间，中国完全关闭了蒙古帝国曾经开拓的欧亚世界的门户,重新设计出一套统治人民的体制,并且作为制度开始施行。这赋予该时代"硬"的色彩,留下了"古"的印象①。

曾经,大明是浮在海上的帝国。郑和七下西洋,展示了明朝的综合国力,也打通了海上贸易通道。与前朝相比,明朝的对外贸易,特别是海上对外贸易起点高、步子快,但关税极不发达。

从明初到明末,一直没有明白人用经济头脑、历史眼光和外向性思维,从全球视域和战略高度研究国际贸易,也没有明白人把关税引入健康的轨道。没起跑即止步,非常遗憾!

明初,外国船舶频繁来华,运载方物向明廷朝贡。明政府准许这些船舶附载他物与中国贸易,"因设市舶司,置提举官以领之。"②"凡外夷贡者皆设市舶司领之,许带他物,官设牙行与民贸易,谓之互市。是有贡舶,即有互市,非入贡即不许其互市矣。"③

这就是说,市舶附属于贡舶,有贡舶才有贸易。

显然,朝廷准许互市不是为了增加财政收入,而是体恤夷人漂洋过海朝贡上邦不容易,略施怀柔之策,让他们挣点小钱儿贴补家用而已。

我们不妨称此时的贸易为朝贡贸易。对朝贡贸易,明廷一向慷慨大方,免税记载不绝于书。

洪武二年(1371)七月,朝廷明文规定:"朝贡附至番货,欲与中国贸易者,官抽六分,给价偿之,仍免其税。"④

洪武四年(1371)七月,谕福建行省:"占城海舶货物皆免其征,以示怀柔之意。"同年九月,高丽、三佛齐入贡,高丽海舶至太仓,三佛齐海舶至泉州海口。户部奏请征其货物税。朱元璋紧急叫停,诏令"勿征"⑤。

————————

①〔日〕上田信:《海与帝国:明清时代》,高莹莹译,广西师范大学出版社,2014年,第87页。

②《明史》卷八一《食货五》。

③《续文献通考》卷二六《市籴二·市舶互市》。

④(清)佚名:《粤海关志》卷四《前代事实》。

⑤《明太祖实录》卷六七、卷六八。

永乐十年（1403）十月，西洋剌泥国、回回哈只马哈没奇等来朝，进贡方物，附载胡椒与民互市，有司请征其税，上曰："商税者，国家以抑逐末之民，岂以为利。今夷人慕义远来，乃侵其利，所得几何，而亏辱大体多矣！不听。"①

番货、夷人、慕义、大体，读懂这四个词，就能读懂一切。这一切，仅仅为了显示天朝上邦气度恢宏、达观敦厚。

中叶后，随着国内商品经济发展和西方来华经商热流涌动，东南沿海民间国际贸易蓬勃兴起。隆庆之后，朝廷部分解禁海运，开放福建漳州月港为民间海外贸易口岸。此时的贡舶贸易日趋衰落，嘉靖年间，硕果仅存的广州市舶司移驻澳门。正德后，朝廷对漳州月港华商、澳门外商实行有别于贡舶抽分制的征税办法。万历初年，葡萄牙人独据澳门，发展与印度果阿、日本长崎、菲律宾马尼拉的海上贸易，数额巨大，明廷和地方官府获利颇丰。

嘉靖四十三年（1564）贸易季节，超过 20 艘商船停泊澳门，常住澳门的葡萄牙人过万。有研究者估算，葡萄牙人每年缴纳船课银两万两，还纳地租银 500 两于香山。万历《广东通志》记载，广东市舶提举司年市舶税银约 4 万两。有资料表明，当时正常交税的只是一小部分，实际交易额比这大得多。周玄暐《径林续记》载："广属香山为海舶出入咽喉，每一船至，常持万金，并海外珍异诸物……而额外隐漏，所得不赀。其报官纳税者，不过十之一二。"②

东南沿海地区出海贸易历史悠久。明人谢肇淛这样描述：

> 海上操舟者，初不过取捷径，往来贸易尔，久之渐习，遂之夷国。东则朝鲜，东南则琉球、旅宋，南则安南、占城，西南则满剌迦、暹罗，

---

① （明）薛应旂：《宪章录》卷一五。
② 梁方仲：《明代国际贸易与银的输出入》，《中国社会经济史集刊》第 6 卷第 2 期，1939 年 12 月。

彼此互市,若比邻然。又久之,遂至日本矣。夏去秋来,率以为常,所得不赀,什九起家,于是射利愚民辐辏竞趋,以为奇货。而榷采之中使,利其往来税课,以便渔猎。纵令有司给符缥与之,初未始不以属夷为名。及至出洋,乘风挂帆,飘然长往矣①。

隆庆元年(1567)漳州月港解除海禁,民间海上贸易自此合法化,从月港出发的商船分赴吕宋和东南亚各国,贸易额迅速增长。原定限船之法规定:"给引以五十张为率,每国限船二三只。"万历十七年(1589),经福建巡抚奏请,获准岁给引88张,东西洋各限船44只。万历二十五年(1597)后,新增占城等12个地方,各船1只,共12只。研究者估计,当时平均每年约28只商船赴吕宋,年均贸易额183.75万两。往东南亚各国(吕宋除外)的合法商船,每年60只,每船单程贸易额8万~10万两。②

明廷对参与合法对外贸易的商人课征四种税。

引税,有外贸特许金性质。船只出洋,应先请引,返回缴销。东西洋每引税银三两,后加增六两。鸡笼、淡水每引税银一两,后加增二两。

水饷,相当于船钞。依船大小、广狭计征,出自商船。西洋船面阔一丈六尺以上者,征水饷五两,加大一尺,递增银五钱。东洋船按西洋船七折征税。鸡笼、淡水地近船小,船面阔一尺,征水饷五钱。

陆饷,具进口税性质。出自商铺,以货多寡计值征输。为防商人藏匿货物避税,规定"禁船商无先起货,以铺商接买货物应税之数给号票,令就船完饷,而后听其转运焉"。税则有万历十七年(1589)、万历四十三年(1615)两个版本,后者税负轻于前者。

加增饷,属特加税,专门向自吕宋返回商船课征。因往吕宋的商船回程携货少,甚或无货物,故在水饷、陆饷之外加增之,每船150两;万历十

①(明)谢肇淛:《五杂俎》卷四《地部二》。

②林仁川:《明末清初私人海上贸易》,华东师范大学出版社,1987年;钱江:《1570—1760年中国和吕宋贸易的发展及贸易额的估算》,《中国社会经济史研究》1986年第3期。

八年(1590)减至每船 120 两。[①]

上述四税合计，即月港合法国际贸易税收额。有研究者统计隆庆至崇祯年间 8 个年份税额：隆庆年间年饷税 3 000 两，万历初 6 000 两，万历四年(1576)、十一年(1583)、二十二年(1594)、二十七年(1599)分别是 1 万两、2 万两、2.9 万两、2.7 万两，万历四十三年(1615)和崇祯元年(1628)均为 2.34 万两。[②]

第六节　杂色：渔课和渔贡

《明史·食货志》将渔课归入商税。鉴于明代税制与现代税制在体系上的差异性，本书将渔课和渔贡视作杂色。

我们从陈友谅说起。与朱元璋多年装孙子不同，喜欢嘚瑟的陈友谅老早就装起大尾巴狼。地盘没抢多少，架势却拉得贼满。在湖广地区，陈友谅集团设置收办渔课的湖官多达 300 人。

朱元璋接管水乡湖区后，参照元朝和陈友谅旧制，于江河湖海产鱼之处，普遍设置河舶所征收渔课。或许是为了和当年的死对头陈友谅赌气斗狠，湖广置所最多。自元至正二十四年(1364)纳入朱元璋势力范围，湖北境内有文献记载的河舶所 117 个，至少 27 个州县设有河舶所，其中沔阳超过 30 个。

河舶所官员称河舶所大使、河舶所官。官下有吏，称攒典。设官数量，取决于征课规模。"年征渔课三百石至一千石者设官一员，一千石至五千

---

① (明)张燮：《东西洋考》卷七《饷税考》。
② 全汉昇：《明季中国与菲律宾的贸易》，《中国经济史论丛》，(台湾)稻禾出版社，1996 年，第 428—429 页。

石者设官两员,五千石至一万石者设官三员。"①依贡献度设官,算得上合情合理。

有意思的是,地方官授职,"到任须知"上赫然写明"鱼湖几处,岁课若干,备开各湖多少",细目包括"所属境内若有鱼湖,须报总计几处,岁办渔课若干,内某湖坐落某处,岁办若干,逐一开报,以凭稽考"②。在河舶所专官自司其职的同时,明令地方官重视渔课,这在元以前并不多见。凡事絮絮叨叨、不厌其烦,是朱元璋的一贯作风。

办案和收税,是地方官的两大重要职责。时至今日,漠视社会治安和财税民生的政府官员也是得不到认可的。

明代渔课,初始似多为米粮,而非水产本色。这大概是因为水产品不便于保鲜、存贮,也不便于售卖、变现。洪武十四年(1381)朝廷曾许以兽皮输渔课,制裘以给边卒。此乃特殊时期的特殊规定,无涉常制。洪武十五年(1382)厘定河舶所官制,一并确定以岁课米石为标准征收渔课,可知米粮为早年渔课法定主要征收物,而非改折。洪武十八年(1432)规定:"各处渔课,皆折收金银钱钞。"③此后,渔课征米较少。宣德七年(1432)规定湖广、广西、浙江等地"渔课办纳银者,每银一两折钞一百贯"④。至此,钞成为渔课主体,也有部分地区收银、铜钱或米麦。

除户部系统外,工部系统也征收米粮、钱钞、银两。万历《大明会典》卷二〇〇《河舶麻铁等课》载:

河舶所旧制,设官管征麻、铁、鱼油、翎、鳔等料,以为造船之用。原解本色,如遇丁字库收贮数多,间改折色。嘉靖四十二年,以广东、广西、福建、四川地远,全征折色,其余司库,仍征本色。万历三年,丁字库黄麻、熟铁、络麻、翎毛收贮数多,将浙江、江西、湖广并南直隶十

---

① 《明史》卷七五《职官四》。
② 万历《大明会典》卷九《吏部八·官给须知》。
③④ 万历《大明会典》卷三六《课程五》。

四府州题改折色，其余各料仍解本色。

话，说得很清楚。户部征的是渔课，工部收的是指定物产，也是渔课，实物渔课。除麻、铁、鱼油、翎毛、鱼鳔外，工部还征铜、生漆、桐油、鱼线胶、牛角、牛筋等物。麻有黄麻、白麻、黄络麻、苎麻，铜铁有生铜、熟铜、生铁、熟铁。上述诸物之征，既属河舶所项下，当属渔课无疑，只不过为工部使用，由工部直接征管，一事不烦二主而已。

明初，朱元璋颁布一系列禁令，规范渔课。如申明"小沟小港、山涧及灌溉塘池，民间自养鱼鲜池泽，皆已照地起科，并不系办课去处"，严禁河舶所对"所在湖池，民舟经涉"之地妄取水面钱。后又特别规定"各处渔课，有湖池堙塞坍塌，无从采捕，累民包纳者，所在官司申按察司及巡按御史，踏勘分豁"①。这些条款对维护渔课征收合理、均平，发挥了重要作用。史载"法禁甚严，小民畏威""众轻易举"，正是明前期河舶所渔课讲规矩、守边线的写照。中叶以后，河湖淤塞严重，河舶所裁撤、归并纷繁，渔课改折、征管各环节弊端丛生。

河舶所数量最多的湖广，渔课额最大。无论是户部项下还是工部项下，湖广布政使司的业绩都远远高于其他布政使司。万历六年（1578）户部收渔课钞 1 809 518 贯，其中湖广 1 265 424 贯，约占全国的 70%，是其他布政使司、直隶、应天府加总的 2 倍有余。钞银统算，当年全国渔课收入约293 万贯，湖广贡献率超过 40%。万历年间工部年征渔课折银 29 509 两（逢闰另有加征），其中湖广 13 631 两，约占全国的 46%。

明代河舶所经常调整，中后期许多河舶所被裁革、归并，但这不意味着渔课随河舶所裁并而相应裁减。换句话说，河舶所在，渔课在；河舶所不在，渔课同样在。

除渔课外，江河湖海盛产鱼类之处，还要上贡珍稀水产品，这叫渔贡。

———————————

① 万历《大明会典》卷三六《课程五·渔课》。

"长江渔船,每岁四月,向有贡献鲥鱼之例,沿明制也。"①湖广惯例,是进贡鱼鲊。所谓鱼鲊,就是经过腌制处理的鱼类。由于消费群体特殊,渔贡的征收难度和管理风险可能高于渔课和田赋。

本来,湖广没有进贡鱼鲊先例。成化七年(1471),镇守太监李景儒奴才精神大爆发,为讨好皇帝,主动进献鱼鲊 2 500 斤,10 年后累增至20 122 斤,需动用运输船 10 余艘。弘治二年(1489)四月,孝宗体恤官员和百姓疾苦,诏令裁减"如成化七年之数,船止用二艘,科扰需索为害者罪之"②。

指虚为实,化虚为实。貌似体恤小民的惠政善政,将原本无例可循的即兴进献以科索成例的方式确认并固定下来。

这事儿,《万历野获编》有清晰记述:

> 楚中鱼鲊之贡始于成化初年,盖镇守内臣私献耳,为数不过千斤。后渐增至数万,改属布政司,贡船至十二号。孝宗仁恕,仍命属中使,减去船十只,累朝因之。今上壬辰(万历二十年,1592 年,笔者注),以楚贡粗恶,至裭左方伯官为编氓,盖又属藩司,但不知改于何年耳。此等事皆职贡成例,敝规既立,贻累无穷至此③。

这是典型的没事儿找事儿。

古今职场,这样的事例屡见不鲜、层出不穷。

太监出身卑微,饱受奴性训练,每天在心里默默盘算如何表现自己的忠心,做梦都想整出点儿邀宠献媚的新花样博取龙颜大悦,这不奇怪,奇怪的是太监的邀宠献媚被复制 N 次,竟成贻累无穷的成例。

----

① (清)陈康祺:《郎潜纪闻三笔》卷四。

② 《明孝宗实录》卷二五。

③ (明)沈德符:《万历野获编》卷一《鱼鲊贡茶》。同书卷一七《南京贡船》又云:"今上顷年,以湖广鱼鲊不洁,斥左布政使武尚耕为编氓。"

倒霉的是百姓和地方官。他们招谁惹谁了，那么重一份负担说来就来了，啪嚓一下砸中肩头，不敢不接，不敢不办，不敢不用心办。接了、办了、用心办了之后，蓦然发现这是个雪球，是个包袱，还是个地雷，越滚越大，越背越沉，越弄越危险。"增至数万，改属布政司"，"累朝因之"，"职贡成例"表明，太监的邀宠献媚滑行数年，已然顺理成章、糊里糊涂、不可逆转地进入机制化的轨道。想不想办、能不能办、会不会办三道考题，现实地摆到官员们眼前，他们必须答卷，必须交卷。这些考题除了考验官员们的执行力，还考验他们的忠诚度。

挨到万历二十年（1592），出事儿了。因"楚贡粗恶"，有官员被问责。那年代的问责，拿政治说事儿，下手贼狠。

渔贡之例，要害在敝规既立而贻累无穷。"初，湖广镇守太监李景儒岁进鱼鲊，巡按御史沈俊、武昌府知府王銮各请疏罢之。礼部议：额外进献不免扰民，每岁科敛动以千计，罢之便。诏禁毋科敛扰民。"①另一则资料也说："嘉靖初，迁武昌知府。镇守中官李景儒岁进鱼鲜多科率，銮疏请罢之。"②

鱼鲜之贡是否停罢，不得而知，万历年间仍在进贡却是事实。天启三年（1623）十一月诏令称："湖广贡鲜，止照原额办进，其续加并改折、添补，俱免办，以省地方驿递之累。"③

又是恩免，又是原额。问题是，这原额是太监李景儒吃饱了撑的，谄媚出来的。

---

①《明世宗实录》卷三六。
②《明史》卷一八八《王銮传》。
③《明熹宗实录》卷三九。

第七节 杂色:香税、酒醋课和契税

日暮时分,徐霞客终于攀上太和山金顶,即天柱峰。

这一天是天启三年(1623)三月十三日。在另一篇游记里,这位走遍名山大川的地理学家、旅行家和探险家曾以"慕尤切"表达对太和山的由衷向往,但真的落笔成文,似乎不及游历雁荡山、黄山、九鲤湖、嵩山诸篇高迈雄峻。唯一让读者印象深刻的是作者对榔梅的钟情和对破坏自然生态行为的激愤。对一生无拘无束、独往独来、我行我素的自由侠而言,这无疑是另一个维度的真性情。

真性情的人往往悲天悯人,批判意识强,眼里不揉沙子。当徐霞客在金顶止住脚步,目光滑过金殿、玄帝、四将和炉案,落到活生生的两个本朝官员身上时,他不由得眉头一皱。于是,"督以一千户、一提点,需索香金,不啻御夺"十六字突兀又刺眼地挤进他的游记,流传至今。

依大意翻译,是这样一句话:朝廷设一个千户、一个提点当场监督,索取香金,无异于巧取豪夺。

徐霞客笔下的香金其实是香税。香税是对朝山进香信士征收的一种税。用查继隆的话说:"曷云乎香税也? 四方祈禳之士女,捧瓣香谒款神明,因捐施焉,而有司籍其税以助国也。夫概天下香税,惟岱与楚之太和山也。"①

除鲁之岱、楚之太和山,明朝征收香税的宗教圣地还有涿州丫髻山、延安肤施县太和山、南直隶云台山、江南齐云山等。就税额和宗教影响力而言,无出"岱与楚之太和山"之右者。

岱,即泰山,在今山东省泰安市。太和山,即武当山,在今湖北省丹江

---

① (明)查继隆:《岱史》卷十三《香税志》。

口市。

很多学者系统研究过武当山和泰山香税，如韩光辉、戴有奎、张杰、杨立刚、梅莉。武当山香税、泰山香税分别始征于弘治六年（1493）、正德十一年（1516）。南直隶云台山、延安肤施太和山香税开征于嘉靖年间（1522—1566）。

武当山香税由提督太监与提调参议委官员负责，由湖广布政司和提督太监委派的官员，即均州千户所千户和太和宫提点在太和宫金殿征收。初，千户和提点分别在不同时段征收，一至四月千户征收，五月以后太和宫提点征收。

变化发生在嘉靖十年（1531）。"一年香钱通过委官收受，填注簿籍"，即藩臣和内官不再分时段收税，而由他们委派的均州千户所千户和太和宫提点共同在太和宫征收。徐霞客游历武当山，在金殿看到的正是这样的情形。

武当山税源滚滚。《通雅》说："武当、岱岳，今最感重。永乐建真武庙于太和山，几竭府库，设大珰及藩司守之，而二庙岁入香银亦以万计。"王世贞《弇州四部稿》也说武当山"岁入香银亦以万计"。

与武当山相比，泰山香税征管复杂一些，此乃宗教建筑格局和地形使然。泰山设总巡官一员，"专一督理香税"，下设分理官，"定遥参亭二员，一收本省香税，一收外省香税，俱填单给与香客；玄武门一员，收山后香税，亦给单；红门、南天门各一员，俱验单放行；顶庙碧霞宫门上一员，查放香税出入。"算下来，六个分理官同时忙碌。

泰山香税征收标准屡有调整。起初定例，本省香客、外省香客分别按人头纳银五分四厘、九分四厘，后一再发现外省香客冒充本省香客，于是不分省别，"一例香税银八分"，后增至一钱二分、一钱四分不等。

明末张岱这样计算泰山香税收入："合计入山者日八九千人，春初日满二万。山税每人一钱二分，千人百二十，万人千二百，岁入二三十万。"

黄仁宇发现，泰山香税被征收者扒拉成两堆，分别解送布政使司和户部太仓库。16世纪晚期和17世纪早期，太仓库所入泰山香税银高达2万两①。

　　以现代税制眼光打量,香税似可视作行为税。鉴于明代香税仅在香火旺盛的宗教圣地征收,类似于政府管理费,因而本文将其并入杂色,与酒醋课、契税一并讨论。

　　酒课、醋课统称酒醋课。太祖起兵伊始,即税及酒醋。明初禁止民间种植糯米,以塞造酒之源。看上去釜底抽薪的源泉控制妙招,事实上并没有封除民间酿酒作坊经年飘荡的酒香,明廷于是在禁酒外,"补刀"开征酒税。洪武二年(1369)规定,踏造酒曲货卖者、卖酒之家自行造曲者,皆要赴务报税;造酒货卖之家,要办纳酒课。酒课一般以酒曲为计算单位,景泰二年(1451)规定,每10块酒曲收税钞、牙钱钞、塌房钞各340文②。正统七年(1442)又规定,各处酒课收贮于各州县备用,酒课完全成为地方税③。

　　醋税往往与酒税同轨运行。明初,凡客商匿税及卖酒醋之家不纳课程者,笞50,酒醋一半入官。其中以3/10分付告人充赏,务官、攒拦自获者不赏。造酒醋自用者,不在此限。洪武十二年(1379)令醋税折收金、银、钱钞。

　　禁酒政策对明朝酒业发展产生直接而深远影响。终明一朝,酒业始终不愠不火,酒课始终无足轻重,但并非无征。

　　明代契税分两部分:对房屋买卖、典当、赠与或交换,于立约时按买价典价或现价征税;对买卖牲畜行为,在立约时依成交价课税。明廷以严法禁止匿税。《大明律》规定:"凡典买田宅,不税契者,笞五十,仍追田宅价钱一半入官。"④

　　契税由税课司局经管。《明史·职官志》说,税课司大使一人,从九品,典税事。"凡民间贸田宅,必操契券请印,乃得收户,则征其值百分之三。"

---

　　①［美］黄仁宇:《十六世纪明代之中国的财政与税收》,阿风等译,生活·读书·新知三联书店,2001年,第328页。

　　②万历《大明会典》卷三五《户部·商税》。

　　③《续文献通考》卷二一《征榷考》。

　　④杨联陞:《明代地方行政》,《国史探微》,(台湾)联经出版公司1983年,第457页。

民间收藏至今的土地、田房税约文书，"某某县税课局记"或"某某府税课司"的朱红印迹格外醒目。

现存明代契尾所开列的契价与税银数字表明，契税银多以"每价一两，纳税三分"为准。黄仁宇由此认为："房地契税被固定为实际购买价格或是抵押款的3%。"①这自然有根据，有道理，但不能由此认定契税征收比例一成不变。顾炎武说："洪武二年令，凡卖买田宅等项，除正课外，纳工本钱四十文，核议无分典买房田，每价一两，纳税契银二分三厘一毫五丝，充军铜用。复因饷乏，至万历二十一年五月内奉文增铜，每两征银三分。四十年十月……凡卖契一张，每银十两，该银一钱二分六厘。"②沈榜《宛署杂记》有关北京契税征收的记载，印证了明代契税征收的地域差异，"都城内外居民买田宅者，二十两以上中，照旧例，每银一两，仍税三分，不及二十两者，免税；典田宅者，四十两以上，买价一半，每银一两，税银一分五厘；不及四十两者，免税。"③

有论者通过分析徽州地区契约文书得出结论，明代契税税率一般在每两纳银一分至三分之间波动。嘉靖、万历、崇祯诸朝曾每两征银二分。嘉靖四十一年（1560）契尾中说"每开契价一两，许纳银二分"。万历十年（1582）契尾载：戴成达用"价银四百五十两"购田宅一业，"该纳税银九两整"，算下来刚好每两二分。崇祯二年（1629）契尾也说："凡民间买置田地山塘……每价一两，当年输税二分。"④

与时段差异相比，契税的地区差异更为显著。这和经济实力相关，也和治税习惯、治税能力相关。有些州县年收契税区区数十贯，而宛平县"典价一契且有至六七千金者"⑤。

---

① [美]黄仁宇：《十六世纪明代之中国的财政与税收》，阿风等译，生活·读书·新知三联书店，2001年，第311页。

② （明）顾炎武：《天下郡国利病书·江南》。

③ （明）沈榜：《宛署杂记》卷一二《平字·契税》。

④ 何珍如：《明清土地买卖中的契税制度》，《中国历史文物》1986年卷。

⑤ （明）沈榜：《宛署杂记》卷一二《平字·契税》。

明代契税总量很难估算,只能根据零散记载拼接某地某年契税数量。如崇祯二年(1629),皇子诞生,为筹集赏赍经费,"照例取太仓银三万四千两,太仆寺银二万两,光禄寺银一万两,顺天府税契银一万两进用。"①

第八节　管理收入:赃罚银里的天理人心和恩怨情仇

简言之,非法取得和占有的公私财物,谓之赃;罚金或罚没行为,谓之罚。

用律法界定赃之内涵、外延,始于唐。唐以六赃入律,为后世治国理政贡献了思路和标准,也贡献了方法和案例。明律沿袭唐律,并做出三方面调整或创新:

将六赃由受财枉法、受财不枉法、受所监临财物、强盗、窃盗和坐赃调整为监守盗、常人盗、窃盗、受财枉法、受财不枉法和坐赃。将赃物计算标准由绢尺与匹调整为钱贯。创始赃罚名目,赋予其行政和法律多重含义。从财政意义上观察,依不同口径,赃罚至少四类:正规收入和非正规收入、司法收入和行政收入、个人缴纳的赃罚收入和群体缴纳的赃罚收入、大额赃罚收入和零星赃罚收入。

抄近道、精细化、灵活多变,是明朝赃罚银制度的突出特点。这些特点,让我们一次次体味强权的傲慢、恣肆和剑走偏锋。无论如何,惩前毖后治病救人和法治、教化的外衣盖不住硬邦邦、冷冰冰、血淋淋的侵夺和欺凌。从本质和绝对的意义上说,赃罚仅仅是一件好用的工具,一把锋利的牛刀,与更高的要价相比,授人以柄又失守道德高地的一方更愿意用财力或体力换取游戏结束,尽管这种付出让他们痛心疾首。

明代赃罚银包括没官银和赎罪银,前者来自盗贼追赃和官贵抄家,后

①《崇祯长编》卷一九,崇祯二年三月壬申。

者来自犯人为求从轻发落乃至获释而被迫交付的赎金。前者血迹斑斑，后者泪光点点。

"盗贼追赃"无可指责。不管是江洋大盗，还是小偷小摸，出来混总是要还的。对罪大恶极者，以霹雳手段诠释快意恩仇，也在民意和情理之中。"官贵抄家"不便妄断，合法财产、非法财产、赃官财产、家人财产一揽子抄没，手法似乎过于简单粗暴。如若犯官毕生清廉或者蒙冤受屈，比如抄没解缙或于谦，正当性、正义性更是无从谈起。至于赎罪银，大概会帮皇朝和社会坐实"得饶人处且饶人"的宽悯和敦厚。

操作层面上的赎罪银，有纸赎、罚钱钞和纳米谷之分。纸赎，指犯人以纸赎罪，补充政府部门办公用纸不足。谁发明了纸赎，史籍无载，但这不影响其历史美誉度。自从纸张取代竹简和丝帛，成为朝廷和官员办公用品，纸费就成为各级衙门必不可少又保障乏力的大宗开支。原因有二：纸贵，北方尤甚；软笔浓墨，费纸费钱。纸赎入律，节约了衙门办公经费，减轻了里甲负担。明前期，纸赎是最常见的赎罪方式。

中叶后，纸赎多折银。罪犯纳赎，通常兼纳米谷和银，特别是救灾场合，米谷之纳理所当然。对此，明律规定甚详。

万历《大明会典》这样解释赎法：

> 赎法有二，有律得收赎者，有例得纳赎者。律赎无感损益，而纳赎之例则因时权宜，先后互异。嘉靖中重修条例奏定：在京则做工、纳米、运灰、运砖、运炭、运石六等，在外则有力、稍有力二等，轻重适中，至今遵守。万历十三年复提准申明，详见律例……①

叶振鹏主编的《中国财政通史·明代财政史》据万历十三年（1585）刊舒化《大明律附例》编制《明代纳赎例图》，洋洋两整页，其中"刑罚"一栏自"笞一十"到"徒五年"共17种情形。可以想见，官员们眯眼沉吟片刻，纳赎

---

① 万历《大明会典》卷一七六《刑部·五刑赎罪》。

结论立马板上钉钉。等不到犯人磕头谢恩，宣判已然生效。

随着社会发展、变化，纳赎标准调整甚多，有时幅度很大。宣德九年（1434）行在户部同各处巡抚侍郎赵新等议奏赎罪纳米事例："江西、湖广、福建罪囚，旧于南京纳米赎罪者，量加米数，改发本布政司缺粮去处收受。犯死罪、流罪及徒三年、二年半者，各加米二十石。徒二年，加十五石。一年半，加十石。一年，加五石。杖一百者，加五石。九十，加三石。八十、七十、六十，各加二石。笞五十者，加一石五斗。四十，加一石。三十、二十、一十，各加三斗。"①此议获准。

事实上，手握利器、时常恶狠狠又笑眯眯地处罚下属和小民的官员也难免因行政渎职招致朝廷或上官处罚。此乃没官银和赎罪银之外，赃罚收入的又一重要来源。

我们以大查黄册为例。黄册是官府编纂的户口册，大查黄册是对黄册作大规模更新，相当于当代数年一次的人口普查。囿于当时的自然条件和技术水准，这是一项浩繁复杂的系统工程，局部的差错似乎在所难免。虽然在人口数据上故意弄虚作假不容易被上官察觉，但统计数据在逻辑上"合不上牙"却时常被发现。府州县黄册因这种技术错误而整套作废，而重新编纂和提交合格黄册要有不菲花费。让人抓狂的是，这笔开销得不到上峰的支持，出错的衙署和官员既要自寻门路重启黄册编纂工程，还要为自己的过失付出惨痛代价——接受上峰处罚。这笔罚金解送到上级机关后，以赃罚收入入账。

一套黄册，三笔开销。一枪仨眼儿。

冤吗？不冤。真不冤吗？有点冤！

上行下效。16世纪晚期，地方官员征收罚金也使用同样方法。在某些地区，宣布处罚前，罚金已经攥到手里。对于一个里甲或一个税收代理人而言，虽然没有犯任何错误而被"罚纸两刀"是非常普通的事情②。

---

① 《明宣宗实录》卷一〇八。

② ［美］黄仁宇：《十六世纪明代之中国的财政与税收》，阿风等译，生活·读书·新知三联书店，2001年，第324页。

为啥这样干？凭啥这样干？大家心照不宣，只是不说破。

明初专设赃罚库收贮赃罚收入。"天下起解税课及赃罚等项，悉贮内库以资国用。""各布政司并直隶府州，应有追到赃物，彼处官司用印钤封，批差长解人管解到部，照依地方发下该部承行……将前项赃物原封不动，就原差解人同将勘合长单进赴内府。"①中叶后，赃罚银起运规定逐渐松动，允许地方留存部分银两，用以折支本处官员俸禄或赈灾。正统四年（1439），盘验各处赃罚，凡金银珠翠，及苎丝罗缎成匹堪中者，起解京库；如不成匹，及衣服器皿之类，准折本处官员俸禄。嘉靖四十三年（1564），明确规定赃罚收入依4∶4∶2比例，由户部、工部和地方分支，这是赃罚银制度的重大变化，对此后赃罚银走向乃至讼狱刑罚产生了深刻影响。

史书对赃罚银收入规模少有记载。张学颜等《万历会计录》录万历九年（1581）议定的解缴太仓银库的赃罚银定额，计171 700两，依定额在巡抚、巡按、府州县、巡盐、屯田和巡仓衙门间分摊。

赃罚银征收，并非完全按行政区划，亦非严格划分系统，而是根据实际需要，通过巡抚和巡按系统分别完成。

赃罚银1/5留存地方，为地方官滥用制度和徇私舞弊打开方便之门。有研究者指出，县官在地方建设和地方福利中的捐款，实际上来自据为己有的赃罚银②。一些地方官员为收获更多赃罚银，对狱讼的热情出奇高涨。

余继登《典故纪闻》借成化时期都御史李宾之口，爆料贪官污吏以赃罚银肥己："在外官司听断官民词讼，动辄罚人财物，始则暂寄官库以欺人，终则通同库役以入己。又预备稽考告讦，假立文簿，虚作支销。"③

嘉靖、万历年间的调高定额等措施，进一步加剧了弊端。最典型的是"近日加增数多，致问刑官故入人罪，横肆科罚，刑狱枉滥，伤和召灾"④。

---

① 万历《大明会典》卷一七九《刑部·类进赃物》。
② 杨联陞：《明代地方行政》，《国史探微》，（台湾）联经出版公司，1983年，第155页。
③ （明）余继登：《典故纪闻》卷一五。
④ 《明熹宗实录》卷四〇。

有识之士指出,明后期地方有司及司道在审理诉讼过程中,滥词、滥拘、滥禁、滥刑、滥拟和滥罚现象严重,与追求财政收入增长的制度设计不无关系。

鉴于万历以来增加赃罚银数额的弊端日益严重,朝廷决定停止增加,禁止故入滥科。诏云:"自天启四年为始,各巡按官赃罚俱炤旧数解部济边,司道有司敢有故入滥科等弊,抚按官不时参奏处治。"①

好使吗? 阎王爷和孟婆谈恋爱——鬼知道。

第九节　管理收入:捐纳及奖劝事例

"捐纳"这词儿很有意思,体现了国人的委婉含蓄,也体现了国语的博大精深。其精妙和传神之处,在于字面的多义、动感、质感和美感。

捐纳(含奖劝事例)是朝廷出让官衔、功名身份或政治荣誉,换取收入。简单、通俗、直接地说,捐纳就是卖官鬻爵。

鬻爵是卖官的预热阶段和初级阶段。追溯历史渊源,鬻爵似始于秦。始皇帝行鬻爵术,和一场蝗灾有关。

> (四年)十月庚寅,蝗虫从东方来,蔽天,天下疫,百姓内(通纳)粟千石,拜爵一级②。

选中军功爵试点。大小 20 等军功爵分放于低爵、高爵两个专柜,低爵专柜 8 顶帽子,卖价自低向高依次为公士、上造、簪袅、不更、大夫、官大夫、公大夫、公乘;高爵专柜 12 顶帽子,卖价自低向高依次为五大夫、左庶

---

① 《明熹宗实录》卷四〇。
② 《史记·秦始皇本纪》。石,量词,容积、重量单位,1 石=10 斗,1 石=120 斤。

长、右庶长、左更、中更、右更、少上造、大上造、驷车、大庶长、关内侯、彻侯。这就是传说中的两类20级别。前18级卖价1 000石到18 000石不等，呈"等差数列"，最高两级卖价不详。

汉承秦制。惠帝六年(前189)，为巩固边防，筹集边地军饷，诏令治粟内史"令民得卖爵"。文帝接受太子家令晁错建议，推行"入粟受爵"和"受爵免罪"两大新政，坐收一石三鸟之效：

> 今募天下入粟县官，得以拜爵，得以除罪。如此，富人有爵，农民有钱，粟有所渫。夫能入粟以受爵，皆有余者也。……顺于民心，所补者三：一曰主用足，二曰民赋少，三曰劝农功。……夫得高爵与免罪，人之所甚欲也。使天下人入粟于边，以受爵免罪，不过三岁，塞下之粟必多矣①。

继"卖爵令"之后，文帝颁布"轻徭薄赋令"。一般的观点认为，"文景之治"自此启幕。

善于与时俱进的后世帝王承袭文帝新政，不断推陈出新。景帝统治期间，社会购买力骤降，鬻爵市场一度疲软，景帝诏令大司农修改卖爵令，"贱其价以招民"②，喜滋滋抢得"打折鬻爵"的历史头功。天汉四年(前97)，武帝诏令"秋九月，令死罪入赎五十万减一等"。在对外战争中畏懦当斩的公孙敖和张骞以钱赎罪，各自买回一条命。而太史令司马迁因囊中羞涩，只好眼睁睁被人割去身上一个非常重要的"零部件"。累年用兵，海内虚耗，财殚力痛，武帝另辟蹊径，广聚钱财。第一，在鬻爵店增设武功爵专柜。"置赏官，名曰武功爵，级十七万，凡直三十余万金。诸买武功爵官，首者试补吏，先除千夫，如五大夫，其有罪，又减二等，爵得至乐卿。"一些富商大贾受政策激励，毅然脱掉长衫，改穿戎装。其时"除故盐铁家富者为

---

① (汉)晁错：《论贵粟疏》。
② 《史记·平淮书》。

92

吏,吏亦多贾人矣"①。第二,降低文官爵门槛。凡入物、入奴婢、入羊者均可得官爵。第三,借刀杀人,强买强卖。罪犯如能帮助政府找到购买文官爵者,即可免罪,于是出现不法之徒相互勾结,陷害他人,迫其出资买爵的丑闻。对皇帝而言,这叫借坏人的手掏好人的钱;对罪犯而言,这叫花别人的钱赎自己的罪。这招儿是不是蔫损蔫损的?

到东汉,人们对"中看不中用"的虚爵兴趣渐淡。桓、灵二帝大胆革新,首开抛售实职之先河。其价因职位高低、俸禄多寡而异,二千石的官卖2 000万钱,一百石的官卖100万钱。为进一步扩大销路,朝廷推行赊欠之法:富者可先入钱后得官;贫者可先做官后付钱,但赊官者必须加倍付款。

桓帝和灵帝的创举刺激了各级官员贪污受贿,横征暴敛,诛求无厌,亦将为官清正者逼上绝路。"时巨鹿太守河内司马直新除,以有清名,减责三百万;直被诏,怅然曰:为民父母,而反割剥百姓以称时求,吾不忍也!辞疾,不听,行至孟津,上书陈报,当世之失……即吞药自杀。"②

唐朝卖官讲究文化品位和格调,买官者文化程度成为官爵卖价的决定因素。卖官价格以一百千文(即十万文,相当于一百缗或一百贯)为中心价(或者叫基本价、基础价、基准价),文化程度越高出钱越少,反之则越多。同一顶帽子,"文盲""初识文字者""受业粗通帖策修身慎行者"和"先经举送考试,落第有凭,帖策不甚寥落者"四人同时来买,其价分别为130千文、100千文(这该是中心价)、98千文和50千文。想想,真的挺尊重知识和知识分子。

宋代卖官鬻爵只是一种临时措施,只有在筹措军费和赈灾时,朝廷"帽子公司"才支应几天。由于偏离常态化轨道,加之官制设置低职高配(有些七品知县竟让四品大员屈就),这一时期卖官收入十分有限。有创意的是,宋代"官价"和入粟地点挂钩。同样是大理寺丞,入粟地点在定州、真定府、大名府,(真宗时)其价格分别为10 000石、12 000石、15 000石。用

---

①《汉书·食货志》。
②《后汉书·宦者列传》。

现在的话说，这该叫"充分挖掘和利用区位优势"。

明代捐纳未形成普遍制度，只是在救灾、工程营建或临时军事需求等特殊时点选择性为之。在手法上，通常是授予荣誉头衔，如监生或武官，并给予与所购官衔匹配的冠带。一般捐官只授予"阴阳、僧道、医官"或"都、布、按、府、州、县诸司承差，知印吏役"和七品以下散官。

明代行之较久的是捐监生，即知识分子纳粟、纳马、纳银，成为捐纳的监生。《儒林外史》里那个很拉风的周进，就是花了200两银子入监，然后考中进士成为学道的。周学道深知科举之苦，因而十分同情范进，成全其为秀才，不料范进这家伙受不了这等刺激，竟然疯疯癫癫，丑态百出，上演了一场中举悲喜剧，被吴敬梓写进书里供后人嘲笑。

明代捐纳监生，景泰前没有选官资格，景泰后可纳粟入国子监①，待坐监满日，也"仅得州县佐贰及府首领官"，且被视为"终生异途"，日后也极难升为实官知县。

《明史·食货志》记载了捐纳的大致标准和演进过程。

> 捐纳事例，自宪宗始。生员纳米百石以上，入国子监；军民纳二百五十石，为正九品散官；加五十石，增二级；至正七品止。武宗时富民纳粟赈济，千石以上表其门，九百石至二三百石授散官，得至从六品。世宗令义民出谷二十石者，给冠带，多者授官正七品，至五百石者，有司为立坊②。

官方文献对卖官鬻爵鲜有记载。嘉靖八年(1529)以赈灾救济为导向的奖劝条例载于《大明会典》，算是特例。

> 令巡抚官晓谕积粮之家，量其所积多寡，以理劝借。若有仗义出

---

① 国子监是我国皇权时代最高教育管理机关，有的朝代兼为最高学府。
② 《明史》卷七八《食货二》。

谷二十石、银二十两者，给予冠带；三十石、三十两者，授正九品散官；四十石、四十两者，正八品；五十石、五十两者，正七品；俱免杂泛差役。出至五百石、五百两者，除给予冠带外，有司仍于本家竖立牌坊，以彰尚义[1]。

除赈灾外，捐纳事例还常见于修建皇室宫殿和陵寝。

明捐纳和奖劝所得，未见系统记载。倒是官方文献和私人著作，不时爆料。据黄仁宇得到的数据，正德三年（1508）开纳事例银 43 万两；嘉靖四十四年（1565）户部尚书高耀报告当年事例银 51 万两[2]；张居正在私人信件中说隆庆四年（1570）到万历八年（1580），朝廷每年由此途径得银 40 万两[3]。

尽管不是正规的制度内收入，来源也算不上稳定可靠，但此项收入对明代财政收入结构的影响还是巨大而深远的。

捐纳及奖劝事例对科举、行政、司法和社会领域的消极影响不容讳言。官本位的指挥棒，搞乱了政治和社会生态。

与创新的汉唐、失控的清朝相比，明朝卖官鬻爵坚守底线，相对节制，总体可控，也算难得。

第十节　管理收入—僧道度牒费：谁的奶酪？

度，宗教用语，意为使众生从生死烦恼中解脱出来，到达自在境界，也

---

① 万历《大明会典》卷一七《户部·灾伤》。
②《明世宗实录》卷五五二。高耀所称 51 万两似为嘉靖四十三年甚或包括此前一年的开纳收入。存疑。
③ [美]黄仁宇：《十六世纪明代中国之财政与税收》，阿风等译，生活·读书·新知三联书店，2001 年，第 321 页。

指僧尼道士劝人出家。牒，文书或证件。度牒，国家发给僧尼和道士用以证明其合法身份的文书。

在佛教发祥地印度，原本没有僧籍、寺籍和度牒这些劳什子。追根溯源，度牒制度是赋役制度的衍生品，度牒是勤劳勇敢的中国人的发明。由于僧尼享受免除赋税和徭役的优待，某些挣扎在底层的社会成员为逃避饥饿、贫困、盘剥和战乱，往往栖身寺观，混一口稀粥活命。加之信仰的力量，僧尼的队伍越来越大，对财政收入、人口结构、生产和消费结构的冲击越来越大。为有效遏阻僧尼队伍无序、无限膨胀，规范社会秩序，南北朝建立僧籍制度，厘定僧俗边界。几经摸索，唐代正式向入册僧尼颁发证书，名曰度牒。

度牒是僧尼的身份证，也是他们的铁饭碗。度牒收入是国家财政收入的重要来源，也是政府的米袋子、菜篮子，至少唐宋两朝是这样。

《西游记》讲述了一个真假国王的故事。故事借用的背景，是唐。妖怪把乌鸡国国王推进井里，自己装国王。真国王托梦给唐僧，唐僧将悟空救还的真国王带到假国王面前，假国王先发制人，指着真国王鼻子说："那三僧可让，这一道难容。那行童断然是拐来的。他叫做甚么名字？有度牒是无度牒？"

有齐天大圣在，假国王自然被打回原形。但假国王那句话却道出了人际交往的前置性规则：别整那么多没用的，先亮出你的度牒！

我们再拿鲁智深和武松说事儿。之所以选这俩，是因为他们身份特殊，而且知名度高。鲁智深三拳打死郑屠，避祸他乡，经赵员外谋划和运作，入寺为僧。赵员外家道殷实且眼光长远，"许下剃度一僧在寺里，已买下一道五花度牒在此"，这里的"五花度牒"就是一张空白度牒，添上某人法名，这个人立马变现，成为合法僧人。果然，鲁智深受戒后，首座呈将度牒上法座前请长老赐法名，长老赐名已罢，把度牒转将下来。书记僧填写了度牒，付与鲁智深收受。

与花和尚鲁智深正式受戒出家迥然不同，行者武松是个假和尚，他没出家，只是冒用了他人度牒。《水浒传》这样交待武松变身头陀的过程：武松在十字坡遇到开黑店的张青、孙二娘，险些丧命。三人以江湖规矩结交后，心细如发的孙二娘担心武松额头金印太拉风，出门有危险，思来想去，想起两年前杀过一个头陀，衣物和度牒都在，于是灵机一动，让武松扮作头陀，行走江湖。

"只除非把头发剪了，做个行者，须遮得额上金印，又且得这本度牒做护身符，年甲貌相又和叔叔相等，却不是前缘前世。阿叔便应了他的名字，前路去谁敢来盘问。"孙二娘这话说明，有度牒、应名字、年甲貌相相似，才能以假乱真。

事实上，北宋时出家不是一件简单的事儿，除了度牒，还要有戒牒。戒牒相当于执业资质，由僧官机构及传戒师签发，鲁智深的戒牒由智真长老和五台山寺庙包办。度牒相当于聘书或任命书，由政府颁发，也可理解为向政府申购。鲁智深佛缘极深，有长老和员外相助，身份不成问题，闯祸也有人庇护。不仅可以在名山宝刹吃狗肉、耍酒疯，还可以到首都大相国寺看菜园戏泼皮、倒拔垂杨柳。而武松虽冒用他人度牒，却搞不来戒牒，因而只能算是俗家弟子。

明代延续度牒制度。洪武元年（1368），朝廷立善世、元教二院，专掌相关事务。洪武五年（1372），给僧道度牒。洪武十五年（1382）置僧录司、道录司，严管僧道资格，规定："僧凡三等：曰禅，曰讲，曰教；道凡二等：曰全真，曰正一。设官，不给俸。"洪武二十四年（1391），礼部清理释道二教，"限僧三年一度给牒，凡各州府县寺观，但存宽大者一所，并居之。凡僧道，府不得过四十人，州三十人，县二十人。民年非四十以上，女年非五十以上者，不得出家。"洪武二十八年（1395），又"令天下僧道赴京考试给牒，不通经典者黜之"[1]。上述演进轨迹表明，这是一个从起步，到基本步入正轨，再到政策调整的过程。限制年龄和文化素养，客观上提高了准入门槛，即难度系数，政策取向清晰而明显。

────────────

[1]《明史》卷七四《职官三》。

明初，度牒免费。朱元璋当年在皇觉寺当过和尚，亲身体会过度牒纳钱对僧尼负担的影响，于是下令免除僧道度牒免丁钱，"时天下僧尼道士女冠凡五万七千二百余人。"①

成化后，人口增加、灾害频发、赋役繁重、土地兼并等因素缠绕交织，农民生存艰难，假服淄黄希冀免除负担者急剧增加。

对此，周忱（1381—1453）的观察可谓深入：

> 有名器者，因保举而为住持；初出家者，因游方而称挂衲。名山巨刹，在处有之，故其乡里游惰之民率皆相依而为之执役。眉目清秀者，称为行童；年纪强壮者，称为善友。假服缁黄，伪持锡钵，或合伴而修建斋醮，或沿街而化缘财物。南北二京，及各处市镇，如此等辈，莫非苏、松之人。以一人住持，而为之服役者常有数十人；以一人出家，而与之帮闲者常有三五辈。由是僧道之徒侣日广，而南亩之农夫日以挟矣②。

这话，信息量很大。一个农夫日减、僧道日众的社会，不是和谐稳定的社会。

另一重危险也在悄然积聚。南亩农夫减少，土地上的产出和赋税随之减少，财政自然跟着紧张。为弥补用度不足，政府常以僧道度牒作为筹措资金的手段，通常由礼部备好空白度牒，确定价格，分发相关省府，实即计名鬻钱。度牒价格因时因地不等，高者每名白银十余两、数十两，低者数两。钱是快钱，也聚敛了很多，但经济社会发展的根基受到严重侵蚀。这等烂招儿，断的是子孙财路。

可以枚举的事例很多。成化九年（1473），"山东雨水、虫蝗甚于往年，今欲复行赈济，则公私储蓄俱竭"，于是巡抚山东左佥都御史牟俸陈救荒

---

① 《明太祖实录》卷七七。
② （明）周忱：《与行在户部诸公书》。

之策,其中一条就是"给度僧道"。

> 则惟僧道正当十年一度之期,请令礼部出给空名度牒数万,令赴山东告给,每牒纳米二十石或银二十五两①。

成化十五年(1479)监察御史陈鼎奏:"自成化二年起至十二年,共度僧道一十四万五千余人,而私造度牒者尚未知其数。"②成化二十年(1484)又"给空名度牒一万纸,分送山西巡抚都御史郑时,募愿为僧道者,令诣被灾处输粟十石,以助赈济,给度之"③。弘治十年(1488)马文升(1426—1510)奏:"成化十二年度僧一十万,成化二十二年度僧二十万,以前年度所度僧道不下二十余万,共该五十余万。"④

也就是说,仅成化朝,至少度僧34.5万人,是明初全国147府、277州、1145县额设僧道总数37 090名的9倍之多。

正德三年(1508)三月,户部左侍郎兼左副都御史韩福整理湖广粮储,"又请度僧六万人,预给度牒,分派两广、福建及江南北诸郡。"⑤后因正德二年(1507)刚刚度过3万人,减半。此后,一直未止。明末,度牒越发越多,越来越不值钱。天启初年,户部尚书汪应蛟(?—1627)筹集军费,主要招数是"僧道度牒颁发二十万张,该银八十万两"⑥。由省直巡抚衙门分派州县,立有自纳、总纳、换纳、施纳诸名目,要求地方有司抓紧办理,不得迟缓。

成化之后,度牒成为财政重要来源,政府对度牒越来越依赖。事实上,没有度牒或未经官府登记的僧道人数可能远远超出此数。时人有云:"其

---

①《明宪宗实录》卷一一九。

②《明宪宗实录》卷一九五。

③《明宪宗实录》卷二五七。

④(明)马文升:《题振肃风纪裨益治道事》,载(明)陈九德:《皇明名臣经济录》卷四《保治》。

⑤《明武宗实录》卷三六。

⑥(明)汪应蛟:《大兵四集新饷不敷疏》《会议新饷疏》,载《计部奏疏》卷二。

军民壮丁私自披剃而隐于寺观者，又不知其几何。"①笔者猜度，私隐寺观者多为贫民。

第十一节　管理收入一桩朋银：索赔的手法和艺术

桩头银、朋合银合称桩朋银。桩朋银可视作马政的延展和补充，亦可视作马政的组成部分。其制形成于成化年间，明人杨时乔《马政纪》这样记述：

> 成化十三年奏准，京营马倒失，其马主系都指挥者，出银三两；指挥，二两五钱；千百户、镇抚，二两；旗军，一两五钱。走失、被盗者各加五钱，谓之桩头。

> 又令各营马队官军，每岁朋合出银，岁以六个月为率，每月都指挥、指挥出银一钱，千百户、镇抚七分，旗军五分。遇马倒失，贴助买补。在外各边，悉照此例。

啥意思？马是马军第一战斗力。在一定年限内保持名下坐骑膘肥体壮，随时驰骋疆场，是京营和各边有马官兵的责任。这和战士爱枪、官员护印一样，天经地义，不容置疑。一旦马匹非正常死亡、走失、失盗，马主必须出银赔偿，这叫桩头。桩头者，槽头拴马桩也，隐喻睹桩思军马，追责没商量。

马主赔纳桩头银，说来象征意义大于实际意义。赔付几两碎银不足以补购新马，而临时凑钱又很困难，于是各地在实践中创行互助性基金，依规预扣官兵饷银，集团队之力对冲和共担风险，这叫朋合。朋合者，朋友圈

---

① （明）马文升：《题振肃风纪裨益治道事》，载（明）陈九德：《皇明名臣经济录》卷四《保治》。

合助也。

有意思的是，桩头银和朋合银出纳数额和官职挂钩，官越大赔纳越多。想必，官越大，责任越重，手头越宽裕。或许，官越大，坐骑越金贵。

桩头银和朋合银虽用途相同，但性质迥异，前者是马主对倒失马匹的赔偿，后者是各营马队官兵对桩头补购新马的合助。

嘉靖、万历年间，桩朋银制度连续调整，逐步细化。嘉靖二十二年（1543）规定："凡遇官军倒死马匹，领养一年者，旗军追罚银三两，千百户、镇抚四两，指挥五两，都指挥六两。二年以上者，旗军二两、千百户、镇抚二两五钱，指挥三两，都指挥三两五钱。五年以上者，旗军一两五钱，千百户、镇抚二两，指挥二两五钱，都指挥三两。十年以上者，旗军一两，千百户、镇抚一两五钱，指挥二两，都指挥二两五钱。走失、被盗者，各加五钱。按月追完，造册解部稽查，发寺收候买马支用。其领养十五年以上者，免追桩银。"①

就制度的科学性而言，这实在是一大进步。此前出纳桩头银数额多寡，只考虑马主官职大小、马匹倒失因由，不考虑马匹领养年限。而马匹领养年限隐含马匹服役年限，恰恰是赔偿倒失马匹的重要依据。这契合会计核算的基本原理，即固定资产价值逐年递减，当其折旧等于原值，该固定资产即可报废。"领养十五年"相当于或接近于最高折旧年限，设置该上限有道理，也讲道理。

走到这一步，我们有理由说，这活儿干得漂亮。

嘉靖二十九年（1550）、嘉靖四十二年（1563），朝廷继续修补某些具体问题。为保证朋合银足额征收，在各营支放粮料、草束折色时，"预将应出朋银官军姓名并朋银数目造册送（兵）部，转送户部，照数扣除，有余方行给散，不足下月补扣。""将倒死马匹尽数查出，有单者照单征桩，无单者照新马倒死事例，止追银三两。"隆庆二年（1568）议准："固原入卫官军马匹倒死，八年以里照近例行；以外不论官、军，追纳肉桩银五钱，十年以外者

① （明）杨时乔：《马政纪》卷六《买捕》。

俱免。"①

万历年间，题准桩朋银新例。"一年以上者，旗军追桩四两，千百户、镇抚五两，指挥六两，都指挥七两，该杖责三十板；二年以上者，旗军例追桩银二两五钱，系官各递加五钱，例该杖责二十五板；五年以上者，旗军例追桩银一两五钱，系官各递加五钱，例该杖责一十五板；十年以上者，旗军例追桩银一两，系官各递加五钱，例该杖责一十板；十五年以上者，桩银俱免追免责。"②新例调高了桩头银数额，增加了杖责惩罚。这其实反映出明朝财政状况越来越糟。

前面说的是统一规定。在实施环节，各边镇、各地方差异显著。"宁夏卫又不照前例，每倒死马一匹，不问缘由，止追肉桩银一两五钱，官与买补。榆林卫则槽下死者追赔，公出倒死者不追，给与官价买补。"③

何孟春（1474—1536）曾就西北诸边镇情况上《马政疏》，述及地方差异：

> 今查得陕西、延绥、宁夏、甘肃等处，朋合银有止征马者，有征及步队者；有不分官、军，减征皆一钱五分，加征至一两者；有将月粮折色扣除在官者；有在操备地方径自收放，本卫全不预知者；大段视死马之多寡，为征银之赢缩，此朋合之不一也。

> 桩头银有以上中下户为等者，有不分官、军，概征一两五钱、二两、二两五钱、三两者；有因公除外倒死与槽下倒死一体征收者，有槽下倒死与走失、被盗第加五钱谓之免责银者；或掌之于卫，或收之于操；大段死马官、军，给有官马才征桩头；无马给之，多只责令备价自买；故陕西等处又有征收者、全不征者，此桩头之不一也④。

---

① （明）杨时乔：《马政纪》卷六《附各边镇马》。
② （明）杨时乔：《马政纪》卷六《买捕》。
③ （明）刘大夏：《覆陈边事疏》，载（明）黄训：《皇名臣经济录》卷四一《兵部·职方》。
④ （明）何孟春：《何文简疏议》卷二。

无论朋合银还是桩头银，差异之大者，几于全不相类。补马朋合银征及步队、因公出外倒死与槽下倒死不加区别，已然完全背离定规立制初衷。坏事儿了。

桩朋银征收总额史书无载。散见于《明实录》的数据，可供参考。

嘉靖二十六年（1547）七月，巡按宣大御史黄如桂条奏边务三事，"每岁兵部解发马价银数万，官军岁纳桩朋银亦以万计。"①

这样的记载，显然过于笼统，我们无法确知"数万"是几万，也无法确知是一镇数额还是二镇合计。

嘉靖二十七年（1548）正月，户兵两部奉旨议上三边防守急务七事，"令陕西抚臣以本镇地亩、桩朋银二万五千四百余两，宁夏以太仆寺贮库银五万两及彼处桩朋银买马，延绥如去年例，再给本色马四千匹以备秋防。"②

这条大体靠谱。"成化六年兵部议：马价不足，于屯田内每顷出银一钱，屯官征收，解镇收买战马给军，不许那移，年终奏报。"③延绥四卫中，榆林卫 559.3 两，绥德卫 296.91 两，延安卫 598.87 两，庆阳卫 303.6 两，共计 1 758.68 两。与桩朋银一样，各卫所征收马价地亩银具体办法亦不相同，有按屯田面积征收的，有按屯粮额征收的，有征收银两的，也有征收粮食的。如"汉中卫屯粮一石征马价银一分六厘四毫九丝，宁羌卫屯粮一石征马价银一分八厘八毫，沔县屯粮一石征马价银一分七厘二毫七丝二忽，肃州卫各城堡仓及庄浪卫每屯粮一石带征本色马粮五升"④。陕西马价地亩银 10 779.476 两，桩朋银 14 958.12 两⑤。两项合计基本与嘉靖二十七年（1548）陕西本镇用作买补马匹的地亩、桩朋银 25 400 两相当。

嘉靖三十七年（1558）三月，吏部尚书吴鹏（1500—1579）等应诏条陈

① 《明世宗实录》卷三二五。
② 《明世宗实录》卷三三二。
③ 康熙《延绥镇志》卷二《兵志·马政》，清康熙刻本。
④ （清）廖攀龙：《历朝茶马奏议》，不分卷，清初刻本。
⑤ 雍正《陕西通志》卷四二《茶马》引嘉靖旧志。

理财事宜，"民间寄养马匹倒死，桩银数十万两，行印马御史查讫。"[1]

隆庆二年（1568）十二月，山西巡抚都御史杨巍（1517—1608）上行太仆寺卿徐爌所议马政言："今岁以所征朋银一万八百六十两有奇，桩银八千二百两，随题准盐课银一万可足用，每岁视此买补。"[2]

这一条看上去较明确，但山西行太仆寺所属有太原左卫、太原右卫、太原前卫、平阳卫、镇西卫、汾州卫、安东卫、振武卫、朔州卫、潞州卫、保德州千户所、山阴千户所、沁州千户所、宁化千户所、马邑千户所等，所及甚广，且行太仆寺之间差别亦大。

有一个问题倒是很清楚，那就是朋银远大于桩银。

桩朋银难以确知，还和蠲免有关。《明实录》每见免征京师三大营及十二团营、有关边镇官军桩朋银的记载。有时一免数年，或者一次免征数镇。

较之田赋啥的，请免桩朋银似乎更容易。容易的事总是容易被复制，尤其是"好事"。

第十二节　四类八瓣：明朝财政收入的基本结构

依税制研究的常见框架扒堆分类，明朝财政收入是七瓣饼图：田赋、盐课和盐专卖收入、茶课和茶专卖收入、商业税、矿税、杂色收入、管理收入。

换一个角度切入，重新扒堆，七瓣可归并为三类。第一类，即第一瓣农业税，传统农业社会财政收入的主体，地主和自耕农的责任田；第二类，其余五瓣工商税和工商杂税，皇朝的手工作坊、山场水塘、杂货铺和菜市场；第三类，即第七瓣规费或称管理费，亦即非税收入，财政收入的必要补充，

---

[1]《明世宗实录》卷四五七。
[2]《明穆宗实录》卷二七。

朝廷的自留地。

明朝工商杂税还包括果品、枣株等名目,由于收入规模小,影响力弱,加之制度稳定,管理简约,一般鲜见研究。

事实上,明朝财政收入还有第四类和第八瓣:贡献。按照顾炎武的说法,明兴二百余纪,"岁贡之目十有二"。其中物料之贡含银砾、黄蜡、蜂蜜、肥猪、肥鹅、药味、药材、鹿皮、乌梅、箭枝、扫帚、历日纸、活鹿等,以额办、坐派、增派三种方式,分解、落实到责任衙门和责任人名下。野味之贡含天鹅、鹁鸽、兔、斑鸠、野鸡等。雪梨、木瓜、官瓶(12 万个,其中 5 千个解南京工部)、黄连等也在贡献之列,大多解送礼部。

依结算方式区分,贡献有两种:"照单提货"的特定实物税和特价供应的稀缺商品。有研究者认为,顾炎武所说的贡献,除规定者外,当属一时、一地之贡,即时令性特产,并非全然无偿。这更像强制性交易,买什么、买多少、什么季节交货、付多少钱,一概由朝廷单方面敲定,一口价,供货方没有半点话语权。而"规定者",自然是无偿贡献,容不得支支吾吾、哼哼唧唧、腻腻歪歪。

时至今日,我们推销某商品,依然用"贡某"强调其美誉度和稀缺度。贡,代表极限品质、极限标准和特权阶层,最能忽悠人。能扯上"贡"字或混淆到"贡"字的产品,销路好,价钱高,消费者的虚荣心和商家的腰包同时鼓胀。

盐课、税课、渔课、税丝、芽茶、缎匹六类,属于赋税,不属于贡献。

明代税制轮廓,大抵如此。鉴于田赋和矿税已在其他章节单独讨论,本章集中探讨不含矿税的工商税。

就制度设计而言,明朝工商税当得起"科学合理"四个字。这得益于明初最高领导层恤民、走心,谋大局也谋一域,奉大道也秉公心。

其一,目标和路径清晰。明朝治国理政者拼凑不出诸如收入、调节、监督之类的税收职能,也罗列不出诸如强制性、无偿性、固定性之类的税收特征,但这不妨碍他们搭建有本朝特色的税制体系框架。像极了农民手里的各式农具,明初税收制度的路数并不复杂,实用、好用、简约、直接而已。

其二,制度框架注重整体性和协调性。从相对宽泛、宏观的视角分析,明代社会治理的基础性、系统性工程大多和赋役制度密切关联。重建户籍制度和配户当差,以厘清人口底数为基础,建立起古今中外最具特色的人力资源分配和管理秩序,尽管该秩序因乌托邦色彩浓郁而饱受批判。绘制鱼鳞图册、建立地籍制度,让农业社会的生产要素流动全程留痕,看得见、摸得着、监控得到。在全国范围内施行里甲制和赋役征派,从政权末梢坐实税收征管查,实现了国家治理体系的全覆盖和治理能力的极限开掘。起步于永乐年间的政治中心北移和漕河运道整治,以及配套推进的漕运管理和漕粮解运、归仓,则将国家发展融入战略棋局。在这样一个政治、经济和社会背景下谋划税制建设,一切都水到渠成。

其三,税种数量适中。以税种多少评判一个皇朝赋税征敛的横暴系数,显然过于狭隘、偏颇、武断,说服力不足。科学的评价体系,至少要从征税广度、课税深度、执行政策精准度三个维度综合考量。

简单理解,征税广度指的是对什么征税,包括设置多少税种,也包括每个税种的覆盖面或集成度。事实上,传统农业社会的税种覆盖面或集成度很低,单一的、以特定人群为对象的香税和僧道度牒费就是例证,这和当下征收的、包罗万象的货物和劳务税、所得税绝对不可同日而语。

简单理解,课税深度指的是征收多少税。臭名昭著的三饷加派,还有调高桩头银数额,走的都是课税深度这条道儿。开征新税是趸摸个新地方挖坑,而旧税加征则是把老坑挖得更深。深到一定程度,挖坑人自己也爬不出来。等到填坑的人到场,他们只能为皇朝殉葬。

简单理解,执行政策精准度是制度设计力道和实践力道是否一致,跑不跑偏,跑偏幅度多大。前文提及的何遵、邵经邦、李堂和杨时乔施榷税惠政于民,还有里甲或税收代理人平白无故被"罚纸两刀",背离的都是执行政策精准度,不同的只是方向和幅度。明前期,赋役制度和赋役征管大体运行于规范有序的轨道,明后期的横征暴敛则有出恶政、用恶吏的双重特征。

其四，有继承，有扬弃，有创新，有突破。这个不必赘言。

明朝的工商税收制度和工商税收管理也有一些问题。其原因，复杂而深刻。最高领导人的无能和偏激、执政集团的无知和短视、一线胥吏的刁顽和贪婪、皇朝固有的体制性机制性缺陷、社会危机的滋长和积聚、纠错机制挂空挡和挂倒挡，都可能直接或间接导致赋税偏离轨道甚至脱轨。

其一，专家奇缺，所用非人。和历朝历代一样，一向雄踞道德高地傲视天下的明朝文官集团写得出花团锦簇的道德文章，却拿不出济世救民的理财良策，更做不出驱积弊除沉疴的不朽功业。终明一朝，除了张居正等为数寥寥的改革家和实干家，从税收治理的角度看，绝大多数官员，包括那么多内阁辅臣乏善可陈。

就财政领域而言，明朝的思想家主要是朱元璋、方孝孺、解缙、周忱、丘濬、海瑞和张居正。丘濬以《大学衍义补》"揭治国平天下新民之要""采古今嘉言善行之遗"，从国家理财的必要性、理财的本质和内涵、生财与理财的关系、财政收支的原则、完善预算管理等维度，提出后世评价极高的重要思想。著名清官海瑞集中思考节用省财、均平赋役负担等问题，不无抑富佑贫思想倾向。

其二，见识和格局的局限性。这个由来已久，延续到清王朝登峰造极，时至今日也不敢说抢占了术势道的高地。明朝的航海事业轰轰烈烈，极尽拉风之能事，但同时期的国际贸易和关税筹划，远远滞后于造船业的发展。长时间、大规模的倭乱，说到底和闭关锁国密切相关。换一种思路和手法处理国际关系，挖掘关税潜力，闷声发财，定然是另一种结果。对此，后人不能苛责过甚。

其三，税基动荡。最突出的问题是赏地失度、皇庄尾大不掉、土地兼并愈演愈烈，直接侵蚀税基，动摇皇朝根基。张居正强力推进土地清丈，追回了部分税基，但无论如何也回不到明初。于是，略略调整一下速度，大明这辆破车，顺着下坡路继续滑行，直到跌落深渊。僧道失控走的也是同一路径。

其四，聚敛失度。这个问题自明初就没处理好，江南重赋即为例证。中叶的开矿榷税、后期的三饷加派，还有关市之征从简而轻到苛而乱，犯的都是同一个错误。一旦聚敛失度波及门税、田赋等税种，其放大效应往往超出赋税本身。

其五，用税。主要是皇室滚雪球一样膨胀，成为皇朝最大的财政包袱和最大的不良资产。

税收是很多因的果。税收是很多果的因。

这话，放在任何时代，都不会错。

第三章

大国盛衰：谁的平坦谁的弯

第一节 "开骂"是一种工作模式

明朝很闹腾。

闹腾的方式之一，是骂。骂的升级版本，是打。

明朝之所以闹腾，是因为：制度允许闹腾；皇帝带头闹腾；百姓参与闹腾。

明朝有一帮职业闹腾者，主体是御史，俗称言官。

言官职级低，但地位高，底气足，胆子大，耳朵长，眼睛毒，手头准，笔头硬，在御史面前，任你功勋卓著、德高望重、权倾朝野，统统不好使。就连皇帝，也时常撞到言官枪口上。在明朝，官员骂皇帝的事儿，根本就不算事儿。

明朝的监察机构叫都察院。《明史·职官志》说：都察院设左、右都御史，正二品；左、右副都御史，正三品；左、右佥都御史，正四品。下设十三道监察御史一百余人，正七品。官在外而加都御史、副都御史、佥都御史衔者，有总督，有提督，有巡抚，有总督兼巡抚，提督兼巡抚等员。

都御史职专纠劾百司，辩明冤枉，提督各道，为天子耳目风纪之司。凡大臣奸邪、小人构党、作威福乱政者，劾。凡百官猥茸贪冒坏官纪者，劾。凡学术不正、上书陈言变乱成宪、希进用者，劾。遇朝觐、考察，同吏部司贤否陟黜。大狱重囚会鞫于外朝，偕刑部、大理寺谳平之。其奉敕内地，拊循外地，各专其敕行事。十三道监察御史主察纠内外百司之官邪，或露章面劾，或封章奏劾。

这制度，是明朝总设计师朱元璋的杰作。朱元璋放过牛、讨过饭、敲过钟、造过反、屡经磨难，自学成才，看得透世事人心，辨得清是非因果，说话做事务实、精准、凶狠、老辣、狡黠、刁钻，他为文武百官挖了一个很深的坑，做了一个很大的局。在很大程度上，他成功了。"在很大程度上成功"，就是没成功，或者阶段性成功，差哪儿啦？咱后边再说。

明朝的皇帝不靠谱儿，而且"集体"不靠谱儿。不靠谱儿的特征，是耍流氓，瞎闹腾，不计后果、不守底线地瞎闹腾。

比如明武宗，也就是正德皇帝，最爱干的事儿是调戏妇女和玩儿打仗。后宫佳丽如云，正德偏偏喜好上街调戏平民，以致被扭送到县衙，颜面丢尽。当皇帝不过瘾，就自话自说，自拉自唱，自导自演，封自己为镇国公威武大将军、大都督，还时不时溜出皇宫，到大漠边关招摇、疯狂。

以正德元年（1506）发布那道重用八个太监的诏书为起点，正德的生活正式步入游嬉、放荡的轨道。变轨的标志性事件，是搬出乾清宫，住进豹房。在豹房，这哥们儿只干三件事：驯兽、寻欢、练兵。据说，他喜欢在寡妇和孕妇身上自主研发男女混合娱乐项目。就这么一个肆意糟蹋别人顺便肆意糟蹋自己的超级二杆子，统治帝国长达十年。

比如世宗，十足一个道士，在位40多年，始终忙于炼丹。大臣奏疏递上去，得到的往往是前述"宪似速，宜如何"和"卿齿与德，何如"一类的哑谜。最后，重金属中毒，"成仙"而去。

比如神宗，也就是大名鼎鼎的万历皇帝。万历出名不是因为文治武功，也不是因为时有出人意料之举，而是因为他长期蜗居在0.75平方公里的紫禁城，不上朝，不见任何官员，不祭天，不祭郊，不出席典礼，不举行仪式。他罢工了。他几乎成了一个躲进角落里的怪物。

比如光宗，当皇帝29天，青史留名的事只有两件：选美女八人；把时间、精力、青春和热情打包赠送这八人。

比如熹宗，一个杰出的木匠，据说自己坐的椅子、睡的床都是亲手制作。九千岁魏忠贤就出在熹宗一朝。皇帝忙着当木匠，朝政交给人妖带领阉党打理，这国家不乱套就怪了。

皇帝不靠谱带动整个皇族不靠谱。整个皇族不靠谱带动整个特权阶层不靠谱。整个特权阶层不靠谱带动整个社会不靠谱。整个社会都不靠谱，只能等靠谱的人换一本新曲谱。

说到底这是一个生态问题。政治生态出了问题，而且出在最顶端，上看下看左看右看都是足以致命的大问题。皇朝所有问题，根子都在这里。

百姓参与闹腾，是贪官污吏逼的。百姓深知瞎闹腾后果严重，不好玩儿，小门小户的玩儿不起，他们掂得出轻重，不到万不得已，不会卷到这心惊肉跳、头颅翻滚的疯狂游戏中来。到了万不得已的时候，他们无奈地丢下生计和家人，提起锄头和脑袋，加入对抗官府，甚至反叛朝廷的队伍。

比悲哀更悲哀的，是明知悲哀却不得不走向悲哀，连悔棋和改道儿的机会都没有。

说到这里，或许该问一问：在明朝，开骂模式容易开启吗？

对皇帝，极其容易。皇帝高高在上，睥睨海内，脾气大，难伺候，时常耍性子，抖威风，刷存在感，谁也没招儿。骂不解气，就打，扒下臣僚裤子，按倒在板凳上，噼里啪啦一通疾风暴雨，直打得血肉横飞，甚至当场毙命。史书记载皇帝打官员屁股，用的是专业术语：廷杖。

对言官，很容易。骂人是言官的日常工作，骂得多不多、准不准、狠不狠，杀伤力足不足，是评价其职业道德、职业素养和履职能力的基本标准。想当言官吗？学骂人。想当有成就有影响力青史留名的言官吗？使劲骂人，挑位高权重的骂，挑别人不敢骂的骂，刀光剑影地骂，瓦釜雷鸣地骂，惊天地泣鬼神地骂，前无古人后无来者地骂。

对百姓，就没那么容易。但凡拿生命作赌注的，未必是最精彩的，但肯定是需要反复掂量的。不掂量不行，起点向阳院，终点阎罗殿，买不到后悔药，更买不到返程票。掂量的结果，除非忍无可忍，都得忍，都能忍，都必须忍。真的忍无可忍，也只能仰天长叹，貌似豪壮地说几句"脑袋掉了碗大的疤"和"二十年后又是一条好汉"之类的硬话糊弄自己。

我们不难得出结论:

制度允许闹腾,言官就使劲闹腾。不闹腾白不闹腾,闹腾不白闹腾,不白闹腾谁不闹腾。这是主动模式,365 天 × 24 小时开机。

皇帝带头闹腾,百官就跟着闹腾。跟着闹腾有时是救火、灭火,有时是挑事儿、撒泼,有时是抱薪救火、火上浇油,有时是借题发挥、借刀杀人。这是随机模式、待机模式,过程和结果、频度和烈度不好研判,也不好操控,像一列刹车失灵的客车,顺着下坡路加速滑行,直到脱轨。失控了也好办,关机重启,换个场地换帮人,接着来。与道貌岸然的皇家脸面和盘根错节的官员利益相比,百姓性命并不值钱。

百官闹腾,初始状态可能是单挑儿,就事论事,上纲上线,到后来十有八九演变成群殴,站队组团,借题发挥。除了棍棒、板砖、螺丝刀,还要大范围调动资源,大剂量耗费心机。

百姓性命不值钱,是因为公平、正义不值钱。没有公平,就没有正义。没有正义,就没有公平。没有公平,也没有正义,社会就没有阳光,没有生机,甚至没有悲悯,没有真相。

百姓参与闹腾,是被动模式,名利双收的时候没有,有惊无险的时候不多,鱼死网破的可能不小,身败名裂的概率最大。不管谁开局谁收官,谁监工谁管饭,谁堵窟窿谁砸场子,吃亏的都是老百姓,包括路人甲、路人乙,包括吃瓜群众。

需要说明的是,御史对百官的监督并不是单向的,原因很简单:没有无缘无故的怨, 没有来而不往的恨。御史和百官间的博弈始终 "有来有往","道高一尺魔高一丈",这就使庙堂争斗惊心动魄、波诡云谲、暗潮汹涌、丰富多彩。

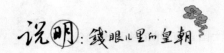

第二节　民变：狗血剧情和无耻嘴脸

我们从民变说起。

"民变"这俩字不是随便用的，要满足一定条件。《现代汉语词典》这样解释民变：旧时指人民群众对统治者的反抗运动。

对统治者而言，民变是群体事件、突发事件、恶性事件，处置不当会出大事，出人命。最强烈度的民变是起义、造反、夺权，你死我活，改朝换代。

"民变"一词政治色彩浓郁，隐含指责民众不服管束和有罪推定的意味。

民变是社会冲突解压方式之一。解压就得放气，不放气还加压或加热，结果只能是爆炸。很多民变在引爆阶段和善后阶段要有人埋单，埋单者可能是事件当事某方代表，也可能是毫无瓜葛的群众，阴差阳错、歪打正着撞上枪口；可能是撺掇者、打手、利益攸关者，也可能是冤大头、替罪羊、倒霉蛋，鬼使神差、糊里糊涂被揪出来堵枪眼。

老话说：不打勤的，不打懒的，只打不长眼的。

陈奉就是倒霉蛋，而且是第一个。他成为倒霉蛋，是因为不长眼。

陈奉原本是一个宝贝蛋，因办事机敏、忠心耿耿，入万历慧眼，被委以重任。如果早一点知道宝贝蛋那么快就反转成倒霉蛋，他说什么也不会蹚这浑水。

万历二十七年（1599）二月，御马监六品奉御陈奉被派往湖广监理矿税。面对高接远迎、珍馐美酒、甜言蜜语，陈奉神清气爽、心花怒放、踌躇满志，自信而又自负，自满而又自大，胆气和豪情曲轴连杆般在心底扑腾，不断线带拐弯儿。

事儿，很快就被陈奉的胆气和豪情扑腾坏了，而且不可逆转。因为体内缺少重要"零件"，陈奉的脑子好像也时常短路。他僭称千岁，胁迫官吏，纵容随从劫掠行旅,坑害商贾,强闯民宅奸淫妇女,致人心大恨,有人放言"时日曷丧,予及汝偕亡",摆明了一副自杀式袭击、舍身炸碉堡的架势。

密谋早就开始了,行动也箭在弦上。某日,陈奉自武昌去荆州,商民数千人潜聚于途,以"瓦石雨"恭候陈奉一行。

中国有句老话叫鸡蛋碰石头,意为不自量力。武昌商民手里握的是瓦石,而他们自己,是一筐冲向瓦石的鸡蛋,数量越多越危险,速度越快越没救儿。除了一败涂地、一塌糊涂,没有别的结果。

幸运的是,陈奉的脑袋躲过了瓦石雨。这是小概率事件。

不幸的是,陈奉的脑袋没躲过"驴蹄子"。这更是小概率事件。

侥幸逃脱后,陈奉非但不感谢当地官员拼死力救,反而节外生枝,利用该事件大做文章,以阴暗偏狭的报复心和疾风暴雨的王八拳打击襄阳知府李商畊、黄州知府赵文炜、荆州推官华钰、荆门知州高则巽和黄州经历车任重,受牵连府州县官员数十人。

蓄谋已久又突如其来的官民冲突,就这样莫名其妙地演变成官场窝里斗。这频道换的,严重不识数儿。

曾鞭挞陈奉仆从,事发时又不在场,有失维护之责的华钰被关押数年,治办过陈奉随员的李商畊被贬官。

前半截的事儿干得阴损卑鄙,官德折损殆尽;后半截的事儿干得丧心病狂,人品荡然无存。

官德和人品都归零的玩意儿,显然不是玩意儿。

不久,有人告发兴国州民徐鼎等盗挖唐相李林甫妻墓①,得黄金万计,神宗两眼放金光,急命陈奉将这笔财富送入内库。陈奉触类旁通,自我加压,开矿的同时兼职考古、日本731军医,干了很多挖坟掘墓、刀剖孕妇、溺毙婴幼的缺德事,激起更大动荡,汉口、黄州、宝庆、德安和湘潭接连发生小规模反抗。

---

　　① 有史料表明,盗挖李林甫妻墓是一起乌龙事件。巡按御史王立贤言所掘墓主乃元吕文德妻,非李林甫妻。

一定是因为读书少，陈奉不知道读书人不能招惹。古往今来，读书人最重尊严、气节和风骨，他们可以落魄到社会底层，可以衣食无着，可以饥寒交迫，但他们始终高踞道德制高点，那句"士可杀不可辱"的老话绝对不是说着玩儿的。

读书人的尊严，比生命宝贵一百倍。

践踏读书人的尊严，必将付出代价。

读书人讨回尊严的方式，绝不是温良恭俭让。

狂妄狂躁、无知无畏的陈奉很快欺辱了儒生，以儒生最为深恶痛绝的方式。南京吏部主事吴忠明奏言：陈奉党羽直入民家，奸淫妇女，或掠入税监署中。王生之女和沈生之妻，皆被逼辱。

这里说的"生"，是读书人。逼辱，是动了粗。

说陈奉党羽是猪狗，那是侮辱了猪狗。他们，猪狗不如。

老话说，杀父之仇、辱妻之恨不共戴天。

李铁梅说，仇恨入心要发芽。

郭建光说，暴风雨就要来了。

复仇的时刻到了。年底，被辱诸生之妻赴官哭诉，悲切凄婉，声震屋瓦，市民万余尾随声援，前呼后拥，摩肩接踵。巡抚等衙门不敢受理，也不肯劝阻，潮水般的人流转向税矿监衙门，再次摆开巨石阵，拼死相搏。

这一回，幸运不再眷顾陈奉，很快，他被巨石击伤。史料没说伤到什么程度，不知是不是"万朵桃花开"？官衙派甲士千人护驾，陈奉如同注射了大剂量鸡血，蹦着跳着指挥属下以火箭火炮袭击民宅，许多市民无端毙命。

石头急眼了，嚎叫着冲向鸡蛋，形势不可逆转地逆转。

碧血残阳，一地鸡毛。

有良心、有操守的官员看不下去了。分巡武昌、汉阳和黄州的按察司金事冯应京支持市民，逮捕陈奉爪牙，还愤然上书，陈述陈奉十罪，不想反被陈奉告倒。万历二十九年（1601）三月，朝廷拿冯应京进京问罪。

得意之余，陈奉再次显露小人嘴脸和流氓习性，他在交通要道广贴榜文,罗列冯应京"罪状"。武昌市民数万人愤然攻打陈奉宅第,陈奉屁滚尿流,逃到楚王府避祸,一个多月不敢露面。市民抓获陈奉左右 16 人,投江泄愤。

巡抚支可大助恶,市民买一赠一,火烧巡抚衙门。

武昌民变让万历倍感震惊。江西税监李道瞅准时机,告发陈奉侵吞财物,神宗一声长叹,召陈奉回朝。

开打是开骂的升级版本。与用嘴说话迥然不同,用拳头说话杀伤力和破坏性更强,成本更高,风险更大。

与湖广税监陈奉相比,天津税监马堂更有创意。马堂的工作团队,那叫一个标新立异,艺高胆大,非同凡响。税监随从数百人,个顶个精挑细选,非偷盗之徒和市井无赖概不录用。这些人的特点是除了底线啥都有,除了脸啥都要,特长是心黑手狠、不计后果。他们坚定而顽强地遵循"贼不走空"的职业操守,手持锁链镣铐,公然夺人资财,遇有抵抗者,随口赠送一个违禁的罪名,锁起就走,雷厉风行。

看得出, 马堂的招工模式、工作方法和工作作风深得土匪和酷吏真传,丝毫没走样儿。

一向不讲规则的马堂发布规则,遍告津门:凡家僮告发主人,所查没财物,七分归官,三分奖家僮。

规则很简单,用心很险恶,收效很明显,后果很严重:临清中产之家多由此破产,远近罢市抗议。

这事儿,缺了大德。

出来混总是要还的,这话放之四海、古今而皆准。某日,万余州民火烧税监衙门,干净利落地当场击毙马堂随从 37 人。守备王炀率士卒 20 人救出马堂,马堂手下反告王炀肇事将其逮捕,王炀后来死于狱中。

这狗血剧情,这无耻嘴脸,和武昌民变何其相似乃尔。

秋后算账的日子到了。干这事,朝廷有预案,有能力,有经验,轻车熟路,无缝衔接,按部就班。州民王朝佐挺身而出,自认发难者,英勇就戮,临清民众建祠纪念。

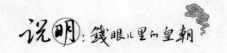

39 条生命随风而去,轻如鸿毛。

第三节　喋血:谁的失败,谁的成功?

就血腥指数而言,发生在万历三十四年(1606)的云南民变毫无争议地拔得头筹。

万历二十七年(1599),太监杨荣去云南采矿。他虐待诸生,结下第一层怨;诬告云南府知府蔡如、赵州知州甘学书并将二人下诏狱,结下第二层怨;要丽江土知府退出所辖地盘,以便开矿,结下第三层怨。杨荣用心高气傲、专横跋扈和没心没肺、无知无畏给自己埋下很多地雷。

民众曾经示警。万历三十年(1602)三月,腾越(今腾冲)民众起事,烧毁厂房,杀死税监衙门驻腾越代理人张安民。想必,张安民没干安民的事儿。

有一种杀人武器叫上峰器重。让张安民感激涕零的,刚好是上峰器重。

鲜血在目,警钟在耳。杨荣非但不思收敛,反而有恃无恐,继续作恶。除了一如既往带妆彩排杖毙民众的惨剧,杨大太监将不听话的卫所指挥使戴枷示众、关押各一人,还扬言将卫所军官全部逮捕。

卫所者,驻军也。指挥使者,驻军首长也。

杨荣启动了一个危险游戏,他摸到老虎屁股上。而且,他摸的位置有些特殊:菊花。这是找死的节奏。

不知,杨荣是一时兴起,没搂住,还是蓄意斗狠,震山威。

碰巧的是,老虎腰里别着枪。别着枪的老虎发起飙来,气势和力道自然不同于病猫。事实证明,猫科动物不全是猫。事实证明,军人总是不缺血性。

N＋1 级预警响应瞬间启动。万历三十四年(1606)三月,卫所指挥贺世勋、韩光大以暴制暴,率市民万人冲入杨荣府第,纵火烧房,杀死杨荣,投尸于火。

混乱中,杨荣随从两百多人丧命。跟欺负老百姓相比,对抗正规军的难度系数显然要大得多。

以雷霆万钧的霹雳手段,军队和百姓获得压倒性胜利。

这胜利,有点儿邪乎。不知这是谁的失败,谁的胜利?

写罢这段文字,后来又看过一则资料,说杨荣肆行威虐,诬劾知府熊铎等皆下狱。百姓恨荣入骨,焚税厂,杀委官张安民。荣益怒,杖毙数千人,又怒指挥樊高明,榜掠绝脁(通筋,作者注)示众。于是指挥贺世勋等率冤民万人,焚荣第,杀之,投火中,并杀其党两百余人。帝为不食者累日。

这资料有几个点值得关注。一是知府熊铎,前文没出现过。此公下狱,动静和影响不可谓不大,不知动手前可曾沙盘推演。或许,杨太监习惯于干了再想,爱咋咋地。二是"杖毙数千人",较前文"杖毙民众",显然更残忍、血腥,为祸更甚。民愤就是这样实现从量的积累到质的飞跃的。三是将樊高明"榜掠绝脁示众",其行径令人发指。四是"帝为不食者累日",帝者,万历也,为谁、为啥这般悲戚值得探究。

为官员入狱?为杨荣出师不利?为矿监为非作歹、添乱惹事?为张安民和两百多名税吏集体殉职?为儒生抗争?为卫所卷入矿税冲突?为军队和百姓合流,刀剑帮锄头说话?为开矿榷税大业推进不力?为民变四起,动荡不止,动辄万人武装游行?为社会矛盾发酵、积聚,盘根错节?

不是说好了一起当好孩子吗?怎么变卦比变天还快,翻脸比翻书还快?怎么友谊的小船说翻就翻?

据说,初到云南,杨荣密奏神宗,说阿瓦、猛密等地有宝井,一经开采,每月可增收几十万。不知,神宗会不会时常想起宝井?

万历年间民变多发,此起彼伏,每一个税监矿使都是惊弓之鸟。但当场毙命的,只有杨荣;两百多随从瞬时团灭的,只有云南。如果说这是暴力抗税事件,那一准是有记录的最血腥的暴力抗税事件。不知,有没有底气拒称"之一"？

另一个故事发生在苏州。相信多数国人都知道虎丘，相信某些国人不知道位于山塘街青山桥东的葛贤墓。葛贤是一个集不屈、勇毅和担当等优秀品质于一身的孤胆英雄。

万历二十七年（1599），苏杭织造太监孙隆受命带收税课。织造，原为动词，指借助机器织布、制衣，用于官职则取组织、监督织造之意。而带收，就是跨界发展，狗拿耗子。

孙隆一贯勤勉，从不偷懒，带收这活儿也干得踏踏实实。万历二十九年（1601），苏州发生水灾，民生艰难。"四月水杀麦，五月水杀禾，茫茫阡陌弹为河，杀麦杀禾犹自可，更有税官来杀我。"当地民谣说的税官杀我，指的是孙隆把税负转嫁到纺织业。为抵制加税，苏州市民蜂拥而起，包围税监衙门，杀死孙隆随从六人，孙隆逃往杭州避难。吴县人钦叔扬作《税官谣》十三首描写当时盛况："千人奋挺出，万人夹道看，斩尔木，揭尔竿，随我来，杀税官。"

神宗赶紧"主持正义"，命府、按衙门迅速追捕"乱民"归案，织工葛成（又名诚、贤）独赴官府，一力承担。他被判死刑，十多年后奇迹般生还。

清康熙年间，苏州民众自发地为葛成立碑，曰"吴将军葛贤墓"。碑记称：

> 将军生隆庆戊辰九月二十日，殁崇祯庚午十月二十有三日，得年六十三。
>
> 铭曰：
> 吴中义士气如云，留得余生代有闻。
> 东海长虹挂秋月，丹青齐拜葛将军。

接下来这个故事，为我们提供了一个体味恣横、荒唐的范本。

尚膳监监丞高淮也是跨界发展的能人，他跨界的本事可能他自己都害怕。出任辽东税使后，高淮恣横不法，悍然调动兵将，干预军事。万历三十一年（1603）夏，高淮率家丁300人，打将军旗号，击鼓鸣金，扬言入京谒见皇帝。

不是过一过嘴瘾、吹一吹牛皮就拉倒，高淮真的将爪牙队伍旗幡招展地驻扎在广渠门外。

京师震惊。不震惊就怪了：一个莫名其妙的收税太监，带着一支莫名其妙的队伍，莫名其妙地驻扎在皇城根，怎么看怎么莫名其妙。这有点像图谋不轨喔，什么叫像图谋不轨？压根儿就是图谋不轨。这是一个太监该干的事儿吗？

众臣惊呼：高淮擅离职守，挟兵潜往京师，实为数百年未有之事；自称镇守，协同关务，亦荒唐至极。

荒唐至极的还有皇帝。神宗存心袒护，称高淮是奉命行事，高淮更无忌惮。

比马堂更威猛、更有创意的是，高淮肆意招募死士，出塞涉猎，与边将争功，克扣军士粮饷，干了很多厚脸皮黑心肝的事儿。

万历三十六年（1608）四月，前屯卫发生骚乱，士卒齐声高呼"愿食高淮肉而甘"。六月，高淮派员去锦州等地向军户索贿，军户愤怒，杀来人，聚众千余围攻高淮衙门。高淮恐惧，逃到关内，告同知、参将逐杀钦使、劫夺御用钱粮，造成极大动乱。

局面无法收拾，神宗召回高淮了事。

一个厨子不研究菜谱却研究兵法，而且挥舞菜刀拦路砍人，这路数怎么看怎么荒诞、离奇。

用时下的话说，正常人谁干这事儿？

白寿彝总主编的《中国通史》称辽东事件为兵变。就性质和后果而言，兵变比民变更严重、更危险。

民变，也发生在广东、广西、江西和陕西。有资料说，当时各地民变不

---

① 白寿彝总主编：《中国通史》第15卷《中古时代·明时期》（上），上海人民出版社，1989年，第756页。

下数百起①。

我们不知道，就单体而言，发生在万历年间的哪起民变可称得上古往今来最严重的暴力抗税事件？我们只是知道，以如此频度和烈度，集中引爆恶性事件，古今中外罕有匹敌者。

稍稍留意，我们不难发现，万历年间遍布各地、此起彼伏、动辄万人的民变，是市民阶层和反对宦官集团的封建士大夫阶层的联合行动，其中起重大作用的往往是诸生、乡绅，或者受欺凌的中下层军官。

市民崛起，书生和乡绅发声，是值得关注的历史现象。

第四节　骂太监，还是骂皇帝？

骂太监，还是骂皇帝？这是个问题。

骂太监，还是骂皇帝，这不是个问题。

太监和皇帝，很多时候就是一回事儿。太监替皇帝办事，皇帝给太监撑腰。太监把差事弄砸，皇帝替太监圆场。皇帝昏招敛财，太监祸国殃民，百官苦谏无果，四野民怨沸腾。归根结底，真正该骂的，是混蛋皇帝。

难题在于，皇帝不光混蛋，还流氓、无赖。面对雪片般的奏折，万历老练而又淡定地祭出聋字诀：不理！

万历的"不理"是真不理。奏折，不看；面奏，不听；公文，不批。他应对百官大骂太监的态度是：没态度。

谁还有咒儿念？有咒儿就念，不嫌烦就念，没关系。多少人念都行，念多大声儿都行，念多长时间都行，念多少遍都行。

不管是骂太监，还是骂皇帝，统统不管事儿。

不管多么完美的制度，多么敬业的言官，碰到一个不按套路出牌的皇帝，统统不好使，而且谁也没招儿。这才是帝制最大、最糟、最无可奈何的弊端。

明朝总设计师朱元璋的缜密布局出现致命漏洞:怎么收拾不靠谱的大臣,朱元璋给出了预案,这让后来的皇帝很自信;怎么制衡任性的皇帝,朱元璋没有预案,这让无数大臣很抓瞎。

朱元璋只从皇帝的角度想事儿,因而坏了皇帝的事儿。

或许,万历看不到困局。所谓困局,就是不解决吧没路,解决吧没招儿,两头堵,憋死牛。在万历眼里,天下本无事,庸人自扰之,一切都好着呢。没有问题,自然不需要解决问题。众位爱卿,洗洗睡吧!

或许,万历看到了困局,但他懒得脱困。困和不困,脱和不脱,没有区别。稍安勿躁,就这样耗着,不怨不怒,不进不退,挺好。朕不理会困局,不为困局所困,那困局还是困局吗? 或者说还是朕的困局吗?

有一点,万历指定没看到,那是他和他的皇朝最该看到的:世界大势。这也怪不得万历,那年头没有新闻,没有电脑微信,没有越洋电话,没有国事访问。对蜷缩在紫禁城里的万历来说,外面的世界无异于另一个世界。自打七下西洋的皇家舰队驶进历史的博物馆,尽管有很多机会走向世界,但大明还是选择闭关锁国、自导自演、自娱自乐。

面向大海看潮起和轻掩柴门听犬吠,显然不一样。

没看到不等于没发生。万历时期,整个世界正处于大变动期。由于生产力持续发展,新的生产关系开始萌芽,中国已经走到由古代社会向近代社会转型的巨变前夜。

前夜,不是黎明,更不是早晨。中国官僚政治过于成熟和强大,专制主义过于疯狂和任性,阻滞、延缓和拉长了巨变进程。

吊诡的是,中国落后是因为中国先进。落后的是经济,先进的是政治。中国官僚政治和极权专制无与伦比的成熟、强大和稳固,是技术性的,体制性的,机制性的,融进国家品格、民族血液和文化基因的,融入政治生活、经济生活和社会生活的,融入庙堂、江湖和田园的。这后腿拖得,那叫一个实诚,那叫一个没商量,那叫一个自我感觉良好。

官僚政治的主体性、常态化、世俗化表现,是官僚主义。千百年来,我们的祖先一直没有逃脱官僚主义的灾难,就连我们子子孙孙的幸福,也已经被官僚主义所透支殆尽[①]。

官僚主义不是万历的发明。为实现政治上最大限度的专制和经济上最大限度的榨取，早在秦始皇时期，官僚主义就被演进到十分彻底的地步。帝王个人的绝对权威、穷奢极欲、恣意妄为、专横跋扈，因此达到史无前例、登峰造极的地步。桀纣幽厉的残暴，同秦始皇相比，只是小巫见大巫的小儿科。专制法制所开创的绝对权威的空前显赫局面及其满足帝王个人霸业的速效，像鸦片烟之于瘾君子一样，是一种不可抗拒的诱惑[②]。后世帝王在"不可抗拒的诱惑"下步秦始皇的后尘重蹈秦始皇的覆辙，就是顺理成章的事。越是自私、偏执、叛逆的帝王，对专制越是情有独钟、爱不释手，因为这玩意儿实在美妙，妙不可言。

倒霉的最终是老百姓，倒霉的永远是老百姓，倒霉的只能是老百姓。

从庙堂到田园，传导方式之一是税收。专制体制下的税收，是拎在凶神恶煞手里的打劫工具。专制主义者在设计税制的时候，想的只是自己的钱袋子，他们压根儿看不到苍生疾苦。专制主义者征起税来，全然一副穷凶极恶嘴脸，和打劫无异。由于来得方便，专制主义者在挥霍税收的时候，更是透着"千金散去还复来"的洒脱和决绝[③]。

打劫工具握在中官手里，情况那是相当不妙。越是忠勇的中官，下手越狠。他们在意成果，成果是他们的能力和忠心。

中官握在万历手里，事态那是相当严重。最大限度扁平化的聚敛机构，绕开所有的婆婆妈妈，冲破所有的藩篱梗阻，让皇宫直通矿道，一竿子插到底。如同开闸放水，一泻千里，爽！

真正要命的，是皇帝贪财，眼神儿还差。万历沉溺酒色财货，无进取心，无回天力，他统治下的明帝国非但跟不上世界潮流，相反还渐入绝境，加速终结。"故论者谓明之亡，实亡于神宗。"[④]信哉斯言。

---

① ② 孙越生：《官僚主义起源论》，《社会科学论坛》2001 年 1 期。

③ 李长江：《天下兴亡——中国奴隶社会封建社会赋税研究》，内蒙古人民出版社，2005 年，第 82 页。

④《明史》卷二一《神宗纪》。

赤县长夜难明,多少苦雨凄风。

我们捋一捋是非因果。明廷差官开矿,始于洪武。遣使榷税,发端中叶。因得不偿失,开矿几起几落,榷税屡行屡止。

改变,始于万历中期。神宗"患内廷匮乏",担心"三大征"耗费巨大而冲减皇室消费规模,不顾臣民反对,刚愎自用,剑走偏锋,一意孤行。凡开矿榷税之事,来者不拒,有求必应,"乞请之章,无日不上,批答之旨,无日不下。"①

借口是一场大火送来的。万历二十四年(1596),坤宁宫失火,扑救不及,殃及乾清宫,两宫悉为灰烬。一时间,"营建乏资,计臣束手。"②啥意思?就是没钱重建,负责筹划的大臣拿不出任何办法。

聪明人登场。聪明人的特点,是知道皇帝想干啥,还知道怎么干。至于副作用、后遗症和并发症啥的,聪明人未必预见不到,但他们不说,留给蠢笨的人说。

府军前卫千户仲春就是一个聪明人。他进献的主意是开矿以助"大工",这主意在肚子里憋了好些时日,因而有些馊。好在皇帝嘴急,来不及咂摸。神宗派户部郎中戴绍科、锦衣卫指挥张懋、太监王虎随仲春到京畿开矿,委王虎总领其事。

有点试点的意思。包括锦衣卫在内的卫所军官和各衙门下层官僚急皇帝之所急,帮自己之所需,纷纷效仿,争走阙下,臭名昭著的矿税使之祸就这样强势开局,由点及面。

当时的人事布局是:真、保、蓟、永则王亮,昌黎、迁安则田进,昌平、横岭、涞水、珠宝窝山则王忠,真定复益以王虎,并采山西平定、稷山、浙江则曹金,后代以刘忠,陕西则赵钦,山西则张忠,河南则鲁坤,广东则李凤、李敬,云南则杨荣,辽东则高淮,江西则潘相,福建则高寀,湖广则陈奉、陈增

---

① (明)文秉:《定陵注略》卷四《矿税诸使》。
② 《明史》卷三〇五《宦官二》。

奉敕开采山东①。

这么多地名和人名，说明开矿榷税遍地开花。

万历善于借势谋事。他的整体思路是因地制宜，放开搞活，"通都大邑皆有税监，两淮则有盐监，广东则有珠监，或专遣，或兼摄。大珰小监纵横绎骚，吸髓饮血，以供进奉。"②

这是几个意思？谁利用了谁？谁绑架了谁？

第五节 《四箴疏》和聚敛图

后世一再评价说，万历执意开矿榷税，只是因为贪财。

贪财像二维码，牢牢地贴在明神宗脑门上，挠破脸皮也揭不下来。二维码正中，一柄醒目、动感、滴血的耙子。

翻开史书，万历贪财的记载很多。

远在抄张居正家时，有大臣批评他"重货而轻人"。

吏科给事中李沂批评他贪财。

大理寺评事雒于仁冒死上《四箴疏》，说皇帝患"嗜酒""恋色""贪财""尚气"四病③，这和另一位大臣"好逸""好疑""好胜""好货"④的评语如出一辙，勾稽印证。

雒于仁的《四箴疏》被后世称为"酒色财气疏"。开篇部分，雒于仁开门见山："陛下之恙，病在酒色财气者也，夫纵酒则溃胃，好色则耗精，贪财则乱神，尚气则损肝。"照大意翻译一下，就是说皇上你确实有病，而且四病并发。你喜欢喝酒，时常喝大；喜欢玩女人，不知节制；喜欢捞钱，不择手

---

①②《明史》卷三〇五《宦官二》。
③《明史》卷二三四《雒于仁传》。
④《明史》卷二三五《张养蒙传》。

126

段;喜欢耍威风,不分场合。四大恶习占全了,包括心在内的很多器官和包括神在内的好些系统都坏了。

接下来,雒于仁历数万历在喝酒、玩女人、贪财等方面的斑斑劣迹,逐一论证观点的真实性和材料的丰富性、可靠性。其下笔之狠,骂法之全,真可谓是鬼哭狼嚎,就骂人的狠度和深度而言,全面超越前辈海瑞。

骂得很解气,后果很严重。万历十八年(1590)正月初一,气急败坏的二杆子万历向前来拜年的申时行诉苦,要求内阁票拟重处说话没遮没拦没轻没重的二杆子雒于仁,申时行用马屁功加唾沫星子和了好几摊稀泥,打发雒于仁下岗了事。

万历三十二年(1604)正月,内阁首辅沈一贯对矿税使横行深恶痛绝,上疏直言:"皇上视财太重,视人太轻;取财太详,任人太略。"①首辅说了重话,看来事情不妙。

还有人说他"唯贿是闻"②。这话单刀直入,直击软肋。

然而,万历不在意别人怎么说,他在意的,是自己怎么做。在他的强力推动下,开矿榷税持续维系近二十年。

要知道,皇帝是懒得管事儿的。"当是时,帝在位日久,倦勤,朝事多废弛","章奏不发,大僚不补,起废不行","自阁臣至九卿台省,曹署皆空,南都九卿亦止存十之二。天下方面大吏,去秋至今(万历三十九年,作者注),未尝用一人,陛下万事不理",上下隔绝,"而臣部党势渐成"③。

"陛下万事不理",此话精准。神宗晏处深宫,不补缺官,更别说张长李短的烂事儿和鸡毛蒜皮的小事儿。史载,万历三十年(1602),两京缺尚书3人、侍郎10人、科道官94人,全国缺巡抚3人、布政监司66人、知府25人④。

万历这心,真够大的。

①(明)谈迁:《国榷》卷七九。
②《明神宗实录》卷五八〇。
③《明史》卷二四〇《叶向高传》。
④《明史》卷二三七《田大益传》。

臣僚的心，渐渐也大起来。跟心一起大起来的，还有胆儿。

自万历三十七年(1609)起，不少大臣封印出城，拜疏自去，归隐林下，许多办事机构陷入瘫痪，政务停摆。弘正嘉隆间士大夫廉洁自重，迨万历朝风气大变，"党局既成，互相报复，至国亡乃已。"①这叫传导效应，也叫推下坡车。

看出来没，心和胆儿的后面，是气。大臣们封印出城，拜疏自去，多半是负气归隐。

忠君报国是士大夫的理想。君不见了，国还咋报？

给皇帝打工是臣僚的本分。皇帝罢工了，工还咋打？

跨上驴背那一刻，大臣们咬着后槽牙吐出一句气流很足的脏话：这叫什么玩意儿？

说万历"万事不理"，多少有些冤枉。对直接从事开辟财源的太监(矿税使)，皇帝大人还是高度重视的。

说来悲催，开矿榷税并没有给万历带来丰厚的收入。这或许让他严重扫兴。史料记载，万历二十五年(1597)到三十三年(1605)，各路矿使、税监共进银300万两[一说至万历三十年(1602)为止，解进内府银子500余万两]。平均算下来，每年只有30多万两。或许，我们该多写俩字：区区。

在聚敛财富过程中，报矿者经常无中生有，矿使不管有无，据其所报，招矿徒开采，编富民为矿头，随意征用民夫。

陈增在益都开矿，征用民夫上千人，许多人无辜殒命，富民也很快成为盘剥对象。

税监到处树旗建厂，巧立名目，穷乡僻壤，米盐鸡豕，莫不征税。

这一切，都要耗费资源，增加运行成本。用今天的专业术语表述，最基本的一块是征收成本＋遵从成本。

解进内府的银子只有数百万两，只是小头，被层层瓜分的才是大头，"大约以十分为率，入于内帑者一，克于中使者二，瓜分于参随者三，指骗

---

① 《明史》卷七一《选举三》。

于土棍者四。"①

翻译成吏部尚书李戴的话,矿使税监聚敛的财富,以十分计算,解入内府不过一分,矿使税监私人腰包二分,矿使税监随从就地瓜分三分,当地土豪恶棍中饱私囊四分。

这和大学士赵志皋的饼图高度契合:"前遣之使挟官剥民,欺公肥己,所得进上者十之一二,暗入私囊者十之八九。"②

换一种说法,皇帝得到三五百万两,而纳税人实际负担的却是三五千万两。事儿,不是一般的坏。

这样一幅饼图不免让人泄气,泄气后又长气。

就前因而言,开矿榷税是秕政。秕者,莠也,残也,籽实成色不足也。就后果而言,开矿榷税是暴政。暴者,凶狠也,酷虐也。秕政和暴政,都是弊政。笃行弊政近二十年,大明的国力、国运、国势走的是下破路。长此以往,国将不国。

对此,史学家不免扼腕叹息。

吕思勉看到了扰民:"神宗信任中官,使其到各省区开矿,名为开矿,实则藉此索诈。又在穷乡僻壤,设立税使,骚扰无所不至。"③

傅乐成看到了亡国:"神宗既长,荒于酒色,加重赋税,并遣宦官四出开矿,扰民达于极点,遂种下亡国的因素。"④

事实上,开矿榷税只是一个掩人耳目的招牌,因为解入内府的银两和中饱私囊的银两,并非全部来自开矿和征税。"矿不必穴""税不必商"八个字已然说明,"开矿榷税"和"公开掠夺"基本上可以画等号。

由此,我们得出结论:利不胜害,得不偿失。

由此,我们得出结论:老百姓是冤大头,万历也是冤大头。老百姓这冤

---

① 《明神宗实录》卷三五九。
② 《明神宗实录》卷三三四。
③ 吕思勉:《中国通史》,陕西师范大学出版社,2010 年,第 149 页。
④ 傅乐成:《中国通史》,贵州教育出版社,2010 年,第 579 页。

大头当得隐忍、憋屈，万历这冤大头当得糊涂、窝囊。因为老百姓被坑苦了，万历被玩惨了。

由此，我们得出结论，各阶层强烈反对，"市民运动""市民风潮"或"城市民变"风起云涌，从一开始就是注定的。

天下萧然，生灵涂炭。所行非事，所托非人。

奉派太监骄横不法，激起朝野持续、普遍和激烈反对。

凤阳巡抚李三才敲打说："陛下爱珠玉，民亦慕温饱；陛下爱子孙，民亦恋妻孥。奈何陛下欲崇敛财贿，而不使小民享升斗之需；欲绵祚万年，而不使小民适朝夕之乐？"①

李巡抚的意思是说，在皇帝漫山放火的时候，还是允许百姓在小屋里点一盏煤油灯吧，在皇帝大肆聚敛的时候，还是允许百姓喝口粥吧。别太过分，有点恻隐之心好不好，讲点基本官德行不行？

有地方官旗帜鲜明，以不合作态度对待朝廷派遣的太监。太监潘相去上饶查勘矿洞，事先通知知县李鸿，希望得到照应。李鸿立马部署：禁止百姓供给食物，违令者论死。潘相在山上奔走终日，饥渴难忍，疲惫而归②。

小损样儿的，少个零件坠着就能上天吗？

官员公然对抗矿使税监是要准备吃苦头的，只要被指控阻挠开矿，轻则降职罢官，重则下狱治罪。

但是，官员们还是要说话，因为他们看到的是黎庶疾苦，他们关心的是社稷危亡。

骂谁、谁骂、骂啥都不可怕，咋骂都不管事儿才可怕。

骂到没人骂了，大明就该收摊儿了。

这已然是"没救儿"的节奏。

---

① 《明史》卷二三二《李三才传》。
② 《明史》卷三〇五《宦官二》。

第六节　摇摆中的矿税

　　矿税是对采矿业征收的税，也称坑冶之课。具体到税目，主要包括金、银、铜、铁、铅、汞、朱砂、青绿诸矿开采。受自然条件、技术水准、矿业政策和管理能力等多种因素限制，明朝采矿业并不发达，除银课勉强算得上丰盈外，其余几项课税微乎其微。

　　我们该说几句货币。马克思主义政治经济学给出定义，货币是固定地充当一般等价物的特殊商品。货币参演文明大戏，对于助推人类思维方式、生产方式和交易方式变革，具有划时代意义。与以物易物相比，持币购物赋予商品经济以巨大的、无尽的魔力、活力和魅力。

　　因为改变了规则，货币让许多事情变得简单和直接。我们的世界因货币而精彩。纸币、邮局汇款、银行转账和贷款的出现，就是最好的例证。

　　时至今日，与社会发展和技术进步同步，电子商务、网络购物和支付宝、微信结算深刻地改变人类消费方式，但货币的一般等价物属性须臾不曾改变。

　　只不过，货币选择了隐身。

　　不同历史时期，一般等价物也不同。夹在两汉中的新莽，一般等价物多达五物二十八种。这是最任性的时代、最疯狂的时代、最魔怔的时代。王莽改制之所以失败，一定程度上是因为搞乱了币制，连带搞乱了秩序和人心。

　　到明代，白银逐渐成为全社会普遍认可的一般等价物，银矿的开采自然被赋予特殊意义。明代商品经济发展受阻，原因之一是缺钱。所谓"缺钱"，指的是流通中的货币量不足，直接影响社会生产和居民消费。而货币量不足，是因为流通中的白银一再折损：一部分沉淀到民间，回炉变身工艺品或银器，退出流通；一部分流向海外，不再回流；还有一部分长期堆放在贪官污吏的库房里睡大觉。

这就好比一条一路渗漏的水渠，如果得不到常态而有效的补水，势必日渐干涸。如果灌溉面积持续扩大，补水量也要同比例增加。

从经济、财政、金融、民生、政治和国际贸易诸多视角分析，开采银矿都是必要的、必需的。实际上，这是铸币。那时候的白银，是响当当的硬通货。

明代白银开采，先禁后弛，某些时段失手失控，几成危局。

洪武初，朝廷严格禁止银矿开采。朱元璋两次亲自干预。一次是近臣请开山东银场，朱元璋不准，理由简单而充分：银场之弊，利于官者少，损于民者多。后有大臣请弃陕州银矿，又遭朱元璋斥责。他说："土地所产，有时而穷。岁课成额，征银无已。言利之臣，皆戕民之贼也。"①由于取用有度，洪武时期矿银主要采于福建、浙江，数额极小，前者岁课2 670两，后者岁课2 800余两。

成祖和宣德皇帝也反对滥采，但禁令略松，矿点和矿税不时增加。永乐年间，开陕西商县凤凰山银坑八所、福建浦城县马鞍等坑三所，并遣官湖广、贵州采办金银课。为实施有效监管，于银矿所在地增设矿务管理机构，贵州太平溪金场局、交趾宣光镇金场局、葛荣西银场局和云南大理银冶先后登场。永乐时福建各场银课岁额32 800两，宣德时增至4万余两，浙江各场永乐时银课岁额82 000余两，宣德时增至94 000余两②。

英宗即位后，一度严禁开采银矿，"下诏封坑穴，撤闸办官。"③不久解除禁令，重开银矿，"定岁课福建二万一千余两，浙江四万一千余两，虽比宣德时减半，已十倍于洪武时。"④天顺四年（1460）命中官四出督收银课，开矿监税使外出以银课害民之先例。罗永、冯让、何能等宦官被派往浙江、福建、云南、四川等地，大肆征敛，四省银课倍增。天顺四年（1460）福建和浙江银课约7万两，云南10余万两，四川13 000两，较洪武时又不知

①②③《明史》卷八一《食货五》。
④《明通鉴》卷二三，正统九年闰七月戊寅。

多少倍①。

万历年间，国用不足，朝廷以采矿为名，大肆掠夺。万历二十四年（1596），诏开各处矿冶，派宦官为矿监，后又遍设税监、盐监等。一时间，大珰杂出，诸道纷然，设珰分职，横肆诛求。"有司得罪，立系槛车，百姓奉行，若驱驼马。"②

开矿榷税一路演变，终成臭名昭著的弊政。

这是一笔得不偿失的烂账。

其一，朝廷拿到的只是小头。"自二十五年至三十三年，诸珰所进矿税银几及三百万两，群小藉势诛索，不啻倍蓰。"③万历三十三年（1608）山东巡抚黄克缵说："税监马堂，每年抽取各项税银不下二十五六万两，而一岁所进，方七万八千两耳，约计七年之内，所隐匿税银一百三十余万。"④陈奉、高淮、孙隆等税监也是如此。吏部尚书李戴等奏："大约以十分为率，入于内帑者一，克于中使者二，瓜分于参随者三，指骗于土棍者四。"

开矿榷税像一架超大功率虹吸机，将极其有限的民间财富迅速集聚到有权有势者手里。虹吸的后果，一是货币流通量进一步缩水，因为中使、参随和土棍将聚敛来的部分金银财货束之高阁；二是民众家业凋敝，生活困顿。

其二，矿脉细微，开采成本高收益差。这一点，史书多有记载。矿脉细微，指的是品位（这里特指含银量）较低。"永乐中太监王彦等开是山，督夫六千人，三月只得金八两。"⑤"嘉靖二十五年七月命采矿，自十月至三十六年委官四十余，防兵千一百八十人，约费三万余金，得矿银二万八千五百，得不偿失。"

其三，除直接消耗外，还要承付巨额附加成本。"中使衙门皆创设，并

①③《明史》卷八一《食货五》。

②《明史》卷三〇五《陈奉传》。

④《明神宗实录》卷四一六。

⑤《明史》卷一五九《彭谊传》。

无旧绪可因。大抵中使一员，其从可百人，分遣官不下十人，此十人各需百人，则千人矣。此千人每家十口为率，则万人矣，万人日给千金，岁需四十余万，及得才数万，徒敛怨耳。今分遣二十处，岁糜八百万。"①

其四，大幅度透支朝廷公信力。

遗憾的是，万历不会算账，也不理会别人算账。准确地说，他只算自己的账。

再说铁课。明初铁为官冶，洪武七年（1374）朝廷大量设置铁冶所，所置有江西南昌府进贤冶、临江府新喻冶、袁州府分宜冶，湖广兴国冶、蕲州黄梅冶，山东济南府莱芜冶，广东广州府阳山冶，陕西巩昌冶，山西平阳府吉州富国冶、丰国冶、太原府大通冶、潞州润国冶、泽州益国冶等。永乐年间设置四川龙舟冶，顺天府遵化冶等。每冶各设大使一员，副使一员②。

朱元璋不赞成过多征收铁课。洪武十五年（1382）广平吏王允道言："磁州临水镇地产铁，元时尝于此置铁冶，都提举司总辖沙窝等八冶，炉丁万五千户，岁收铁百余万斤，请如旧置炉冶铁。"朱元璋说："朕闻治世天下无遗贤，不闻天下无遗利，各冶铁数尚多，军需不乏，而民生业已定，若复设此，必重扰之，是又欲驱万五千户于铁冶中也。命杖之，流海外。"③

王允道的打没白挨。官员们倒吸一口凉气，不约而同闭紧嘴巴。

明初各处铁冶时设时罢，铁课亦有限。洪武十八年（1385）朱元璋下诏罢除各布政司官冶，"如果缺用，即需奏闻，复设炉冶，采取生矿锻炼。著令有司差人陆续起解，照例送库收贮，如系临边用铁去处，就存听用。"④其后虽复设山西、武昌兴国州、袁州府分宜等地铁冶，但规模始终较小。

洪武二十八年（1395）闰九月，"以库内储铁已多，复诏罢各处铁冶，令民自采而岁输课程，三十分取其二。"⑤

用现在的话表述，这叫"国退民进"。"三十分取其二"，税负不太重。

---

①《明史纪事本末》卷六五《矿税之弊》。
②④万历《大明会典》卷一九四《工部·冶课》。
③⑤《续文献通考》卷二三《征榷考》。

明朝矿税的问题，归集起来是失度、失序和失控。量力开采有利于工商业发展，过度开采只能收获千疮百孔；由地方管理，名正言顺，辅以收益分享，皆大欢喜，而打破分工和制度，势必鸡飞狗跳；心里只想着钱，花样百出，由大错铸成大乱。

第七节　万历想自己养鸡

开矿榷税是一项错误决策，错就错在找了一帮不该找的下三滥，用了一些不该用的昏招儿损招儿，办了一堆不该办的埋汰事，还办得鸡飞狗跳，七窟窿八眼。

从表面看，开矿榷税激起民变是因为中官聚敛失度，扰民害人过甚。分析深层原因，开矿榷税一塌糊涂、一地鸡毛的背后，是皇帝和文官集团、中央和地方的权力配置和利益分配关系因破坏而失衡，统治者和被统治者、文官集团和宦官集团激烈冲突。而且，一竿子插到底的损招儿和昏招儿动了地方的奶酪，导致市民、中下层军官和封建士大夫（包括诸生、乡绅）等阶层相互倚重、抱团取暖。

这一切，必须放到万历中后期官场生态和社会生态的背景下，放在道义和利益的博弈中综合考量。

矿税之设，本为大工。所谓"大工"，就是修复乾坤两宫。看似堂皇、充分的理由，其实根本无法自圆其说。王元翰曾上疏直言："若捐内帑数百万金，工可立竣，毋徒劳四方百姓。"①意思很明白，皇帝别总是一副葛朗台式的欠揍嘴脸好不好？该出血时就爽爽快快出点血，把私房钱搬出两麻袋，你家房子分分钟就修好了，何必惊扰受苦受难的黎民百姓给您凑份子呢？

---

① 《明史》卷二三六《王元翰传》。

那么多百姓无处栖身,谁麻烦过您呀?谁敢麻烦您呀?

这笔账,万历不会算不清,但他揣着明白装糊涂,他想为内府开辟一条制度化、机制化、常态化的生财之道。

万历想吃鸡蛋,但不想天天花钱买鸡蛋。他想养鸡,想脱贫,还想致富。

换句话说,从一开始,万历就有私心,这私心酝酿很久,剂量很足。用财迷心窍形容此时的万历,半点也不冤枉他。而且万历的私心没法拿上桌面。真拿上桌面,要用心包装,花枝招展。

对此,黄仁宇的观察可谓直截了当:"制度的管控能力有效,对于收入与开支都控制不力,这也导致了皇帝自我放任。由于公共财政总是混乱无序,皇帝没有自我克制的理由。当万历分遣中官出任税监之时,他甚至有理由认为这是为了攀比官僚的生活。"①

皇帝想有自己的小金库,相对充盈的小金库,比肩臣僚的小金库,能听到金属撞击声的小金库。这边源源不断地花钱,那边源源不断地来钱,取之不尽用之不竭,青山常在,富水长流。

当皇帝不耽误当大款,这就有点儿不拿自己当外人了。

万历认为自己的理由正当而充分:别以为你们这些道貌岸然的王八羔子干的那些好事俺不知道,你们每一天都花天酒地,巧取豪夺,凭什么我就得憋屈在皇宫里过清苦日子?这不公平,更不厚道!

时刻高踞道义制高点的文官集团自然看得透皇帝的私心,他们规劝皇帝的奏章在苦口婆心、不厌其烦摆事实、讲道理、谈危害,同时也表达着自己的不满甚至愤怒。这些不满和愤怒源于皇帝置文官的职守和脸面、职场基本伦理和规则于不顾,转而重用身体、心理、操守和专业素养同时残疾的中官并放任其为非作歹。"坏事儿了吧?我说什么来着?"当民变的消息传到京城,他们的不满和愤怒一再升温,直至沸腾。

---

① [美]黄仁宇:《十六世纪明代中国之财政与税收》,阿风等译,生活·读书·新知三联书店,2007年,第460—461页。

事情明摆着，在包括开矿榷税在内的很多问题上，皇帝和文官集团一直在较劲和斗气。较劲和斗气的结果，是皇帝愈发一意孤行，发威用狠；文官愈发痛心疾首，徒唤奈何。

　　更糟糕的是，皇帝和臣僚都觉得理直气壮。在皇帝看来，你们这些道德模范不是坚决反对开矿榷税吗？我求不动你们，那你们就一边凉快着，俺另起炉灶，俺就不信离开胡屠户就得吃带毛猪。在臣僚们看来，俺们左拦右挡，苦口婆心，还不是为了朱家天下？俺们就纳了闷了，好心当作驴肝肺也就罢了，还纠集一帮宦官公然胡作非为，这不是千方百计把事情搞砸的用心和节奏吗？

　　谁都不想输。谁先败下阵来，谁就丢了面子，外加里子。

　　早在开矿之前，博弈已然启动。万历十二年（1584），屡有奸民建议开矿，皇帝求财心切，蠢蠢欲动。"诸臣力陈其弊，帝虽从之，意怏怏。"①"怏怏"是啥玩意儿？不甘心，不痛快，但没法说出来。

　　万历十六年（1588），某太监去了一趟五台山，回京后唾沫星子横飞，言之凿凿说紫荆关外广昌、灵丘有矿砂，可作银冶。万历大喜过望，跃跃欲试，因大学士申时行等力劝而搁置。两年后，易州百姓周言、张世才旧话重提，说阜平、房山各产矿砂，朝廷应遣官开采。申时行等依然极力反对。反对有效。

　　万历二十年（1592），新情况、新问题摆上皇帝和内阁大臣桌面。这一年，用兵宁夏，费帑金200余万。其冬，用兵朝鲜，首尾八年，费帑金700余万。二十七年（1599），"用兵播州，又费帑金二三百万。三大征踵接，国用大匮。"②

　　"三大征"期间，乾坤两宫失火。万历一咬牙一跺脚，决定与天斗、与地斗、与人斗，甩开膀子干他一票。

　　前文说过，主意是仲春出的。有人反对，反对无效。"给事中程绍言嘉靖

_____

　　①《明史》卷八〇《食货五》。
　　②《明史》卷三〇五《宦官二》。

中采矿，费帑金三万余，得矿银二万八千五百，得不偿失，因罢其役。给事中杨应文继言之。皆不纳。"①

"举个栗子"不好使，"举个核桃"都不行。皇上要"举杠铃"，抓举完了再挺举。

"有司恤民者，罪以阻挠，逮问罢黜。"②隐忍多年，皇帝终于说出心里话。王八吃秤砣，万历铁了心。皇帝上了手段，臣僚们只能背地里摇头叹气。

一如有识之士预料，闹闹腾腾的开矿榷税很快暴露出一大堆问题。于是，马拉松对抗鸣枪起跑，君臣始终在路上。

万历二十四年（1596）十月，都察院左副都御史张养蒙奏"三轻二重"："夫细人之心见利则动，天子之贵岂当患贫？惟陛下有藉大工以实内藏之心，故左右藉京弁以营差，京弁藉左右以罔利，栓成圈套，诳惑圣聪。"

"藉大工以实内藏"，张养蒙直接袭击要害。后半截的话是说，这是一个由孔方兄串起的利益链，一大帮人组团忽悠皇帝按他们的需求出牌。有K出K，没K钓主！关键时刻，扔出王炸听响儿！

话锋一转，张养蒙痛陈信诈忠贪。"陛下细思二十年前，圣意未动之先，何京弁掖珰（宦官，笔者注）无一人一字及矿店等事？乃今连章累奏，指地坐名，其为交结逢迎意亦可见。惟是巧伺之党，实烦有徒，肘刺头钻，靡所不至，必将以小信而饬其大诈，以小忠而济其大贪。"③

万历的脑袋正卡在钱眼儿里。这些话，他一句也听不进去。

听不进信诈忠贪，那就讲本利盈亏。万历二十五年（1597）四月，刑部左侍郎吕坤疏言收拾人心数事，引巡抚马鸣鸾书信说："文家洞近二千人开之三月，止见砂十六眼，银之有无、费之多寡可概知矣。今矿税无利，散民间纳银。民不能支，括库银代解。朝廷得一金，郡县费千金，岂开矿之初

---

① 《明史》卷二三七《赞曰》。
② 《明史》卷八一《食货五》。
③ 《明神宗实录》卷三〇三。

意哉？"①

又是"举个栗子"，算得失账。得失账不能不算。千金散尽，一金复来，这不是不识数、缺心眼吗？

本利盈亏也不好使。皇帝的计算公式是：得一金是一金，与盈亏无涉。

那就讲社稷安危，这个含糊不得。万历三十五年（1607）正月，辽东巡按萧淳请撤税使，"自有税使以来，生命戕于鞭敲，脂膏竭于咀吮，十室九空，诸夷习见。黠者，伺机而启衅；贪者，利货而垂涎。为我民者，病税网之残苛，乐夷法之宽假，或出而输我情形，或入而明作向导。以故，夷房数数大举"。萧淳惊呼："此时即百下蠲税之诏，骈戮貂珰，无益于危亡矣。"②

税收负担国际比较催生了汉奸，这绝对是阶级斗争新动向。国外敌对势力一次次打上门来，后果不可谓不严重。纵然杀尽宦竖，亦于事无补。奈何？

别来这套，俺懂。万历淡定如初。

第八节　乱拳打不死老师傅

比得失账更重要的，是政治账。政治账该由皇帝和内阁来算，皇帝和内阁不想算或者算不清，说明他们装糊涂或者真糊涂。

万历二十六年（1598）七月，吏科给事中吴文灿条上四事，曰开采当停、曰店税当蠲、曰买珠当罢、曰罪臣当释。大略是：

> 四方民穷已极，枵腹悬磬在在，如是宜加休息，而可困以矿务乎？则停之便。畿辅民力已竭，饥馑流离，道路相望，宜加抚循，而可困以店税乎？则蠲之便。买珠之价，动至四十万，及户部执奏仅姑缓进

①②《明神宗实录》卷三〇九。

其半，而尤严续进之旨，非所以明俭德也，则罢之便。曹学程久淹圄圄，诸臣累牍哀请，不啻再三，而了无宽假之期，非所以慎用刑也，则释之便①。

依大意翻译。吴文灿报告四件事，分别是开采当停、店税当蠲、买珠当罢、罪臣当释。他说：天下苍生已经穷透气了，吃不上饭的比比皆是，事情到这一步应该休养生息才对，怎能憋死在矿务啊？还是停了吧。放眼城乡，民力严重衰竭，饥寒交迫，流离失所，道路相望，朝廷本该伸出援手，善加恩恤，怎能因店税加剧困境啊？还是免了吧。购买珠宝很费钱，一出手就是四十万，户部使劲哭穷只是暂缓减半，尔后下旨严令补买另一半，这和以俭养德的祖训相去甚远，还是罢了吧。那些犯颜直谏的铮臣长时间关在大牢里，大臣们一而再再而三求情，可就是看不到任何宽免的希望，这不是慎用刑罚的姿态啊，还是放了他们吧。

吴文灿给出一个"一揽子建议"。

全面检讨，知错改错。谁错谁改，一了百了。

没管事儿。

至此，事情变得诡异、复杂。

摆事实讲道理行不通，那就讲道理摆事实。万历二十六年（1598）九月，益都县知县吴宗尧奏提督矿务太监陈增违旨营私，就是告御状。

臣县令也，不敢越职妄言，惟是剥床及肤，灾尤切近，不得不冒死上陈。原该青州知府范善先乞查勘益都县止有铅砂，绝无银矿，陈增徒以王府所在，市货所聚，服御饮食便于征求，如蚁恋膻，据为窟穴，狼籍城中，日月之费，海吸百川，剥噬所加，席卷一邑，官民有不胜其毒害者，谨据其剥官戕民种种不法事，列状以闻②。

---

① 《明神宗实录》卷三二四。
② 《明神宗实录》卷三二六。

吴宗尧先是自报家门,然后陈述事实,最后提出建议。如此行文,严谨顺畅。

我本区区一枚县令,人微言轻,一向不敢超越职权瞎说八道,无奈某些人盘剥官民过甚,灾难时时发生在身边,不得已冒生命危险跟皇帝说几句实话。睿智而仁厚的皇上啊,您老人家不知道,经原青州知府范善先实地勘查,益都这疙瘩只有铅砂,绝对没有银矿。陈增那王八犊子耀武扬威来到这里,一眼就看上了王府附近的繁华商业区,强行占据为窟穴,狼藉城中。他和他的随从每天每月的花费,如同大海吸纳百川,盘剥吞噬所增加的负担,几乎将小小的益都席卷一空,很多官民无法忍受如此毒害,微臣我谨根据这犊子剥官戕民种种不法事实,写成奏状报告皇上。

至此,说事儿变成骂人,指名道姓,夹枪带棒,也不免添油加醋。

还是没管事儿。

群殴模式启动。万历二十九年(1601)九月,户科都给事中包见捷等上言,声援吴宗尧:"自大工烦兴,矿议蜂起,矿监陈增饕餮为甚,爪牙益张。据知县吴宗尧一揭,则不惟荼毒官民,亦且弁髦明旨,重重横状,不可见闻,事有证据,人有指名,宗尧又岂漫言之乎?臣以为,速赐勘处,并罢开采为便;不然先行撤回,无滋反噬,亦所以重民命也。"[1]

包见捷等旗帜鲜明支持吴宗尧。开矿榷税这档子烂事一经全面铺开,朝野议论从未停息,说得最多、民愤最大的是宦竖陈增。这小子诛求无厌,爪牙嚣张跋扈。从益都知县吴宗尧所揭露的真相中不难看出,陈增所作所为不仅荼毒官民,而且严重背离皇上您的本意,陷您于不仁不义。那么多不法行径,简直骇人听闻,闻所未闻,每件事都有证据,每个人都指名道姓,吴县长岂能无中生有、胡说八道?我等斗胆恳求皇上,赶紧选派得力大臣组成专案组,现场查勘,依法依规严肃处理,立即叫停采矿。实在不行也要把那犊子先整回来,别让他再给朝廷添乱裹腻、无滋反噬了,这也算皇

①《明神宗实录》卷三二六。

帝尊重民意、体恤民生啊。

皇上终于开恩说话："开采矿务，原为足国惜民，陈增何不叩体始勤，终怠姑着策励供职，其原奏及差委如假公济私，严行禁约，参奏处治。倘庇护不悛，一并从重究处。"①

爱卿们啊，朕强力推进采矿，初衷是足国惜民，这没啥可质疑的吧？陈增那愣头青工作方法简单，急于求成，触及一些矛盾，差事办得略显毛糙，确实不大应该。你们看这样好不好，再观察他一段时间，如果真像谁谁说的那样有假公济私行径，一定严肃处治。如果有谁庇护不悛，也一并从重究处，打他一个万朵桃花开。

足国惜民，是为自己说话。策励供职，是帮陈增们说话。参奏处治、一并究处，是给大臣们找台阶。

皇帝的意思很清楚：别吵吵，集中精力，排除阻力，加足马力，继续努力。

有人不甘心就此罢手。给事中郝敬具言："开采不罢，则陛下之明旨不过为愚弄臣民之虚文耳，奈何宦竖辈不弁髦视之。乞先行停止，然后以宗尧所奏，令府按一体查勘，以正陈增之罪。"②

郝给事中的意思很明白，文字游戏是糊弄鬼的，我们不是鬼，还是整点真格的吧。皇上啊，开采不叫停，您老人家这些话不过是忽悠臣僚和百姓的假招子，那帮宦竖指定不当回事儿，他们连正眼都懒得看。还是先叫停采矿，再依吴县长所奏，严令府按官员亲临现场查勘，还原真相，给陈增定罪更妥帖一些。

万历拿出九级泥瓦匠的看家本领，把耐心和怒火搅和成一摊稀泥："陈增还着遵奉敕内事理，洁己奉公，严禁下人，毋得自干法典。吴宗尧借言官守奏，揭狂逞显是要名，姑且不究。"③

你们传我的话给陈增，让他遵纪守法，廉洁奉公，管好属下，不准瞎嘚瑟。还有那个吴宗尧，借言官之口，揭狂逞显，是刷存在感，沽名钓誉，念其

---

①②③《明神宗实录》卷三二六。

出于至诚,也没造成重大损失,姑且不予追究。以后说话办事稳重些,别毛手毛脚的。

陈增们,老实点儿! 吴宗尧们,注意点儿!

显然,万历有些不耐烦。他不想听臣僚们翻过来倒过去嘚嘚同一件破事儿。

本想轮番上阵,乱拳打死老师傅的官员们蓦然发现,事情远比想象中复杂、棘手、诡异和难缠。他们知道自己选错了对象,也知道皇帝不想对太监下手,但他们中的绝大多数不敢调转枪口,直接挑战皇上,这难度有点大,投鼠忌器。

真正的老师傅是万历。这位"老师傅"的最大特点是定力足、一根筋,你有千条妙计,我有一定之规,说出天花来,我也不上你的道。我不上你的道,你的道就不是道。你上了我的道,你就没有别的道。只剩一条道,咱就一直走到黑。

更糟糕的是,定力足的"老师傅"始终站在权力的制高点俯瞰庙堂,他支持臣下的立场和观点,臣下就是忠忧体国;他反对臣下的立场和观点,臣下就可能是危言祸国;他不吭气,臣下就摸不到脉,找不到方向。

合作,蜕变成博弈。不平等博弈。零和博弈。

不能妥协,不能低头,不能偃旗息鼓,也不能直接对抗,激烈冲突,只能僵持。僵持是等待时机,僵持是寻求变数,僵持是以时间换空间。

一边很任性,一边有韧性。

坚持就是胜利,不管谁胜利。

第九节　做思想工作,我们曾经很专业

为说服万历,臣僚们很是动了一番心思。

山西巡抚魏允贞的办法是拿天象忽悠皇上。"方今水旱告灾,天鸣地

震，星流气射，四方日报。中外军兴，百姓困敝。而嗜利小人，借开采以肆饕餮。倘衅由中作，则矿夫冗役为祸尤烈。至是而后，求投珠抵璧之说用之晚矣。"[1]

魏巡抚说的"星流"就是流星，"气射"是太白气贯日月。"投珠抵璧"是典故，用于形容气度和美德。相传尧舜不贪财货，曾投珠于渊、抵璧于山。

拿自然天象规劝皇帝，是前朝和当朝大臣们的通行做法。那个时代的官产学媒，坚信某些异常或异动天象是上天的示警讯号，如果皇帝对这些讯号不以为然或处置不当，必将遭到天谴。天谴的一般方式，是免费送你五毛钱天灾，再混搭两毛钱人祸。这是道德审判，也是经济处罚。上天很生气，后果很严重。

这就很有威慑力和欺骗性。我们看刀光剑影、祸起萧墙的宫廷戏，一旦哪个大臣拿"微臣夜观天象"当话引子，任性指数再高的皇帝也要正襟危坐，谦恭而茫然地认真倾听，并寻求悔罪改过的破解之道。

倒不全是吓唬皇帝，对因果报应和谶纬之类的玄妙理论，大臣们同样深信不疑，因而拿天象说事儿一般情况下很好使。但这回，不属一般情况，因而不好使。

万历的意思很清楚：有钱才是硬道理。说天象说气度说美德，能说来钱吗？能说来钱我啥话不说，说不来钱你们还说啥？别磨叽，天象气度美德屁用没有。

河南巡抚姚思仁的手法是进《开采图说》。《开采图说》就是"小人书"，相当于当今社会的新闻图片＋记者调查。图说策划者和施工者潜入现场，"咔嚓"一张，"咔嚓"又一张，全景＋特写，凑成一组，附文字说明，时间地点人物事件，新闻要素齐全，有图有真相。开采图说是画作，总体写实，大概也不排除某种程度的艺术提炼。毕竟，艺术讲表现力和感染力。

这事发生在万历二十六年（1598）四月。"开采之役利不胜害，得不偿失，河雒之民溺河缢树，刎颈断指之状，皇上目不得而见也；鬻妻卖子，哀

---

[1]《明史》卷八一《食货五》。

号痛哭之声，皇上耳不得而闻也。臣谨以巡历所睹记者付之画工，谬立标题，攒附贴说，自发帑救荒以至福寿齐嵩。共列二十四幅，每幅必模拟情境，指被害者之姓名，然亦挂一漏万，有说之所不能尽绘之，所不能描者。乞皇上万几之暇，留神披览，停罢采取，召还遣官。"①

图，流着泪；话，滴着血。真实的艺术＋艺术的真实，不信你不上道儿。

溺河缢树、刎颈断指之状，鬻妻卖子、哀号痛哭之声，混合成一部高度写实的灾难大片，催泪效果自然没的说。

姚巡抚的《开采图说》让笔者想到《铁泪图》。

万历二十二年（1594）河南爆发大饥荒，刑科给事中杨东明上呈《饥民图说》。稍后，以钦差大臣身份前往河南督理荒政的钟化民编绘《救荒图说》18 图进呈皇上。

与报灾相关的亚型往前可追溯到北宋熙宁七年（1074）郑侠所作《流民图》，此图"但经眼目，已可泣涕"。此图因影响太大，后文还将提及。吊诡的是，用流民图攻击王安石变法，起因和动机、路径和手法、反响和后果让人摇头扼腕。

政见之争，形同泾渭，势若水火。泾渭可以合流，水火不能相容。

孰是孰非，不好简单评判。郑侠为民请命，没啥不对。王安石心系社稷，也没啥不对。用时下的语式表述，最大的问题有两个，一是信息不对称，二是评价体系和评价方式不在同一频道。差哪儿了呢？只有放在当时的政治社会生态和利益链条中立体观察，才会有中肯客观、经得起推敲和检验的结论。

横看成岭侧成峰，远近高低各不同。

也有相同点：先入为主，有罪推定；道德绑架，一口咬定。

双方都被对方认定为小人，君子之争悄然变味儿，方法论被置换成世界观。

其后仿而效之者有明万历四十三年（1615）山东诸城举人陈其猷所上

---

①《明神宗实录》卷三二一。

《流民图》、清康熙二十一年（1682）蒋伊呈奏《流民十二图》等。

此类图册，有一个形象化的统称：铁泪图。

与勘灾相关的铁泪图亚型有《南召县被水灾图》《京师城外被灾图》[均为清光绪十六年（1890）绘本]《裕州拐河镇等处勘验水灾图》[清光绪三十四年（1908）绘本]等。

此类图册，或为彩色，或为单色，采用形象画法，反映被水地区受灾情况，并贴签标明受灾户口、房屋损毁间数以及淹死人数等。图画和贴说互为补充，有鸟瞰，有细节。一图在手，灾情大势一目了然。

务实而智慧的基层胥吏报灾手法不断创新。据董煟《救荒活民书》载，宋苏次参担任澧阳司户，适值安乡县大涝，为防止抄札不公，"令典押将县图逐乡抹出，全涝者用绿，半涝者用青，无水之乡用黄，不以示人。又令乡司抹麦参合，方请乡耆逐乡为图，复以青绿黄色别其村分，出图参验。故不检涝而可知分数。"

据说苏次参这路数是目前所见有关勘灾图的最早描述，或为此类图册的滥觞，至清代已成为地方官呈报勘灾结果的重要载体之一。

这种手法，沿用至今。中央电视台的气象预报，常以色彩、图标、预警响应等级和动漫预报极端天气。这是全球通用的话语体系之一。

至清道光末年，上述形式的"铁泪图"转化为各类民办或官绅联合救灾组织宣传灾情的传单，也是激发仕宦商富或非灾区民众向善行善的媒介。据游子安考证，道光二十九年（1849）江南水灾，余治著《水淹铁泪图》24帧，募资助赈；后因太平天国战争，余治绘《江南铁泪图》42帧，赴江北募赈，劝济江南流离难民。光绪初年华北五省大旱，江浙义赈同仁谢家福、郑观应等效仿《江南铁泪图》刊发《河南奇荒铁泪图》，并陆续刊布《中州福幼图》《仳离啜泣图》《晋赈福报图》《天河水灾图》等劝捐筹赈，盛宣怀的《雁塔题名》亦属此类。

就对象而言，郑侠、杨东明等《流民图》或《饥民图说》仅供身居内宫的"九五之尊"披览，余治等人的《铁泪图》则主要针对不能识字通文的"野老村夫、妇人孺子"，其劝赈范围更广，也更容易打动人心。

据说,《河南奇荒铁泪图》流传到英国,并由设立在伦敦的中国饥荒救济基金委员会将说明文字翻译成英文,大量印刷。同类劝捐图册,还有《直省天河两属水灾图》《推广水灾救命捐图册》《水灾图》《山东灾民图说》《畿辅拯溺全图》《江南北水灾流民图》《图画灾民录》等。光绪十三年(1887)由上海宝善堂刊印的《水灾图》,封面题字"仁人君子重刻广传,互相儆劝,功德无边;人皆迁善,诚可格天,刀兵水旱,庶乎免焉"。书末附黑体大字"睄你不存良心"。

　　不知万历是不是看到了开采图说,只知他立场坚定,旗帜鲜明。姚思仁不敢附黑体大字"睄你不存良心",但他的确没看到皇帝的良心。

　　铁泪图不管事儿。因为皇帝铁了心。

　　自以为时刻坚守道德和真理高地、最有资格和本事教化别人、做思想政治工作最专业的文武百官遗憾而沮丧地发现,更有资格和本事教化别人的皇帝根本不吃这一套。这让他们一筹莫展,欲哭无泪,欲辩无言。

　　西谚说,你永远不能唤醒一个装睡的人。万历不是装睡的人,他有时呼呼大睡,有时直挺挺仰在床上凝视天花板。不管是睡去还是醒来,他的房门始终森严、落寞地关着,连一只苍蝇也飞不进去。

　　这就让事情变得极其简单,又极其复杂。

第十节　谁也不服输,谁也别想赢

　　铁了心的皇帝不服输,寒了心的臣僚也不服输。这叫杠上了。

　　谁都不服输的另一种解释,是谁都别想赢。这叫一损俱损。

　　为啥不能赢?风向不对,博弈方式不对。风从庙堂来。万历中后期的朝堂不时吹拂怪异的阴风,闪动诡谲的鬼火。由于皇帝拒绝和臣僚合作,也拒绝和臣僚过招儿,君权和相权(其实无相,只有内阁辅臣)维持一种残缺、畸形、固化、一边倒的平衡。这很不着调,远非积极和健康态势。用今天的外交术语说，皇帝的手法极不专业，也不具有建设性。

这是一张跷跷板，一端落在地上，另一端悬在空中，此不消彼不长，定格。

皇帝拒绝与官僚们合作，是万历朝独有的政治生态。有研究者指出，个中原因简单而复杂。

第一，皇帝一再受挫于官吏，屈从他们的意愿，于是心怀怨愤，以不合作报复文官集团。

第二，当他满足于让政府的许多部门在人员配备过少和无领导人的情况下竭力支持时，他显然把所有那些与积累财富有关的文官机构排除在这种处置之外。

第三，他满足于让人员减少，是因为没有付给那些不值一谈的官僚的薪俸可以转入他的内库。

上述定论或许以偏概全，但疏远文官、重用太监激化了两股政治力量的矛盾则毫无疑义。

初始意义上的太监，只是以特别手段根除特别风险的特别杂役。说其"特别"，是因为这个人群以皇帝和后妃为服务对象，以皇宫为毕生职场。定性为"杂役"，是因为这个人群承担皇家衣食住行所有事务，集管家、奴仆和秘书多重职能于一身。上得了朝堂，下得了厨房，扫得净茅房，守得住库房，当得好账房，是他们永无止境的修为和功课。作为最卑微者，在直接、反复、无条件承受最高贵者辗轧的年年岁岁、日日夜夜，他们完全丧失自由和尊严，还有性别和家庭。

后来，权力争夺大戏开场，置身于特殊而无法替代场景中的太监个体或者群体，往往成为皇帝、文官集团、军队和外戚等各色政治力量团结、统战和利用的对象，甚至集结成独立政治力量介入争斗。这样的事例不绝于史，太监流芳千古和遗臭万年都不鲜见。当然，更多的太监只是挣扎在历史暗角中的可怜人。

太监不研究家政服务而研究权术和兵法，时常会引发其他政治力量的强力抵触和无情打压。这个"其他政治力量"很多时候是文官集团，原因很简单:太监的手从家政伸向朝堂,从皇宫伸向江湖,动的是文官的奶酪。这让文官丢面子,也丢里子。

面子是被截和儿,里子是点炮儿。越背气越憋屈,越憋屈越背气。

冰冻三尺非一日之寒。大风降温加剧一日之寒。万历派遣太监到各省任税使和矿监,就是大风降温,太监和文官的矛盾由此进一步加剧并显性化。

万历年间,皇帝委派太监监督和主持各省行政事务几成惯例。由中使接管行政事务,降文官为事实上的属员,使简单问题复杂化,使原本顺畅的运转机制变得坑坑洼洼、疙疙瘩瘩。

起初,太监和文官表面上还算相安无事,虽然内心里不约而同地默念"井水不犯河水"和"竖子不足与谋"等古训。随着开矿榷税范围逐渐扩大,太监权势逐渐膨胀,他们与当地文官政府正常职责的冲突不可避免且愈演愈烈、难以调和。激化到某个临界点,就以硬碰硬,以暴制暴,用实力、昏招儿和板砖儿说话。

客客气气——虚与委蛇——磕磕碰碰——稀里哗啦。文官和太监的关系,大体这样演绎。力道越来越强,方向始终如一:没有最糟,只有更糟。

在太监眼里,文官在赋税管理方面经常以马虎、无能、腐败和墨守成规著称,他们习惯于循例掌控收支,不谙精细管理和堵漏增收之道。为了保持一个稳定且宽松的赋税基数,他们总是习惯性预留一定幅度的征税弹性。所谓"弹性",就是后手,就是把鸡蛋存在鸡窝里,就是卯吃寅粮。这是护官符,也是潜规则。

在几乎整个文官集团和部分武官眼里,太监很少受到文化训练,漠视贫民疾苦,不懂人情世故,可能因生理缺陷引发心理缺陷,行事风格偏激阴暗,不按常理出牌,容易激化社会矛盾。太监和文官平起平坐、越俎代庖,已经严重轻慢了文官,太监骑在文官头上、以俎欺庖,则无异于无情侮辱了文官。

而且,就处事圆融度而言,文官善于两头躲、两头堵,而太监只会一根筋。

一根筋的太监们没有能力、没有办法把官僚们办不太好也办不太坏的事情办好，相反还办得更坏。这就好比一辆马车，由文官操控时缓如羸牛，吱吱呀呀，走走停停，由太监操控则疾如惊马，风驰电掣，直入泥潭。

这不仅遭人嫉恨，还授人以柄。

太监鸠占鹊巢，深度介入开矿、征税事务，通常把地方上的恶棍和投机分子搜罗到管理者和执法者队伍中，矿税实际上异化成一种由公权和私心联袂演出的政府敲诈、大偷小摸。

极端的事例是太监们威胁在房屋和祖坟下挖地采矿，向业主勒索报酬。这样的手法连巧取都算不上，只能算豪夺，与劫匪无异。

太监们的活动由此受到文官、中下层军官的反感和阻挠，引发很多城市骚乱事件。李三才、冯应京、贺世勋、李鸿等与太监的冲突就是例证。

太监主导下的开矿权税以朝廷脸面和信誉的极大损失为代价，只带来极少的收入，却导致一系列严重后果：

第一，整个社会价值观扭曲。"由是卑秩冗僚，下至市井黠桀，奋起言利。而珰使四出，毒流海内，民不聊生。"①金灿灿的指挥棒，让包括官员胥吏在内的社会成员两眼放绿光。

第二，部分矿企倒闭，困境中的矿工沦为盗匪，常年以打家劫舍为业，成为社会不稳定因素。困境突围的方式有一万种，为盗为匪无疑是最卑劣的一种。靠打劫致富确实来得容易来得快，逼他人返贫同样容易同样快。这是互虐模式。

第三，文官的工作和仕途陷入危机。地方上的施政能力和治理效果很大程度上取决于地方长官的政治品格。在制止地方士绅对民众的剥削时，地方官经常被迫单独行动。随着党派政治成型，行政机关的自信动摇，怀疑和不相信情绪迅速且不可逆转地蔓延到低层行政机构。他们的美德很少被上峰认可，他们的刚毅得不到朝廷支持。他们迷茫、孤独、焦虑，变身愤青。

---

①《明史》卷二三七《赞曰》。

第四,诱发内阁和地方政府的矛盾。比如同僚们认为,大学士沈一贯履职无能,敦促、劝诫皇帝不力,这些不满情绪渐渐演变成上纲上线的道德批判和人品责骂,甚至派系缠斗。

皇帝有病,给大臣开药。有病的继续有病,没病的吃出了病。

以社会治理体系和治理能力评价,开矿榷税全方位激发了社会矛盾,其负面影响远远超出税收范畴。

《剑桥中国明代史》认为,开矿榷税直接导致明朝统治能力衰落。"一个其公开承认的目的是保存农村村社单纯性的相对松散的政府,是没有能力应付新的时代的难题的。"①

进过《铁泪图》的河南巡抚姚思仁概括说:"开采之弊,大可虑者有八。矿盗哨聚,易于招乱,一也。矿头累极,势成土崩,二也。矿夫残害,逼迫流亡,三也。雇民粮缺,饥饿噪呼,四也。矿洞遍开,无益浪费,五也。矿砂银少,强科民买,六也。民皆开矿,农桑失业,七也。奏官强横,淫刑激变,八也。今矿头以赔累死,平民以逼买死,矿夫以倾压死,以争斗死。及今不止,虽倾府库之藏,竭天下之力,亦无济于存亡矣。"②

安全、维稳、生态、环保、民生……事儿,真的大了。

第十一节 熊孩子是怎样练成的

明神宗朱翊钧是明朝在位时间最长,个人性格、理政风格和治国成就起伏最大,后世争议最多的一个皇帝。

传统的历史学家一向把万历统治时期(1573—1620)的中段看作明

---

① [美]牟复礼、[英]崔瑞德编:《剑桥中国明代史》,张书生等译,中国社会科学出版社,1992年,第596页。
②《明史》卷八一《食货五》。

帝国的转折点，王朝局面由此变得难以维持，不可逆转地滑向崩溃。此间的标志性事件开矿榷税被视作历时最久、为祸最烈的弊政，口诛笔伐400年。

万历本来是好孩子、三好学生。

被册立为太子后，万历立马"出阁讲学"，一刻也没耽误。他的"东宫辅导"高仪、张四维、余有丁、马自强、沈鲤、许国，绝对顶级配置，豪华阵容，才高学富，名满天下。

皇家干事，有资源，会开发资源，也善于调动资源，舍得利用资源。

两个月后，万历登基，他的学业被当作帝国头等大事。首辅张居正亲兼帝师，亲手编写教材，精选历代帝王"善可为德"事例81条、"恶可为戒"事例36条，每条由简短文字、精美插图和正史原文组成，循唐太宗"以史为鉴"之意取名《帝鉴图说》。张居正明明白白地教导小皇帝："视其善者，取以为师，从之如不及；视其恶者，用以为戒，畏之如探汤。每兴一念，行一事，即稽古以验今，因人而自考。"

这完完全全是按照好孩子标准要求、培养和磨砺万历。

万历很靠谱，多年无怨无悔，精准运行在元辅张先生设定的品学兼优轨道上：学文史知识，学治国理政本领，做好孩子，做好皇帝。

13岁那年，他给自己写下座右铭：谨天成，任贤能，亲近臣，远嬖佞，明赏罚，谨出入，慎起居，节饮食，收放心，存敬畏，纳忠言，节财用。

不能不说，此时的万历踌躇满志，自省、自律、自励、自强意识溢于言表。

皇帝术业精进，帝国改革发展大业也蹄疾步稳，不乏建树。势头很好，不是一般的好，也不是一时、一域的好。

这一时期君臣的耕作和收获，被后世称作"万历新政"。期间可圈可点的事情很多，可悲可叹的事情也很多。从税收视角观察，张居正以清丈田粮为基础，强力推行"一条鞭法"，开赋税与徭役货币化征收之先河，堪称重大历史性贡献。这份历史贡献属于张居正，也属于万历。

《明实录》说，经过开源节流，中央政府仓库存粮几年都吃不完，库银积余四百万两。

遗憾的是,万历后来还是沦落为"熊孩子"。

从好孩子到熊孩子,万历摇摆、挣扎了十年。这是自毁改革成果的十年,也是自毁个人形象的十年。

祸患的种子,从一定意义上说是张居正不经意种下的,因为他太强了,太能了,太拼了,太有理想了,太有抱负了,太有担当了,太把自己当回事儿了,太不把别人当回事儿了。

"一切付之于大公,虚心鉴物,正己肃下。法所宜加,贵近不宥;才有可用,孤远不遗。务在强公室,杜私门,省议论,核名实,以尊主庇民,率作兴事。"这是张居正的宣言、誓言。

张居正身上少有温良恭俭让的气质,少有仁恕的精神,时时处处都是咄咄逼人的严刑峻法,讲究权术与谋略,甚至在权力斗争中堂而皇之地玩弄阴谋诡计,手法十分老练圆熟,可以置脸面于不顾,可以对言官的弹劾、舆论的非难,熟视无睹。

他是一棵参天大树,遮蔽了烈日,也留下了阴影。

他是一袭凌厉秋风,吹熟了五谷,也飘零了败叶。

万历沦为熊孩子之后,张居正也因"专权乱政"和"谋国不忠"惨遭清算。个中因果,发人深思。

乱政、不忠是"欲加之罪",专权、谋国则毫无疑问。把这几个词貌似轻松随意地拼装在一起,这等心智和手法,是万历跟张居正学的。同时学来的,还有坚韧顽强、处变不惊。用这些货色打底,万历创造性地调整和丰富张居正的治国理念和领导艺术,渐入"无我"和"无为"佳境。

折磨下属,考验下属,在折磨中考验下属,是领导艺术的最高境界。

或许,张居正算不上好老师,但万历确实是好学生。

好学生最初的标准是懂事、听话。从隆庆六年(1572)六月初十万历登基到万历十年(1582)六月二十张居正病逝,整整十年,小皇帝时时事事仰赖张居正,对他充满依赖和敬畏。这十年,是小皇帝奋发图强的十年。

慈圣皇太后全力配合首辅,对皇帝儿子严加管束,动辄威吓:"使张先生闻,奈何!"

让张先生知道了,我看你怎么办?

"再不老老实实睡觉,大马猴来了!"

两句话是不是很像?张居正和大马猴一样吓人,未必是好事儿。

时人的评价更耐人寻味:"(这一时期)宫府一体,百辟从风,相权之重,本朝罕俪,部臣拱手受成,比于威君严父,又有加焉。"①

连张居正自己也不掩饰自傲和自豪:"我非相,乃摄也。"

摄者,代帝摄政也,无冕之王也。

有一副下属送的拍马屁对联很能说明张居正的威武:

日月并明,万国仰大明天子;

丘山为岳,四方颂太岳相公。

居正号太岳。中国对联以下联为重,以岳对明,以太岳相公对大明天子,咂摸咂摸,是不是玩得有点"过"?

还有更"过"的。一次,万历在执事太监孙海、客用诱导下,醉酒佩剑夜游,打伤两名小太监。慈圣皇太后闻讯大为恼怒,扬言另立新君。万历惊慌失措,跪地求饶。太后拿出《汉书》,翻到《霍光传》扔给万历:天下大器并不是你一个人可以继承的!万历大骇,发誓改邪归正。张居正代皇帝写罪己诏,措辞抑损,万历的自尊心大受伤害。那年,他18岁。

霍光干过一件很少有人敢干、能干的大事:换皇帝。

万历的心理阴影面积一定不小。这一阴影,盘踞多年,挥之不去。每遇极端天气,就电闪雷鸣吓唬他一把。

如果评选明代最杰出的政治家,排行榜第一名非张居正莫属。如果评选明代最杰出的官僚,前三甲分别是徐阶、申时行、张居正。

万历是幸运的,因为身边有牛人,自己也罩进牛人的光环。发现自己

①(明)沈德符:《万历野获编》卷九《阁部重轻》。

154

幸运的万历非常努力。万历是不幸的,因为身边牛人太牛,自己始终在阴影下。发现自己不幸的万历严重郁闷。

在杰出政治家、杰出官僚的辅佐和激励下,万历瞄准尧舜之君的目标,走起。一开始,他干得很好。后来,还算将就。再后来,就弄哗啦了。耗到最后,一失手,"啪嚓",稀碎。

转折发生在万历十五年(1587)前后。从这一年起,万历就不怎么上朝了,渐渐地,他怠政的理由从"偶有微疾"变成"头昏眼黑,力乏不兴"。

俗话说,越待越懒,越吃越馋。皇帝也一样。

几十年的艰难曲折、腥风血雨,可以拍几百集电视连续剧。高拱、张居正、申时行、李成梁、东林党、朝鲜、倭寇、三大征、萨尔浒、太子、贵妃、争国本、打闷棍……许许多多的人、许许多多的事搅和过来,搅和过去,万历倦了,累了,烦了。

把冲年即位、励精图治那十年和晏处深宫、万事不理那近三十年叠放在一起,我们会发现万历判若两人。他不是一个平庸之辈,几十年"魁柄独特",靠的是操权有术的掌控能力。亲手将皇朝推向绝境,加快其终结的历史进程,说明他没有太祖、成祖的雄才大略。

从热血沸腾、意盈志满、励精图治到心灰意懒、孤寂冷漠、一意孤行,万历皇帝的变化是如此巨大,如此彻底。曾经,他进行过抗争,后不得不选择妥协;曾经,他也战胜过别人的抗争,斩获了别人的妥协。然而,最终他没有成为胜利者,也无奈成为一个牺牲品。

第十二节　民无能名曰神:神!

让我们回到开矿榷税,回到神宗。万历三十年(1602)五月,神宗得了一场病。缠绵病榻,不禁万念俱灰。

见证奇迹的时刻到了。神宗召首辅沈一贯到后殿，长叹一声说："矿税因大工权宜，今宜传谕，及各处织造，陶器具停。"①

借用贺岁片《甲方乙方》的经典台词：让那些大骡子大马都歇了吧。

沈一贯喜出望外，一溜小跑回到内阁，立马拟旨，庆幸多年苦谏终有效果。

见证奇怪的时刻到了。第二天，神宗康复如初，派20多个宦官到内阁追索前旨。皇帝反悔，剧情反转。

万历知道矿使税监祸国殃民，但他不想改。

沈一贯知道万历一贯不想改，但他没招儿。

改变发生在万历四十八年（1620）。是年七月，万历驾崩，朝廷颁遗诏称"朕以冲龄，缵承大统，君临海内，四十八载于兹，享国最长，夫复何憾！"遗诏承认"矿税烦兴，征调四出，民生日蹙，边衅渐开。夙夜思维，不胜追悔。方图改辄嘉与，天下维新，而遭疾弥留，殆不可起。盖愆补过，见赖后人"，明确表态"建言废弃及矿税诖误诸臣，酌量启用。一切榷税，并新增织造、烧造等项，悉皆停止"②。

一个时代谢幕。不情愿，不得已。任你如何坚毅顽强，任你如何依依不舍，在自然规律面前，所有人都无能为力。

不管是不是亲笔，是不是本意，万历总算骂了自己一次，至少算是检讨。哦，是两次，当年元辅张先生替他写过罪己诏。

民生日蹙，边衅渐开。夙夜思维，不胜追悔。盖愆补过，见赖后人。诖误诸臣，酌量启用。一切榷税，悉皆停止。一枚蒸不熟煮不烂踩不扁碾不碎的铜豌豆，能说出这等软话，着实不易。这是在打死人的脸。打死人的脸更残酷。

人之将死，其言也善。

万历死后，庙号神宗。

---

① （明）谈迁：《国榷》卷三四。
② 《明神宗实录》卷五九六。

谥法表说：民无能名曰神。谁也说不出叫什么好就叫他神好了，这等敷衍这等通达这等机巧本来就很神。

中国历代君王获此谥号的只有三位：宋神宗、西夏神宗和明神宗。由于西夏这位没挤进《我国历代纪元表》，被正统认可的神宗只有两位。

宋神宗赵顼（1048—1085）是北宋第六任皇帝，1068—1085 年在位。因不满疲弱政治，支持王安石开启熙宁变法，以失败告终。试图灭夏，大破夏军于庆阳，掠地两千里。后永乐城之战惨败。于元丰八年（1085）饮恨而殁，享年三十八岁。

和明神宗一样，宋神宗曾经豪情万丈。

和明神宗的豪情被张居正点燃略有不同，宋神宗的豪情是他本人和王安石一同点燃的。

在改变积贫积弱局面，摆脱统治危机这一大目标上，宋神宗和王安石一拍即合，十分投契。

在王安石看来，北宋贫弱，症结不在流，而在源，不在开支过大，而在生产过少。生产少则民不富，民不富则国不强。而民贫之成因：一是兼并之家"侵牟"和"蚕食细民"；二是政府徭役过重，屡误农时。王安石的对策是"因天下之力以生产天下之财"，即动员所有劳动力从事生产，繁荣社会经济。同时"摧制兼并"，减免徭役，耕敛时节予以补助，并"为之修其水土之利"。神宗高度赞赏王安石这些主张，于 1069 年任命王安石为参知政事，主持变法。

王安石推行一系列政策、措施，调整封建国家、地主和农民关系，发展生产，巩固封建统治秩序，整顿和加强军队，改革科举制度，整顿太学。

"一系列政策、措施"包括青苗法、农田水利法、免役法、市易法、方田均税法、均输法、保甲法、保马法、将兵法、设军器监。

因触动社会精英的既得利益，变法从一开始就遭到守旧派激烈而顽强的反对。他们拿日食、地震等自然界反常现象和严重水灾旱灾说事儿，言之凿凿指证变法违背天意，公然背离祖宗之法，以致思想混乱、天怒人怨。王安石以"天变不足畏，人言不足恤，祖宗之法不足守"防守反击，暂时抢占上风。

大官僚、大地主和大商人自然不甘心失败，每一项新法都在急赤白脸的斗争中艰难推行，围绕青苗、保甲、免役等法的博弈更是你死我活。变法起始阶段，神宗支持王安石，后渐渐动摇，直至怀疑、否定。1074年，王安石第一次罢相，次年复职，1076年第二次罢相。此后，青苗法、免役法等陆续废止。神宗死后，司马光任宰相，废除新法。

王安石变法为我们立体观察大宋权力场的世道人心提供了一个真切而生动的范本。王安石和司马光这两个最具人格精神的旷世文豪以变法为战场，展开惊心动魄的巅峰对决，因史学巨著《资治通鉴》彪炳史册的著名政治家、史学家、散文家司马光由此荣获"保守派精神领袖"的桂冠。同一时期的政治家、文学家、史学家和诗人欧阳修，文学家苏轼、苏辙，被《宋史》列入《奸臣传》的变法二号人物吕惠卿，同样被《宋史》列入《奸臣传》的曾布，奉旨使辽、因拒绝割地名声大噪的富弼，嘉祐年间宰相韩琦，与吕公著、司马光等并称"元祐党人"的文彦博，都拿出自创脚本走上历史舞台。

天灾扳倒了王安石。"但经眼目，已可泣涕"的郑侠版《流民图》摆上皇帝御案，神宗哭得稀里哗啦，救民于水火的使命感陡然涨满胸怀。

走到这一步，神宗和王安石都明白，除了互道一声珍重，别的都不能说，也不用说了。

明神宗和拗相公心照不宣，同时行动。在措辞极其委婉、行文极其标准的称病告退体文书《乞解机务札子》中，王安石强忍内心悲愤，以言不由衷的一堆假话，竭力保全自己和皇家的最后一丝脸面。

> 臣以羁旅之孤，蒙恩收录，待罪东府，于今四年。方陛下有所变更之初，内外大小纷然，臣实任其罪戾，非赖至明辨查，臣宜诛斥久矣。在臣所当图报，岂敢复有二心？徒以今年以来，疾病浸加，不任劳剧。……虽欲强勉以从事须臾，势所不能，然后敢干天威，乞解机务。窃以谓陛下天地父母，宜垂矜怜……

与王安石的辞职信相比,神宗的《罪己诏》直接得多。

朕涉道日浅,暗于政治,政失厥中,以干阴阳之和。乃自冬迄今,旱暵为虐,四海之内,被灾者广。间诏有司,损常膳,避正殿,冀以塞责消变,历日滋久,未蒙休应。嗷嗷下民,大命近止,中夜以兴,震悸靡宁,永惟其咎,未知攸出。

……听纳不得于理欤?狱讼非其情欤?赋敛失其节欤?忠谋谠言郁于上闻,而阿谀壅蔽以成其私者众欤?

《罪己诏》用词凌厉,暗藏机锋,表面上罪己,实际上罪王安石,罪新政。对不住,这个锅,只能你背了。

轰轰烈烈开局,虎头蛇尾收场。一切都回到原点,除了人心。

西夏神宗李遵顼(1163—1226),"端重明粹,少力学,长博通群书,工隶篆。"1211年废襄宗自立,改元光定,全盘承继襄宗自取灭亡的政策,发兵侵金,遭金宣宗痛击。西夏军不断战败,激起遵顼的野心和战欲,致民怨四起,国势陡降。1223年传位于子李德旺,为西夏唯一太上皇。

三位神宗,略有相同之处。宋神宗支持王安石变法,明神宗重用张居正推行新政,前者失败,后者取得阶段性成果,考成法很快被废除,一条鞭法成功推行,影响深远,为清摊丁入地奠定基础。宋和西夏有交集,宋神宗和西夏开战,先胜后败;明神宗三大征踵接,能来能战能胜,最大成果是赶走日本鬼子;西夏神宗用兵,屡战屡败。西夏神宗的皇位,是抢过来的,也是让出去的。

比较而言,万历成功指数最高。

三位神宗最大的相同点:都是熊孩子。

民无能名曰神。神!

第四章

大国安危：谁的长剑谁的犁

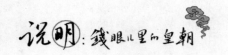

第一节　舞弯刀还是荷木犁，这是个问题

"狼来了"的故事是恶作剧，即使狼真的来了却未必真的想吃人，真的敢吃人，真的能吃人。不管是秀肌肉、亮剑，还是叫板、骂阵，说穿了只是拉开一个架势而已，和大打出手、一剑封喉、你死我活隔着八百竿子远。

军事历来是最绝情的政治手段，最诡异的政治手段，最显露杀机的政治手段，最接近和平的政治手段。

政治家玩军事，手法很多，其中一种叫恐吓，也就是欺负人不手软、吓死人不偿命。古往今来，这手法被复制了千百回，效果那是出奇得好，"一吓而屈人之兵"的战例不绝于史。

当然，这要借助一个前提：足够先进，足够强大。

弱者有时也玩这把戏。不同的是，在伸出拳头那一刻，弱者的心和腿会不由自主地哆嗦。弱者的把戏有一个直截了当的称谓：玩命。凡是拿生命作赌注的，未必感天动地、精彩绝伦，但一定慷慨悲壮、惊心动魄。

战争拼的是实力，实力这东西直接等于话语权。掌握话语权的大国，不需要说话，咳嗽一声就好使。很多时候，在别人门前走两步，效果往往比把别人摁到地上臭扁一通还要好。

验证实力，要靠对比，对比要找准参照物。和自己比，比昨天强，说明你在成长、进步；和别人比，无悬念、压倒性胜出，说明你胳膊粗力气大或者抢占了科技制高点。你是武松，就一定能打扁老虎；你是武大郎，就一定斗不过西门庆，甚至赢不了王婆。交换场地，武松有斗杀西门庆的本事和意愿，但要费一些周折，放到电视剧里，要噼里啪啦打斗很长时间。

实力是一个变量，有鲜明的时代烙印。用树叶遮羞那阵子，人类用石块木棍征服对手。发明斧钺钩叉后，用金戈铁马彰显实力。找到了缺口、准星，拿洋枪洋炮绘制地图。飞机漫步云层，让灾难和炸弹一起呼啸。等到"飞毛腿"和"爱国者"诞生，科技和危机同时升级。过不了多久，航空母舰和核潜艇这些现代化的骄子和宠儿也难逃"人老珠黄"的厄运，取而代之的，自然是一些更有破坏力的新鲜玩意儿。我们建设新世界的能力越来越强，打烂旧世界的能力自然也越来越强。

战争历来是考验国家科技和经济实力、军队素质和军人胆识的攻防游戏。自打国家登上历史舞台，军队和国防建设须臾不曾淡出最高决策者的议事日程。

道理显而易见又不容置疑：落后就要挨打。在冷兵器时代，战争以争夺土地、人口和财富为目标。二战后，战争延展到商贸、金融、网络等诸多领域。

军人成为一种最血性的职业，军队成为一种最基本的建制，是历史的必然。某个政权诞生前，军队是穷极所有野蛮、阴损手段，争夺土地、人口和其他一切资源的绝情打手。兵锋所至，神鬼惊悚；铁骑呼啸，草木战栗。政权诞生后，军队是维系统治、维系稳定、维系发展的坚强柱石。没有一支强大的军队稳定而持久地支撑国家和民族的腰杆子，国泰民安、物阜民丰、睥睨宇内、万国来朝之类的威武和辉煌，想都不要想。

强大的军队是淬炼出来的。淬炼军队的熔炉，叫血与火。

从至正十二年（1352）到洪武元年（1368），朱元璋在血与火的熔炉里翻来覆去淬炼了 16 年。和元顺帝一步步走向失败刚好相反，朱元璋一步步走向成功。和他一起成功的，是他的皇朝、他的军队和军队中的将领，尤其是高级将领，他们将以功臣和精英的双重身份，分享改朝换代的胜利果实。分享的方式是把控某个政府衙门，顺便趸摸一顶公侯的帽子。

163

改朝换代是一项难度系数和危险系数极高的系统工程。抛开造反集团的谋划和引领不说，大规模群殴式对抗归根结底拼的是对人财物等战争资源的动员、调度和补给能力。即便是一千年出一个、前无古人后无来者、神鬼莫测的魔幻政治家、天才军事家，离开士兵和百姓的支持都将一事无成。

士兵的作用是冲锋陷阵、御敌杀敌，百姓的作用是为国家机器造血、为军队输血。不管是战争年代，还是和平时期，军和民都要各安其位，各尽其责。没有招之能来、来之能战、战之能胜的铁血军队，没有辛勤劳作的劳动者和源源不断的后勤补给，保家卫国或改朝换代统统无从谈起。

"大雪满弓刀"和"夜雨剪春韭"，都是生存模式。

军事和农业共享中央电视台同一频道，或许道理就在这里。

同一频道里的两个课题始终摆在最高决策者面前，他们要不时交出答卷。其一，军和民该保持什么样的规模和结构。这是一门事关政权稳定性和军队战斗力的学问，博大精深，非一等一的高人不能洞悉。一般来讲，战时体制和和平体制差别很大，因安全感长期稀缺而奉行先军政治（或许这是一种由内外因联手促成的准战时状态）的特殊国家除外。战时体制是一个富于弹性的模糊概念，因为战争的规模、烈度和时长不同，当事方的应对策略也不同。即便是和平年代，军队依旧要保持足够的威慑力，这里的"足够"要在审视国际国内政治、军事、经济和外交形势的基础上审慎调配。其二，实时适应战争或国防需要，对军民规模和结构做出动态调整，实现军民双向递补和角色转换。这活儿，汉初萧何和本朝李善长干得最好。

把两个课题高度浓缩，只是一对关系：剑与犁。

舞长剑还是荷木犁，这是个问题。在没有域外力量介入的情况下，一国或一地的军和民就数量而言此消彼长。增加多少士兵，就要减少多少农民，而且是青壮农民，这是一层关系。军队体量增大，军需（军粮、军械等）同比例增加，而农民批量从军，直接影响农业产出，降低供应能力，这是又一层关系。摆布好两层关系，是艺术，平衡的艺术，艺术的平衡。

军队保家卫国，农民建设国家，这是最基本、最初始的社会分工。有没有一种让军队或农民既保家卫国又建设国家的便捷方式呢？有，曹操、诸葛亮和朱元璋尝试过了：屯田，就是军人种地。还有一种方式叫农民支前，这事中国共产党经验最丰富，淮海战役中川流不息的小车就是明证。

一手长剑，一手木犁。东边边塞，西边田园。日出舞长剑，日暮荷木犁。边塞风疾月满，田园歌稠酒醇。

诗，远方。本分，情怀。一切都甘醇怡人、完美无缺。

然而，未必。

这话，是史书说的，前人说的。史书和前人说这话时，满脸的不解和无奈。

理想很丰满，现实很骨感。古往今来，理想状态出现过，而且是多次，遗憾的是，这家伙耐心、耐力太差，跳出来比划几下就销声匿迹、无影无踪。常态化的运行轨道，是一条由懈怠、困顿、消极、萎靡和贪腐合力修筑的下坡路。

在朱元璋的成长期，他的武装力量同步成长。成长当然是更能打也更扛打，到建国前后，大致成长到顶点。然后，缓慢衰落。再然后，急速衰落。到了戚家军、俞家军和关宁铁骑出来收拾残局的时候，一条抛物线已经滑过后半段接近末段，再凑一个休止符，就戛然而止。

本章内容说的是明朝的军和兵，切入视角：税收。

第二节　明时明月明时关

陈友谅、张士诚、元顺帝。依次摆平三个对手，朱元璋迎来一生中最重要的一次角色转换：从造反派领袖到皇帝。

朱皇帝最紧迫的任务，与其说是建国，不如说是安置弟兄。他的弟兄泛指臣民，重点是身边的臣民，重点的重点是贡献大、关系铁的臣民。战功卓著的将帅、出谋划策的幕僚、出生入死的士卒、翘首以盼的家眷，一个都不能少。安置的方式倒也简单：论功行赏、坐地分赃＋选贤任能、治国理政。帮每个人找到合适的位置，让国家机器的每一个部件灵活、有序、高效运转。这活儿干好了，既能提防本集团潜在的异己分子二次造反，又能阻遏新老敌对势力卷土重来。

朱元璋的江山是打出来的，N＋1条理由提示他，必须优先安置好打手，让他们平稳、体面、迅速地转换频道。

明廷的套路是创行卫所制度，划出一些人为军，专司保卫边疆和弹压地方之责。操作手法，《明史·兵志序》说得很清楚：

> 自京师达于郡县，皆立卫所。外统之都司，内统于五军都督府。而上十二卫为天子亲军者不与焉。征伐则命将充总兵官，调卫所军领之。既旋则将上交所佩印，官军各回卫所，盖得唐府兵遗意。

这话三个意思。一是机构设置。大部武装力量向右看齐、向右转、齐步走，分驻地方，区分规模设卫设所，守城戍边。京城留守亲军分成十二拨，组建卫戍区，转岗当保镖、办皇差。《明史·兵志二·卫所门》说："度要害地系一郡者设所，连郡者设卫。大率五千六百人为卫，千一百二十人为千户所，百十有二人为百户所。所设总旗二，小旗十，大小联比以成军。"二是调用方式。每遇战事，拎出一股军队，趸摸一个总兵官，拼装一个作战单元御敌，战后将帅和士兵各回各家，各找各妈，互不隶属，一把一清。这叫将不专军，军不私将。三是历史比较。就是找一个参照物，验证传承和创新关系。不是大明别出心裁，整幺蛾子，府兵制这玩意儿，唐朝就试验过，据说"疗效"不错。

狠人爱用狠招儿。将不专军，军不私将，从根子上斩断了将帅和军队的血肉联系，让他们掀不起任何波浪。

然而这是一柄双刃剑：两层皮状态下的军队，将帅互不知底，互不托底，脾气秉性能力特长一概懵懂，兄弟情谊战友情谊无从谈起，战斗力很难充分激发。

用皇家的私心去猜度和破解将帅的私心，强势、不讲理的另一面是懦弱、不自信。没办法，地位越高，心眼越小。

明朝卫军的最高军事机关是大都督府。洪武十三年（1380）大都督府被拆分成中左右前后五军都督府。都督府是统军机关，各省各镇镇守、总兵官、副总兵都以三等①真署都督及公侯伯充任。有重大征讨任务，由政府指派挂诸号将军或大将军前将军副将军印总兵出，事定缴印回任，哪来哪去，咋来咋去。当然，功过另议，奖惩严明，加官晋爵和脑袋搬家都不算违约。

明初，把脑袋拴在裤腰上走进京城的武臣备受尊崇，豪霸爽利英武之气充溢朝野，武职有面子有里子有话语权有影响力。英国公张辅兄信，至以侍郎换授指挥同知。这时候武臣出兵，文臣的角色只是参赞。

正统以后，经过修齐治平的磨砺和进化，文臣地位渐次走高，臧否古今、挪移乾坤、指点江山、激扬文字之类出头露脸的大事非文臣莫属，就连大军出征，文臣一般任总督或提督军务，经划一切，武臣只能领军作战、冲锋陷阵。演进到成化年间，文臣统率，武臣领兵，终成定制。袁崇焕拿"你道本部院是个书生，本部院却是个将首"弹压毛文龙，底气就在这里。

武官贬值模式一经开启，一切都不可逆转。正德一朝，很多稀松二五眼的幸臣戚里羞羞答答扯紧裙带，走恩幸捷径混得武职，军事素质和个人品行很为同僚和全社会鄙视，自信心也支棱不起来。在内有部、科，在外有监军、总督、巡抚，重重弹压，五军都督府职权日轻，将弁大帅形同走卒。

落水的凤凰不如鸡。落到明军这潭冷水里的，不是凤凰，不是鸡，而是秃尾巴鹌鹑。

从东风压倒西风，到西风压倒东风，皇家忌惮武臣坐大是前因，武臣组团退化是后因。前因＋后因＝后果。显而易见的后果是自废武功，帝国柱石变身废物点心。

---

① 左右都督、都督同知、都督佥事。

　　明朝卫所到底有多少军丁,是军事秘密,掌治军政的兵部尚书和专司纠察的给事御史也不许预闻①。据吴晗考据,明前期军丁总数,洪武二十五年(1392)120万以上,洪武二十六年(1393)增至180万以上,成祖后约280万②。

　　数据是估算出来的。史料显示,"洪武二十六年(1393)朝廷定天下都司十七,行都司三,留守司一。内外卫三百二十九,守御千户所六十五。成祖后,都司二十一,留守司二。内外卫四百九十三,守御屯田群牧千户所三百五十九。"③

　　就来路而言,卫所军士由四部分组成。"其取兵有从征,有归附,有谪发。从征者诸将所部兵,既定其地,因以留戍。归附则胜国及僭伪诸降卒,谪发以罪迁隶为兵者。"④

　　略做解释。参加元末农民起义军,追随朱元璋造反,叫从征。原本效力元朝和元末割据势力,因战败随部改换门庭,被收编到朱元璋麾下,叫归附。以罪人充军,叫谪发。永乐初批量处置建文诸臣,一人得罪,蔓连九族,外亲姻连都充军役⑤。成化四年(1468)项忠平荆襄农民暴动,俘获3万余人,户选一丁戍湖广边卫⑥。这些人投身行伍,走的都是谪发这条道儿。

　　第四部分叫垛集军,人数最多。"明初垛集令行,民出一丁为军,卫所无缺伍,且有羡丁……成祖即位,遣给事等官分阅天下军,重定垛集军更代法。初三丁巳上垛正军一,别有贴户,正军死,贴户丁补。至是令正军贴户更代,贴户单丁者免,当军家蠲其一丁徭。"⑦平民一经充军,子孙永入军

---

　　①(明)陈衍《槎上老舌》:"祖制五府军外人不得预闻,惟掌印都督司其籍。前兵部尚书邝埜向恭顺侯吴某索名册稽考,吴按例上闻,邝惶惧疏谢。"

　　②《明史》卷九一《兵志》,弘治十四年(1501)兵部侍郎李孟旸《请实军务疏》:"天下卫所官军原额二百七十余万。"

　　③《明史》卷七六《职官五》:"计天下内外卫,凡五百四十有七,所凡二千五百九十有三。"

　　④《明史》卷九〇《兵志二》。

　　⑤(明)黄瑜:《双槐岁钞》四:"齐(泰)、黄(子澄)奸恶九族外亲姻连亦皆编伍,有遍一县连蔓尽而及他邦者,人最苦之。"

　　⑥《明史》卷一八七《项忠传》。

　　⑦《明史》卷九二《兵志四》。

籍,不许变易。

明初,民籍和军籍截然分开,泾渭分明。民户有一丁被垛为军,政府优免其原籍老家一丁差徭,以为弥补。军士赴戍所,宗族为其治装,名封桩钱①。在卫军士除本身为正军外,其子弟称为余丁或军余,将校子弟称为舍人。宣德四年(1429)定例免在营余丁一丁差役,令其供给军士盘缠②。边军较受优待,辽东旧制每一军佐以三余丁③。内地余丁亦称帮丁,专供操守卒往来费用④。日常生活概由政府就屯粮支给,按月发米,称为月粮。洪武时令在京在外各卫马军月支米两石,步军总旗一石五斗,小旗一石二斗,军一石。守城者如数给,屯田者半之⑤。恩军家四口以上一石,三口以下六斗,无家口者四斗。月盐有家口者二斤,无者一斤⑥。衣服则岁给棉布棉花夏衣夏布,在出征时则例给胖袄鞋裤⑦。

剑与犁的关系就这样直接、密切,斩不断,拆不开,相互支撑,来来往往。大漠边关的冷月,名城富埠的暖阳,分属不同的镜头,却始终滑行在一以贯之、起伏跌宕的剧本之内。

军是一种特殊制度安排。明代户籍制度的显著特点是军籍、民籍、匠籍分属于都督府、户部、工部,并行不悖。军不受普通行政官吏管辖,身份和法律地位、经济地位迥异于民和匠。

让人惊异和赞叹的是,明初卫军数百万之众,竟能基本自给自足。这自然要归功于与卫所制并行的屯田制。

---

① (明)宋濂《宋学士文集·补遗三·棣州高氏先茔石表辞》:"北兵戍南土者宗族给其衣费,谓之封桩钱。"此称明朝沿用。

②《大明会典》卷一五五。

③《明史》卷二〇三《潘埙传》:"故事每军一,佐以余丁三。"

④《明史》卷二〇五《李遂传》:"嘉靖三十九年(1560)江北河池营卒以千户吴钦革其帮丁,殴而缚之竿。帮丁者操守卒给一丁,资往来费也。"

⑤《明史》卷一七七《李秉传》:"景泰二年(1451)上边备六事,言:军以有妻者为有家,月饷一石。无妻者减其四。即有父母兄弟而无妻,概以无家论,非义,当一体增给。从之。"《明史》卷二〇五《李遂传》:"旧制南军有妻者月粮米一石,无者减其四。春秋二仲月米石折银五钱。"

⑥《明史》卷八二《食货六》。

⑦《明史》卷一七七《王复传》。

史载，明初军饷大部分来自屯田收入，国家财政只给小额补助。边防屯田收入不敷支给，政府一般也不动用库银，他们的高招儿是"开中"，即鼓励商人到边塞垦田，用收获的谷物换取政府专利的盐引，取得买盐和卖盐资格。转上两个圈，政府、商人和边军同时受益。

明中叶后，卫所废弛，朝廷募民为兵，军和兵成为平行的两种制度。

第三节　军屯：种出来的剑犁关系

明代卫所制度、军户制度和军屯制度，是朱元璋借鉴前代兵制和屯田制经验，坚定推行的一种寓兵于农、屯守结合、三位一体的建军、养军和强军制度。

试验早在开国前就开始了。造反事业不断取得阶段性成果，朱元璋的雄心总是不由自主地扑腾，他以战略家的独特眼光"立民兵万户府，寓兵于农，又令诸将分军于龙江诸处屯田"。结果，都水营田使康茂才像老农民一样踏实淳朴、心无旁骛，用汗水和匠心侍弄五谷，试验田喜获丰收。不吝溢美之余，朱元璋借褒奖令阐释寓兵于农的原委和初衷：

> 兴国之本在于强兵足食。自兵兴以来，民无宁居，连年饥馑，田地荒芜，若兵食尽资于民，则民力重困，故令将士屯田，且耕且战①。

真理一向朴素。先吃饱饭，再谈诗和远方，才算着调。瘪着肚子，诗和远方都是忽悠、嗯瑟。好皇帝的标准可能有三十条五十条，最基本的一条无疑是苍生温饱。苍生温饱，首先是武装力量温饱。军人食不果腹、衣不蔽体，还谈什么稳定、发展、光荣、梦想？

_____

① 《续文献通考》卷五《田赋考》。

这让笔者想起某个小品里的经典台词:没有农民种地,吃啥? 没有工人织布,穿啥? 吃穿都没有了,你还臭美啥?

和"359旅是模范"如出一辙,天下初定,朱元璋在全国范围内推广康茂才的"大生产"经验。

"于两京各省直建设卫所,置屯田,以都司统摄……军屯则领之卫所,每军受田五十亩为一分,又或百亩、七十亩、三十亩、二十亩不等,皆以田地肥瘠为差,给牛、农具,教树植,复租赋,时遣官劝谕焉。"①这相当于"军屯大纲"。

"军士三分守城,七分屯种。又有二八、四六、一九、中半等例。"②有些地方,少壮者守城,老弱者屯种。这是守军和屯军配置比率,也是组织形式、人员结构。

上文出现的多个"分",含义不一样。"五十亩为一分"中的"分"是一个人为设定的计量单位,用于折算地力;"三分守城""二八""中半"啥的,说的是比率,一分者,一成也。

手法灵活,因地制宜。方向明确,坚定不移。大生产运动就这样遍地开花、如火如荼。

在位期间,朱元璋一直不遗余力推行以兵养兵为基本取向的卫所屯田。洪武二十一年(1388)九月,朱元璋敕天下卫所屯田,进一步阐述自己寓兵于农的联动发展观:"养兵而不病于农者,莫若屯田。今海宇宁谧,边境无虞,若使兵坐食于农,农必受敝,非长治久安之术。其令天下卫所督兵屯种,庶几兵农兼务,国用以舒,自是岁得粮五百余万石。"

从"强兵足食"到"长治久安",军屯上升到国家战略。

从天下初定情势下的防御性建置,到战守结合,以减轻财政负担和保卫疆土两不误为目标的长久性安排,军屯的意义更加重大、深远,军屯的作用更加不可替代、不可或缺。

---

① 《续文献通考》卷五《田赋考》。
② 万历《大明会典》卷十八《户部五·屯田》。

朱元璋铁了心把军屯进行到底。这可以从与军屯相关的法律制度如军役皆永充、世代相袭、余丁在营佐助、军妻随营等洞见端倪。无论是守军还是屯军，这么多配套制度都直接牵扯到他们的家庭，算得上强权思维和人本思维的融合体。不管是否情愿，军士们已然摆开架势，"在沙家浜扎下去"了。

盘点明代军屯的成效，有一个重要的节点和窗口：财政。观察军屯的财政意义，方法和路径简单、直接：用数字说话。

数字一向会说话，数字说出的话一向温婉动人。自洪武到宣德，四朝一甲子，卫所饷粮基本自给，其中永乐年间军屯收入最丰厚。"屯田米常溢三之一，常操军十九万，以屯军四万供之，而受供者又得自耕边外，军无月粮，以是边饷恒足。"①

尽管文献记载多有抵牾，但明朝军队体量很大确为不争事实。按编制计，洪武晚期兵员 180 万左右，后增至 200 万以上，永乐朝更多。面对吃嘛嘛香的庞大军队和林林总总的支出款项，依然能轻轻松松实现"一军之田赡一军之用，卫所官吏俸粮皆取给焉"②和"边饷恒足"，不能不说是个奇迹。

除了饷粮基本自给，屯田军队还履行纳税义务。明制军屯田地所得，"初亩税一斗，三十五年定科则，军田一分，正粮十二石，贮屯仓，听本军自支，余粮为本卫所官军俸粮。"③

别小看"贮屯仓"，这三个字意味着，卫所既向国家提供战略粮食储备，又顺手保护了战略粮食储备的安全。

原本雇几个看家护院的家丁，不想家丁自带干粮，还帮主家挑水扫地，犁田牧马。你说，朝廷是不是赚大了？

赚大了的还有黎庶。安居乐业，外加赋税负担减轻，这是几重红利？苍生之福啊。

朱元璋并不小气，他掂得清轻重。对军屯税粮，他习惯于笑呵呵地大

---

①②③《明史》卷七七《食货一》。

笔一挥：免除。

洪武三年（1370）九月，中书省奏请征收太原、朔州等卫屯田屯税，草拟科则"官给牛种者十税五，自备者税其四"。朱元璋摇摇头，随口扔出一个设问句："边军劳苦，能自给足矣，犹欲取其税乎？"①既是设问句，答案不言自明：边防将士不容易，自收自吃已经难能可贵，你们还忍心向他们征税吗？算了吧。

次年十一月，中书省奏请开征河南、山东、北平、陕西、山西及直隶、淮安诸府屯田税，科则略有调整，"凡官给牛种者十税五，自备者十税三。"这回，朱元璋连设问句也省了，直接免税了事。

事儿，还是弄坏了。朱元璋肯定没想到，他引以为得意的兵制，辉煌了几十年就走向衰败，成为积重难返的综合弊政。

军屯由盛转衰，主要原因是屯地流失和军士逃亡。和天下任何土地的物理属性一样，屯地长不出腿，装不上轱辘，偷不走，逃不掉，屯地流失说穿了只是换了户主：或被军官私占隐匿，或为地方豪强兼并。军士逃亡就是当兵的不跟你玩儿了，他们不堪忍受军官剥削，神不知鬼不觉地跑路、蔫溜儿了。

屯田制度惨遭破坏，直接后果是卫所制度崩溃。

轰轰烈烈、热热闹闹的军屯和商屯一同败落。由于屯田收入渐渐不能自给，国家财政只好补位。时日愈久，境况愈坏，财政负担愈重。更糟糕的是，由于军力损耗，国防脆弱，外敌入侵的风险陡增。卫军指望不上，只好召兵应急。一下子多出两层新负担，年复一年，包袱像雪球一样越滚越大，财政不堪重负，只好拿出竭泽而渔的下策和昏招儿，最终引发规模空前的农民暴动。顺着这样的下坡路前行，形势不是一般的坏。

还有，卫所官兵是带家属的，官兵体量越大，随军家属人数越多，呼呼啦啦一大片。卫所和军屯不可能复立，成千上万、几代人久居一地的军人和家属不可能遣散，死结就这样托在统治者手里，扔不掉，解不开。军队不

---

① 《续文献通考》卷五《田赋考》。

能作战，又不能解散，家属生计无着，又不能遣散，政府只好减征屯粮：免军田正粮归仓，止征余粮六石。减征不解劲，政府只好再当冤大头：按年补助边费，即年例。正统十二年（1447）给辽东银 10 万两，宣大银 12 万两①。正德时诸边年例增至 43 万两②，"军需杂输，十倍前制。"③这是败家的节奏！

掰扯明朝军屯兴衰，不能不掰扯土木之变，这是一条十分重要的分界线。这个，后面还得说。土木之变的直接后果除了丢人现眼外，还有兵员不足，军心涣散。为了最起码的脸面，明廷改弦易张，于正统末、景泰初招募民壮。意想不到的事儿，就此接连登场。

沿着土木之变这条分界线，明朝拐了一个弯。

第四节　京军专列原来是"过山车"

烟笼寒水夜笼纱，夜泊秦淮近酒家；江南佳丽地，金陵帝王洲；东南门户，南北咽喉；钟山龙蟠，石城虎踞。这些话，是说南京的。

金陵、建业、江宁、建康、南京，是同一片土地。东吴、东晋和南朝的宋、齐、梁、陈先后建都于此，为这片土地涂抹出一层"六朝烟月，金粉荟萃"的底色。南唐、明、太平天国和中华民国建都于此，为"六朝胜地"续写出"十代都会"的富态和瑰丽。

或许是因为在温婉和奢靡中浸润太久，南京始终缺少几分雄霸、阳刚、英武和豪迈。说到金陵，一提鼻子，似乎就能嗅到飘飘悠悠、参差斑驳的脂粉气。对照之下，明朝好一些。

---

① （明）毕自严：《石隐园藏稿》卷六《议覆屯田疏》。
② 《明史》卷二三五《王德完传》。
③ 《明史》卷一九二《张原传》。

大明皇朝挂牌营业后，朱元璋调集全国卫军精锐，布防京师。首善之区该有首善之区的配置和气度，除了灯红酒绿、软玉温香，还要有金戈铁马、铜墙铁壁。

　　这是一个军歌嘹亮的年代。明初京军，群英荟萃，猛将如云，货真价实的豪华阵容。家底儿摆在那里，想低调都做不到。"国初京营劲旅，不减七八十万，元戎宿将，常不乏人。"①每有战事，京军一马当先充任绝对主力，抄家伙儿就上，各地卫军只能当策应、打下手。被赶到大漠深处体验苦难生活的蒙古残部时常出没明朝北部边境，找自信心，刷存在感，朱元璋毫不手软，沿边安置重兵防守，分封诸子出王边境，大开屯田，且耕且守，摆明了一副奉陪到底、死缠烂打的架势。

　　靖难之役后，成祖迁都，置北京于国防前线，全国政治中心兼军事中心。定制立三大营，一曰五军，一曰三千，一曰神机，合称京军。五军营不是五个军种，而是骑兵和步兵的混合体，包括中军、左军、左掖军、右掖军、右哨军。"三千"营，以三千边外降丁为基础组建，人数不止三千，清一色骑兵，来去如风。神机营人人持火炮和火铳上阵，出手如电，把血与火的游戏玩出新水准的铁血部队。

　　与探头探脑又缩头缩脑的对手相比，这一时期的京军，总体上说算得上一支所向披靡的劲旅。永乐朝兵锋直指安南，正统中征麓川，永乐宣德两朝六次用兵蒙古，均以京军为主力。

　　靖难之役是一个特例。由于交战双方都是明军，站在百姓的立场上揣摩，真的不大好说谁胜谁败。如果不是朱元璋把国土、兵权和家国安危打包托付给本事和野心一同成长的儿子们，他的孙子朱允炆不会经受那么大的磨难，以致个人生死成为千古谜团。如果不是朱元璋疯狂屠戮功臣，朱棣和他的军队未必有机会逆势崛起，通吃天下。

　　有一点倒是很清楚：这场叔侄内斗重洗了大明牌局，还通过残酷实战，锤炼了军队，新一茬元戎宿将茁壮成长。到后来，朱棣亲征蒙古本部，

──────────

　　①《明史》卷八九《兵一》。

以过人的智慧顽强的意志和先进的装备打残马哈木，明军的战斗力攀上历史顶峰。

毛病出在正统十四年（1449）。莫名其妙、稀里糊涂的土木之变，让明英宗朱祁镇成为俘虏，京军随之丧没几尽。

这要从一个太监说起。

就太监的能量、影响力和破坏力而言，明朝是一个可与唐朝比肩的历史顶峰，立皇帝、首席活太师、九千岁这些阴森恐怖的政治魔鬼，都是该朝的产物。说不清是太监裹胁皇帝，还是皇帝裹胁太监，反正他们总在同一辆战车上。

幻想一下文韬武略、名垂青史倒也罢了，最可恨、最可怕的，是皇帝和太监驾驶战车横冲直撞，横刀立马无知无畏。

作恶的最高境界，是最无能的人最逞能。逞毕，祸成，冤魂遍野，一地鸡毛。

对手是找上门的，倒霉是自己找的。曾经被朱棣打得落花流水、满地找牙的马哈木有个好儿子，叫脱欢。脱欢有个好儿子，叫也先。无能却又逞能的王振就报废于对也先的军事行动中（由护卫将军樊忠代劳）。借鲁迅先生说法海的话说，活该！

正统十四年（1449）七月，也先派四路大军，攻击辽东、甘肃、宣府和大同。在王振的怂恿和蛊惑下，英宗率军亲征，包括英国公张辅、成国公朱勇、内阁成员曹鼐、兵部尚书邝埜在内的文武精锐随军迎敌。

过程极其简单，结果极其残酷。一向能征善战的大明京军，在一个白痴＋精神病患者错乱无序的调度下，糊里糊涂、窝里窝囊地败给了也先统领的两三万蒙古兵。50万大军土崩瓦解，三大营全军覆没；皇帝被俘；曾经横扫安南的四朝老臣张辅，内阁成员曹鼐、张益，兵部尚书邝埜，户部尚书王佐等50多位大臣殉国；"骡马二十余万，并衣甲器械辎重，尽为也先所得"。这一切加总就是六个字：明朝元气大伤。

如果说土木之变京军受的是外伤，此后政治生态持续恶化，传导给京军乃至整个明军的，则是无药可医的内伤。

最先受伤的是班军。外卫番上，集中训练，拱卫京师，谓之班军①。由于吏治腐败，班军时常被政府和权贵役作苦工。修建宫殿陵墓，浚理城池，几乎所有急难险重工程都以班军充役，他们成了建筑队。苦大仇深的外卫军士当然不是傻子，他们不愿当冤大头，每遇班操，宁死不赴。

死扛也不是办法，好在中国人足够聪明，他们以银两打通关节，求免入京，让其他冤大头去吃苦受累。实在躲不过去，就招募一些混吃混喝的游民充数，还发明一个新词叫折乾。嘉靖二十九年（1550），职方主事沈朝焕点发月饷，发现大部分班军士兵由乞丐友情扮演。知道班军兑水过多，朝廷索性命班军专职做工，同时废止自欺欺人的营操。明末边事吃紧，又调班军回边，做筑垣负米的劳役。从班军到班工，从应役番上到折乾雇募，军队的退化可谓完全彻底。

在京卫军也难逃役作、退化和堕落厄运。成化年间太监汪直总督团营，管军将弁照例由勋戚充任。太监和纨绔比烂，节操稀碎，京军弊端百出。一是占役。军士表面上在籍，实际上已被权贵隐占，他们终日为私人做工，却向政府领饷。二是虚冒。军籍本来无名，权贵硬把家人苍头假冒选锋壮丁名色，按月支饷。有人领饷，无人应役②。三是舞弊。军士新老交替，军吏强索重贿，贫军拿不出钱，老羸无能却退养无望，精壮子弟反倒不得收练，以此军多老弱。四是贿免。富人惧怕营操征调，往往贿托将弁，将军籍信息暗转本营。贫军虽疲老不堪，只能随调拼命。日久天长，营伍日亏，军力衰耗，渐呈崩溃之势。成化末年京军缺伍 75 000 有奇。武宗即位，十二团营锐卒 60 500 余人，稍弱者 25 000。武宗末年给事中王良佐奉敕选军，按军籍应有 38 万余人，较明初折损过半，实存者不足 14 万人，较原额缺伍近九成，较现额缺伍六成强。最后，勉强中选两万人。世宗立，额兵 107 000 人，实存仅半。嘉靖二十九年（1550），俺答围都城，兵部尚书丁汝夔核营伍不及五六万人，驱出都门，皆流涕不敢前。吏部侍郎王邦瑞摄

---

① 每年分调中都、山东、河南、大宁各都司兵 16 万人，轮番到京师操练，称为班军。
② 《明史》卷二六五《李邦华传》。

兵部,疏言:

> 自三大营变为十二团营,又变为两官厅,虽浸不如初,然额军尚三十八万有奇。今武备积弛,见籍止十四万余,而操练者不过五六万。支粮则有,调遣则无。比敌骑深入,战守俱称无军。即见在兵率老弱疲惫、市井游贩之徒,衣甲器械取给临时。此其弊不在逃亡而在占役,不在军士而在将领。盖提督、坐营、号头、把总诸官,多世胄纨绔,平时占役营军,以空名支饷,临操则肆集市人,呼舞博笑而已①。

京军也曾改革图强。嘉靖年间恢复三大营旧制,三千营更名为神枢营,募兵四万充伍。形式上似乎还原,骨子里以募兵代世兵,实质已大不相同。

第五节　迁都和募兵:一件大事和另一件大事

无论从哪个角度说,迁都都是大事。

永乐迁都,主要考量因素是"控四夷,定天下"。

朱棣是阴谋家、战略家、军事家和政治家。他那双眼睛是超级透视仪,看得透人心和古今;他那颗脑袋是超级计算机,算得清因果和得失。

定都北京深刻而久远地影响了我们这个历史悠久、文化灿烂的泱泱大国。朱棣以他的远见卓识和长驾远驭,规划出多民族统一国家壮大和发展的路线图,并果敢而稳健地迈出最坚实的一步。

迁都也给卫军提出新课题,新课题衍生出更多课题。

初始课题叫漕运。最大的国计是民生。数以百计的衙门、数以千计的

---

① 《明史》卷八九《兵一》。

朝臣和数以万计的子民打包北迁，他们的柴米油盐和衣食住行也要打包北迁，少一样都不行，少一点都不行，晚一天都不行。光是南米，每年要消耗数百万石，一个超级现实的问题由此摆上台面：南米北运。由于陆路运输成本高、周期长、损耗多、风险大，漕运便成为明代要政。

从漕运衍生出来的课题叫分工。漕运不是二大爷赶集，斜衔烟斗、倒背双手、十天半月消食解闷溜达一圈完事。常态化、规模化、大批量、远距离运粮考验本事，也考验忠诚。除了卫军，没有哪个组织敢揽这担大活儿。经宣宗拍板，定南北卫军分工之制，南军转运，北军备边[1]。特设漕运总督，用卫军 12 万[2]。南军由此转作水上运输大队，军力大困。

继续衍生，下一个课题叫造船。造船是工部的事，卫军由兵部（五军都督府）掌管，粮食由户部征解，这就使事情变得复杂。磨磨唧唧、推推扯扯之后，朝廷用大泥抹子上下左右一转悠，一个貌似公平合理的办法闪亮登场。

弘治元年（1488），都御史马文升在奏疏中谈到这个办法的出台背景和主要精神。

> 各省直运船，皆工部给价，令有司监造。近者漕运总兵以价不时给，请领价自造，而部臣虑军士不加爱护，议令本部出料四分，军卫任三分，旧船抵三分。军卫无从措办，皆军士卖资产，鬻男女以供之，此造船之苦也。正军逃亡数多，而额数不减，俱以余丁充之，一户有三四人应役者，春兑秋归，艰辛万状，船至张家湾，又雇车盘拨，多称贷以济用，此往来之苦也。其所称贷，运官因以侵渔，责偿倍息，而军士或自载土产以易薪米，又格于禁例，多被掠夺[3]。

---

① 《明史》卷一四五《朱能传》：朱勇以南北诸卫所军，备边转运，错互非便。请专令南军转运，北军备边。

② 《明史》卷一五三《陈暄传》。

③ 《明史》卷七九《食货三》。

一个课题衍生两次，结果是"造船之苦"和"往来之苦"。总兵和工部博弈，受伤的是军士。运官侵渔，受伤的还是军士。继续衍生，继续博弈，势必问题成堆，愈发艰难。

前文说过，江北军士"多以京操失业"。这里又说，江南军士"多因漕运破家"①。这哥儿俩的命，一般苦、两样愁。

朝廷也苦也愁。捧在朝廷手里的，是一本叫作财政的经书。

明代国家财政收支，初期岁收田赋本色米，除地方留存1 200万石外②，河、淮以南以400万石供京师，河、淮以北，以800万石供边，一岁之入，足供一岁之用③。正统时边用不敷，由中原补助岁费，即年例。弘治时内府供应繁多，"光禄岁供增数十倍，诸方织作，务为新巧，斋醮日费巨万，太仓所储不足饷战士，而内府取入，动四五十万。宗藩贵戚之求土田，夺盐利者，亦数千万计。土木日兴，科敛不已。传奉冗官之俸薪，内府工匠之饩廪，岁增月积，无有穷期。"④"嘉靖五年（1526）银岁入百三十万两，岁出二百四十万两"⑤。"光禄库金自嘉靖改元至十五年积至八十万，自二十一年后，供亿日增，余藏顿尽"⑥。万历前期国家收入约400万两，岁出450万两。岁出中九边年例361万两⑦，后又加到380万两⑧。万历三十八年到天启七年（1610—1627）欠各边年例至9 685 571两7钱3分⑨。

一路捯饬过来，情况相当不妙。透过一串串数字，我们足以洞察到军备和财政的深层问题。棘手的难题搅和在一起，军备和财政问题不再是单

---

① （明）刘大夏：《刘忠宣公集》卷一《乞休疏》。
② 《明史》卷二二五《王国光传》。
③ 《明史》卷二一四《马森传》。
④ 《明史》卷一八一《刘健传》。
⑤ 《明史》卷一九四《梁材传》。
⑥ 《明史》卷二一四《刘体乾传》。
⑦ 《明史》卷二二四《宋纁传》。
⑧ 《明史》卷二三五《王德完传》。
⑨ （明）毕自言：《石隐园藏稿》卷六《详陈节欠疏》。

纯的军备和财政问题。

见证艰难的时刻到了。崇祯末年,摆在决策者面前的已是无钱可花、无军可用的残局。《明史》卷二六六《王章传》说:

> (王章)巡视京营,按籍额军十一万有奇。喜曰:"兵至十万,犹可为也。"及阅视,半死者,余冒伍,惫甚,矢折刀缺,闻炮声掩耳,马未驰辄堕。而司农缺饷,半岁不发。

雄师十万,无边无沿,王章很振奋。半死半冒,疲惫不堪,王章很郁闷。刀不成刀,箭不成箭,王章很惊异。大炮一响,官兵惊恐万状;跃马扬鞭,马未驰人已坠,王章很忧愤。半年不见一文饷银,全军不存半分斗志,王章很失望。

王章巡视京营的交通工具,想必是过山车。

凄惶到这份儿上,算是没法打仗了。强赶鸭子上架,也是雇充游民,名为京军,实为招募。积弊至极,徒有空名。

吊诡的是,军队严重退化,军官却与日俱增。洪武二十五年(1392)京军军官 2 747 员,景泰七年(1456)增 3 万余员,较原额加 11 倍①。成化五年(1469)增到 8 万余员,较原额增加 30 倍②。正德时嬖佞以传奉得官,琐滥最甚。世宗图治,裁汰锦衣诸卫内监局旗校工役至 148 700 人,岁减漕粮 1 532 000 石③,后又汰京卫及亲军冗员 3 200 人④。不久止减转增,"边功升授,勋贵传请,曹局添设,大臣恩荫,加以厂卫监局勇士匠人之属,岁增月益,不可胜数。"⑤万历朝皇帝倦于政事,臣僚多缺而不补,但武职仍达82 000 余员。天启年间魏忠贤乱政,武职之滥,打破历朝记录。

---

①《明史》卷一八〇《张宁传》。

②⑤《明史》卷二十《刘体乾传》。

③《明史》卷一九〇《杨廷和传》。

④《明史》卷一九六《夏言传》。

军减官增，冗费愈多。军减粮不减，国库愈匮。

朝廷这闷亏，算是吃大了。

无可奈何花落去。朝廷叹口气，转而把希望寄托在募兵身上。起初，只是临时招募，遇警调用，事平即返归田里①。后来，离开募兵干不成事，试探性、小规模招募就变成常态化、大规模招募。原来一个人的活儿，现在变成两个人。原本开一份工钱，现在开两份。

对帝国财政来说，募兵期间的直接费用和以后的月饷都是"一枪俩眼儿"的冤大头支出。由于这笔费用起初未列入预算，只好临时设法，或加赋、或加税、或捐纳，大部分由农民负担。兵额越多，农民负担越重。兵费和其他负担超过农民承受能力，就引发武装反抗。农民武装反抗，朝廷就要镇压。镇压又要增兵，费用还是出在农民身上。

中央有军有兵，地方有民兵、民壮（弓兵、机兵、快手）、义勇等警备兵，边地有土兵、达军，内地有苗兵、狼兵、土兵等。将帅私人有家丁、家兵、亲兵，各地行业团体有矿兵、盐兵、少林兵、伏牛兵、五台兵。还有一些特殊部队，如河南的毛葫芦兵、习短兵，山东的长竿手，徐州的箭手，井陉的蚂螂手，福建闽漳泉的镖牌兵②。

卫兵制改道募兵制，是明代一件大事。

军直接隶属于国家，兵则由将帅私人招募、训练，兵和国家的关系拐了一个弯。一方面，兵是一种职业，中央权重时，将帅虽有私兵，不能不听命于中央。由于游离于预算之外，兵费往往需要长官反复力争才能得到。另一方面，兵皆私兵，将皆藩镇，兵有可能成为扩充将帅个人权力和地位的筹码和工具。将帅到处募兵，自行筹饷，也难掩分地分饷之弊。

兵和国家的关系，紧密而又微妙。

---

① 万历《大明会典》卷一三七《兵部·金充民壮》。

② 《明史》卷九一《兵三》，弘治十四年（1501）兵部侍郎李孟旸《请实军伍疏》。

第六节　卫所逃亡:三十六计走为上

有京军老大哥打样儿,京外卫所军废弛起来也不含糊。

和从征、归附明显不同,从谪发和垛集两条道儿跻身行伍的卫所军士,人人都有一本血泪账,他们是被强迫从军的。

被强迫,比被迫还惨。被迫,可能是自主选择,两害相权取其轻,选条生路而已;被强迫,唯一的选择是没有选择。

风餐露宿,刀头舔血,背井离乡,久居人下。一代又一代承继相同命运,称得上永世不得翻身。

就逃亡率而言,谪发最高,垛集次之。前者是罪民林冲,后者是壮丁三毛。

这不难理解,"单于夜遁逃"一旦成功,改变本人命运不说,还为子孙后代找到一条耕读传家的正路。

或许是为加大逃亡难度,朝廷在分发垛集军士时,遵循一条基本原则叫舍近求远、咋别扭咋来。万历朝章潢就这么说:

> 国初卫军籍充垛集,大县至数千名,分发天下卫所,多至百余卫,数千里之远者。近来东南充军亦发西北,西北充军亦多发东南。然四方风土不同,南人病北方之苦寒,北人病南方之暑湿。逃亡故倨,莫不由斯。道里既远,勾解遂难①。

边军逃亡,有规律可循。立国初期,大乱甫定,百姓颠沛流离,恒产尽

---

① (明)章潢:《图书编》卷一一七。

失，因而乐于从军。加之吏治清明，军纪严明，令行禁止，卫军很少动逃亡的心思。后腐败滋生，世风日下，卫军饱受虐待盘剥，加上水土不服，思乡心切，遂逃亡相继。日积月累，逃亡比例竟达十之八九[1]。

宣德九年（1434）二月壬申，行在兵部右侍郎王骥痛斥卫所腐败情形：中外都司卫所官，惟知肥己，征差则卖富差贫，征办则以一科十，或占纳月粮，或私役买卖，或以科需扣其月粮，或指操备减其布絮。衣食既窘，遂致逃亡[2]。

官员的良心"大大地坏了"，军士最有效、最彻底的抵制方式就是一逃了之。溜出军营那一刻，想必军士们恨恨地回望，心底的怨气随着口腔深处的痰液喷射而出：呀呀呸！

弘治时刘大夏曾上《条列军伍利弊疏》，以更宏观的视角审视军伍乱象：

> 在卫军官苦于出钱，其事不止一端：如包办秋青草价；给与勇士养马；比较逃亡军匠；责令包工雇役；或帮贴锦衣卫夷人马匹；或加贴司苑局种菜军人；内外宫人造坟，皆用夫价；接应公差车辆，俱费租钱，其他使用，尚不止此。又管营内外官员，率于军伴额数之外，摘发在营操军役使，上下相袭，视为当然。又江南军士漕运，有修船盘剥之费，有监收斛面之加，其它揿克，难以枚举[3]。

傅彪在贺岁片《甲方乙方》演过一个"什么苦活累活都让你干，还特别不把你当人"的悲辛角色，叫张富贵。明朝卫军也有"张富贵"，一抓一把。不同的是，贺岁片里的张富贵是在蜜罐里泡腻了，想咂摸咂摸受虐的滋味，而明军中的"张富贵"则要在无边苦海中无限期沉浮挣扎。

---

① （明）王琼：《清军议》。
② 《明宣宗实录》卷一○八。
③ （明）刘大夏：《刘忠宣公遗集》卷一。

"张富贵"的军旅生活可以概括成两句话：时而被卫官私家役使，时而给朝中权要种田；月粮被克扣不算，还要缴纳月钱。张富贵们没有办法，只好改行当工匠商贩，赚点辛苦钱应付上官盘剥。景帝即位时，刘定之上言十事，论及当时情形：

> 天下农出粟，女出布，以养兵也。兵受粟于仓，受布于库，以卫国也。向者兵士受粟布于公门，纳月钱于私室，于是手不习击刺之法，足不习进退之宜，第转货为商，执技为工，而以工商所得，补纳月钱。民之膏血，兵之气力，皆变为金银，以惠奸究。一旦率以临敌，如驱羊拒狼，几何其不败也[1]。

此文精短而深透。道理、现象、危害、后果，条分缕析，鞭辟入里，义愤填膺，振聋发聩。

哪里有压迫，哪里就有反抗。有一种反抗叫不反抗，也叫非暴力不合作，那就是秘密逃回原籍。正统三年（1438）十月辛未，巡按山东监察御史李纯报告朝廷：辽东军士往往携家属潜从登州府运船，越海道逃还原籍。而守把官军，受私故纵[2]。

在卫所官旗这帮王八犊子眼里，军士逃亡是一单生意。因为这单生意只剩下最后一锤子，他们下手的时候是使劲咬着后槽牙的。据黄仁宇考证，卫军逃亡是官旗重要利源，军吏可从中谋求叠加好处：吞占月粮，强索贿赂。

行伍不乏高人。有高人不屑鸡鸣狗盗，星夜开溜，他们的手法是规规矩矩请假离伍，大大方方扬长而去。有史料说：

> 天下卫所军往往假称欲往原籍取讨衣鞋，分析家赀，置备军装。

---

[1]《明史》卷一七六《刘定久传》。
[2]《明英宗实录》卷四七。

其官旗人等贪图贿赂，从而给与文引遣之。及至本乡，私通官吏乡里，推称老病不行，转将户丁解补。到役未久，托故又去①。

光明正大的背后，是贿赂官旗人等、私通官吏乡里。大开方便之门的，表面看是人，实质上是钱。这，更可怕。

隆万年间，戍军亡匿情形，简直就是儿戏。有一本书讲述了吴江老叟和王姓军士的传奇故事，读来深为曲折经历、跌宕剧情、包袱笑点吸引，故原文照录如次。哪位方家有兴趣改编成电视连续剧，相信收视率不成问题。

有吴江一叟号丁大伯者，家温而喜啖饮，久往来予家。一日忽至邸舍，问之，则解军来。其人乃捕役，妄指平民为盗，发遣辽东三万卫充军，亦随在门外。先人语之曰："慎勿再来，倘此犯逸去，奈何！"丁不顾，命之入叩头，自言姓王，受丁恩不逸也。去甫一月，则王姓者独至邸求见。先人骇问之，云已讫事，丁大伯亦旦夕至矣。先人细诘其故，第笑而不言。又匝月而丁来，则批回在手。其人到伍，先从间道遁逸归，不由山海关，故反早还。因与丁作伴南旋。近闻中途亦有逃者，则长解自充军犯，雇一二男女，一为军妻，一为解人，投批到卫收管，领批报命，时竟还桑梓。彼处戍长，以入伍脱逃，罪当及己，不敢声言。且利其遗下口粮，潜入囊橐。而荷戈之人，优游闾里，更无谁何之者②。

永乐十七年（1419）监察御史邓真上疏言军卫之弊：

内外各卫所军士，皆有定数，如伍有缺，即当勾补。今各卫所官吏惟耽酒色货贿，军伍任其空虚。及至差人勾补，纵容卖放，百无一二到

①《明英宗实录》卷一四一。
②（明）沈德符：《万历野获编·补遗》卷三。

卫，或全无者；又有在外娶妻生子不回者。官吏徇私蒙蔽，不行举发。又有勾解到卫而官吏受赃放免；及以差使为由，纵其在外，不令服役①。

从吴元年(1367)十月到洪武三年(1370)十一月，军士逃亡 47 900 余人。到正统三年(1438)，增至 120 万有奇，占全国军伍 1/2 弱②。

同年巡按山东监察御史李纯报告，他所视察的某百户所，应有旗军 112 人，实有旗军 1 人③。

辽东兵备在正德年间严重废弛，开原尤甚，土马才十二，墙堡墩台倾圮殆尽，将士依城堑自守，城外数百里，悉为诸部涉猎地④。蓟镇兵额到嘉靖时十去四五，唐顺之《覆勘蓟镇边务首疏》盘点说：

> 从石塘岭起，东至古北口墙子岭马兰谷，又东过滦河，至于太平寨燕河营，尽石门寨而止，凡为区者七。查得原额兵共七万六百零四名，见在四万六千零三十七名，逃亡二万四千五百六十七名。又从黄花镇起，西至于居庸关，尽镇边城而止，凡为区者三，查得原额兵共二万三千二十五名，逃亡一万零一百九十五名。总两关十区之兵，原额共九万三千八百二十四名，见在五万九千六十二名，逃亡三万四千七百六十二名……蓟兵称雄，由来久矣。比臣等至镇，则见其人物琐软，筋骨绵缓，靡靡然有暮气之惰，而无朝气之锐。就而阅之，力士健马，什才二三，钝戈弱弓，往往而是。其于方圆牝牡九阵分合之变，既所不讲，剑盾枪箭五兵之长，亦不能习。老羸未汰，纪律又疏，守尚不及，战则岂堪⑤。

---

① 《明成祖实录》卷二一九。
② 《明英宗实录》卷四六。
③ 《明英宗实录》卷四七。
④ 《明史》卷一九九《李承勋传》。
⑤ (明)唐顺之：《荆川外集》卷二。

由于卫军缺额严重，一遇事变，便手足无措。倭寇起时，登陆屠杀，如入无人之境。

第七节　勾军：一瓢舀进漏桶的远水

卫所军士稀里哗啦逃亡，让统治者很难堪，很难受。震惊、恐慌之余，他们启动应急响应机制，挽救危局。

思维是惯性的，手法是惯用的：找下属背锅。黑锅到了谁背上，板子自然打在谁屁股上。这一点，统治者历来勤勉，从不偷懒。

和尚跑路，方丈受过。《明史·兵志四》这样记载罚则：小旗逃所隶三人降为军，上至总旗百户千户皆视逃军多寡，夺俸降革。其从征在外者罚尤严。

夺俸降革这招儿很威猛，但基本不管用。原本无力追捕逃军的卫所军官经降革打压，心灰意懒，他们偷偷规划下半场人生：真到了打回军士原形那天，咱也换个环境、换个活法。

先软下来的是朝廷。偷驴的逮不到查不着，拿拔橛儿的说事儿咋看咋底气不足。洪武十三年（1380），朝廷颁发新法令：

> 近各卫士卒率多遁逃者，皆由统之者不能抚恤。宜量定千百户罚格。凡一千户所逃至百人者千户月减俸一石，逃至二百人减二石。一百户所逃及十人者月减俸一石，二十人者减二石，若所管军户不如数，及有病亡事故残疾事，不在此限①。

高高举起的不再是狼牙棒，而是小木棍。改夺俸降革为量定罚格，而

---

① 《明太祖实录》卷一三一。

且预留一个"不在此限"的缺口,这意味着朝廷悄没声地后退数步,惩处力度也减弱很多。

喊罢罚罢,朝廷开始打补丁。洪武十六年(1383),朱元璋命五军都督府檄外卫所,速逮缺伍士卒,名勾军。特派给事中潘庸等分行清理,名清军。洪武二十一年(1388),因勾军流弊丛生,命卫所及郡县编造军籍。

上以内外卫所军伍有缺,遣人追取户丁,往往鬻法,且又骚动于民。乃诏自今卫所以亡故军士姓名乡贯编成图籍送兵部,然后照籍移文取之,毋擅遣人,违者坐罪。寻又诏天下郡县,以军户类造为册,具载其丁口之数,如遇取丁补伍,有司按籍遣之,无丁者止①。

卫所军额是一个定数,如有逃亡缺伍或死绝,必须设法补足。这里的"设法",是原籍追捕本身或其亲属,勾捉正身叫跟捕,勾捉家丁叫勾捕。说白了,两句话:军士开溜,去原籍追捕;军士死亡,逮亲属抵数。

"捕"字值得玩味。现代汉语里的"捕",一般以犯罪嫌疑人为对象,不大适用于处理人民内部矛盾。"勾""捕"连用,让人瞬间联想到猎户设套或挖坑,以极端手段应对极端事态。想必,这难缠的差事要由更难缠的"石壕吏"来完成,"吏呼一何怒!妇啼一何苦"的场景也将大范围复制。

百姓多一重劫难,官吏多一轮盘剥,这就让勾补变得哭哭啼啼、腻腻歪歪。对此,《明史》的评价是:"明初卫所世籍及军卒勾补之法,皆潘所定。然名目琐细,簿籍繁多,吏易为奸。终明之世,颇为民患,而军卫亦日益耗减。"②

前后不足40年,卫所世籍和军卒勾补之法全然失效。原因倒也简单:官吏舞弊,实践中岔头儿多;军籍散失,操作上准头儿小。

民患,就这样炼成。

很难说,这事怪某个人。很难说,这事不怪某个人。

《明宣宗实录》说,勾军因官吏夤缘为弊,花样百出。肆意改易军士籍

---

① 《明太祖实录》卷一九三。
② 《明史》卷一三八《唐铎传》。

贯者有之，胡乱抓捕平民充军者有之，发出勘合长期不核销者有之，逾期无果而不追究者有之。搞笑的是，一些奉命勾军的官旗，竟然迁延游荡，娶妻生子，或者取便还乡，数十年不回卫所①。有的更干脆利落，走出军营那一刻，就单方面宣布解放自己，摇身一变，成为无拘无束的逃兵。

南阳知府陈正伦于宣德八年（1433）上疏直言军籍散失情形："天下卫所军士，或从征，或屯守，或为事调发边卫。其乡贯姓名诈冒更改者多。洪武中二次勘实造册，经历年久，簿籍鲜存，致多埋没。有诈名冒勾者，官府无可考验虚实。"②

着实，这是一笔烂账。自始至终，谬误百出、糊里糊涂。二次勘实，旧错未除，新错叠加。时间越长，头绪越乱。到最后，神仙也弄不清来龙去脉。

勾军是一桶远水。明廷试图远程投送这桶远水以解近渴，可惜，一半舀不进水桶，一半洒漏于路途。

不能说朝廷不努力，各级官员做了很多无用功。仅军籍即整理三册：清勾册（卫所军士逃亡及死亡册）、郡县军户原籍家属户口册和收军册。后来清理军伍，增编兜底、类卫、类姓三册，合原有之军黄总册为四册。悲哀的是，制度越琐细，流程越复杂，留给官吏的舞弊机会越多，卫军缺伍的难题越难以解决。这就像一条水渠，线路越复杂，渗漏越严重。

洪熙元年（1425），兴州左屯卫军士范济曾上书陈勾军之弊。范从军四十余载，熟知各级官员的各种猫腻。

凡卫所勾军有差官六七员者，百户所差军旗二人或三人者，俱是有力少壮，及平日结交官长，畏避征差之徒，重贿贪饕官吏，得往勾军。及至州县，专以威势虐害里甲，既丰其馈馕，又需其财物，以合取之人及有丁者释之。乃诈为死亡，无丁可取，是以留宿不回。有违限二三年者，有在彼典雇妇女成家者。及还，则以所得财物，贿其枉法官

①《明宣宗实录》卷九九。
②《明宣宗实录》卷一○四。

吏，原奉勘合，朦胧呈缴。较其所取之丁，不及差遣之官，欲求军不缺伍，难矣①。

看见没？勾军是肥差，不是顶个脑袋就能讨来的，要留给善于巴结官长的兵油子。老话说"机灵鬼儿，透亮奔儿，小精豆子不吃亏儿"，就是这帮人。这是第一步。每到州县，虐害里甲，吃拿卡要，巧取豪夺，贪赃枉法。这是第二步。拿财物贿赂上官，以朦胧手法交差了事。这是第三步。并三步为一体，唯一的黏合剂是钱。钱俘虏和左右了一切，一切都金光闪闪、金声玉振、丑态百出、臭气熏天。

官校四出，闾里不宁，于军伍之缺，一无裨补。

正统元年（1436）九月，朝廷分遣监察御史轩輗等17人清理军政，赐敕勾勒勾军弊害。洞察"军卫有司及里甲人等贪贿挟私"这一深层病因，说明朝廷透过现象看到了本质。

历岁既久，弊日滋甚。军或脱籍以为民，民或枉指以为军。户本存而谓其为绝，籍本异而强以为同。变易姓名，改易乡贯，夤缘作弊，非止一端。推厥所由，皆以军卫有司及里甲人等贪贿挟私，共为欺蔽，遂致妄冒者无所控诉，埋没者无从追究，军缺其伍，民受其殃②。

乌七八糟的法外弊害，带给黎庶无尽苦痛。本军本户勾补，对百姓更是直接灾难。吴晗曾拿老幼补伍和单丁补役两个例子佐证这种灾难。

洪武二十五年（1392）四月壬子，怀远县人王出家儿年七十余，二子俱为卒从征以死。一孙甫八岁，有司复追逮补伍。出家儿诉其事于朝，令除其役③。

———————

①《明宣宗实录》卷五。
②《明英宗实录》卷二二。
③《明太祖实录》卷二七。

永乐八年(1410)四月戊戌,湖广郴州桂阳县知县梁善诉苦:本县人民充军数多,户有一丁者发遣补役,则田地抛荒,税粮无征,累及里甲①。

到嘉靖朝,军伍更缺,法令更严,有株累数十家,勾摄经数十年辄,丁口已尽,犹移覆纷纭不已。"万历中南直隶应勾之军至五万六千余,株连至二三十万人。"②卫军已逃亡的,"勾军无虚岁,而什伍日亏。"未逃亡或不能逃亡的,却"平民以壮仪卫,备国容犹不足"。至此,卫所制度完全崩溃。

万般无奈,朝廷只得调地方武装救急。正德六年(1511),江西盗起。郡兵不足用,调广西狼土兵,累破巨贼。然所用目兵,贪残嗜杀,剽掠甚于贼。有巨族数百口阖门罹害者。所获妇女率指为贼属,载数千艘去。

该募兵出场了。募兵是卫军民壮之外的第三种军队。募兵出而卫军民壮自知没脸,愈加废弛。

第八节　当杀人成为一种职业

募兵是个技术活儿。

两个意思:招募军人的人得识货,眼光毒,一眼望去,X光一般,"欻"一下穿透肌骨;应募当兵的人要勇气足,血性旺,轻生死,重大义,坚韧不拔,坚不可摧。

当杀人成为一种谋生手段,也就是职业,杀手的职业素养和职业操守就不能不事先掂量清楚。如果这杀手是花钱雇来的,这种事先掂量就必不可少。

---

① 《明成祖实录》卷一○二。
② 《明史》卷九二《兵四》。

军队的战斗力取决于装备、技术、后勤补给、军人体能、训练水准和脑瓜子灵光度，也取决于官兵心理素质，也就是品格和意志。用毛泽东的话说就是"这个军队具有一往无前的精神，它要压倒一切敌人，而决不被敌人所屈服"。用八路军独立团团长李云龙的话说，一流的军队要嗷嗷叫，敢于亮剑，剑锋所指，所向披靡！

名将戚继光有一支这样的部队。

和历史上任何精锐之师、威武之师（汉虎贲军、魏虎豹骑、唐玄甲军等）相比，戚继光的部队毫不逊色。除了抗金劲旅岳家军，古往今来以主帅姓氏冠名的超一流军队只有戚家军。俞大猷的俞家军也小有名气，只是战斗力差一个档次。张鏊的振武营①，郑晓、朱先的盐徒兵②又差一两个档次。

"南北驱驰报主情，江花月边笑平生。一年三百六十日，多是横戈马上行。"嘉靖三十四年（1555），喜读《孙子兵法》的武举人戚继光转战浙江，任都司佥书，后升任宁绍台参将。亲笔书写龙山之战和雁门岭之战败绩后，戚继光痛下决心，以近乎惨无人道的铁血手段训练三千新军，于台州、温岭等地痛击倭寇，四战四捷。接下来，自以为麾下人人皆为虎狼的戚继光目睹岑港惨败却无力回天。苦思冥想后，他绝地反击，从头再来，训练出一支"其疾如风，其徐如林；侵掠如火，不动如山；难知如阴，动如雷震"的铁军。

从头再来的"头"是一场不期而遇的械斗。嘉靖三十七年（1558），戚继光因公出差，途径义乌，亲见当地矿工、乡民惊心动魄、惨烈无比的群殴。史载，约3万人卷入这场历时四个月的武装（以农具为武器）械斗，死伤超过2500人。事后，戚继光这样表述自己的感受："征战半生，天下豪横之徒，我大都见过，从无畏惧。但如义乌人之彪勇横霸，善战无畏，实为我前所未见，让人闻风丧胆。可怕！可怕！"

经过严挑苛选，四千义乌青壮走进军营，和戚继光一道，用热血和正

---

① 《明史》卷二〇五《李遂传》。
② 《明史》卷二一二《郑晓传》《戚继光传》。

义，书写一个时代、一个民族的果敢无畏和不屈不挠。他们彪炳史册，为万世景仰。

没人规划，没人引导，也没人抵制，没人阻遏，募兵制成为明后期的主要兵制。外敌当前，什么都苍白无力、不值一提，唯有来之能战、战之能胜才是硬道理。

随着募兵崛起，多年"深得居重驭轻之势"的卫军只剩一个空名，深陷置而不用的尴尬境地无力自赎。

走哪算哪、始料不及的制度变迁，全面立体、深刻持久、不容置疑、不可逆转地冲击大明王朝原本算不上丰盈的财政。"嘉靖末始募兵，遂置军不用，至加派日增，军民两困。"①

募兵要大把花钱。这是刚需，没任何价钱可讲，也没地儿讲。史载，成化八年（1472）招募西北义勇，"人给银三两，布二匹，月米一石，并鞍马器伏，复其赋役。"②弘治年间募兵，"人给银五两"，可折米7石到10石，较正统初年需费高出数倍。至正德初，"募土人愿报效者，验其年籍，人给银三两及马匹器械。"③嘉靖年间各边募兵，"人给衣装银三两"，亦有5两。嘉靖二十九年（1550），九边募兵耗银59万两。

募兵是职业军人，月粮和饷银明显高于卫所军。在南方，募兵日饷至少三分，是卫所军的三四倍。

军屯败落，国家减少一笔收入；置军不用，卫所空耗巨额军费；募兵雄起，财政增加一笔开支。里外相较，盈亏立判。这个弯拐得，有点急，有点猛，有点猝不及防，有点无可奈何。

隆庆三年（1569）六月，陕西巡抚靳学颜上理财疏，论述选兵、铸钱和积谷诸事最切：

①《明史》卷二五一《蒋得璟传》。
②（明）白圭：《军务七事疏》。
③（明）徐日久：《五边点则》卷七，弘治十八年六月。

其尤耗天下之财者曰兵。有边兵,有京兵,有留都兵,有腹内卫所兵,此四者坐食同,而缓急则异。其目曰见伍,曰招募,曰征调,曰清勾,曰充发。五者之中,见伍、招募不可已也,清勾、充发按册则可稽,责效则无实;征调以资摆边,而虚彼实此,徒费赍送。山东义勇,诸省民壮,原非祖制,今乃供勾摄、扫除之役,请征其饷以实边储。而京兵之不可汰者,亦宜责以轮番戍守之法①。

靳巡抚掰开揉碎,其实只讲了两句话:养兵真费钱,这是一个坑;军费开支不明不白,财政始终是冤大头。

据不完全统计,弘治十三年(1500)至正德三年(1508),朝廷解大同、宣府、延绥、辽东、宁夏、甘肃、榆林等边镇年例银、奏讨银及折粮草、赃罚、盐价、户口食盐等项银两共计1 440多万两,年均160多万两②。

最有发言权的当然是户部。隆庆四年(1570),户部尚书张守直帮皇帝算了一次大账:

臣尝考天下钱谷之数,计一岁所入二百三十万有奇,而其中多积逋宽免奏留者。一岁所出,京师百余万,而边饷至二百八十余万,其额外请乞者不与焉。隆庆二年用四百四十余万,三年则三百七十九万,此其最少者,而出已倍于入矣。近者遣四御史括天下府藏,二百年所积者而尽归之太仓。然自老库百万之外,止一百一十万有奇,不足九边一年之用。国计至此,人人寒心。然其事大而不敢言,或举其端而不觉其说,或竟其说而亦有未能毅然行之者。如入卫之兵,无不言其当罢,而今数年未决,诚以边事未宁、虏患叵测,异日者或有以中之也③。

---

①(清)夏燮:《明通鉴》卷六四。

②全汉昇:《明中叶后太仓岁出银两的研究》,《中国近代经济史论丛》,(台湾)稻禾出版社,1996年,第288—289页。

③《明穆宗实录》卷四八。

张守直果然直，说话不绕弯。算账和盘库后，他用近乎骂街的口吻，质问最高决策者：从庙堂到江湖，连傻瓜都说卫兵当罢，为什么这么多年拿不出个说法？这叫什么玩意儿？

下面这笔账更有说服力。明后期，自北边到东南海疆，边事日多，随着经常性军事开支不断增加，军队、边防弊端愈益严重，军费漏洞日益增大，以致军费支出在整个财政支出的比例高得吓人。有研究者列举嘉靖二十七年(1548)到万历四十五年(1617)间 14 个年份的时点数据，军费占岁出银总数的百分比最低(1549)53.65%，最高(1612)97.25%①。

军费支出项目庞杂，除募兵费用，还有委运粮料草束，修筑城墙城堡，制造火炮、战车、战船诸多开支，哪一项都是无底洞。明朝设置兵仗、军器二局，分造火器，其中炮、铳数十种。二局之外，又有各边自造兵器，如刀、牌、弓、箭、枪、弩、蒺藜、甲胄、战袄等。这些，都要大把大把花钱。

战火烧到辽东，财政压力山大。万历末年，辽东镇旧额官军 82 377 名，新募及调援官军 180 000 名，合计 262 377 名。天启初年，仅山海关内外骑步兵 11 万，每年支出本折色费用，包括养马草料、海运脚价等项费用合计 400 余万两。其他各处新兵约费银 120 万两。镇守登、莱、皮岛之毛文龙部每年支饷 80 余万两。三项加总，600 万两以上②。

逃亡不是卫所军的专利。很多募兵穿上军装即投身战场，未经严格训练，又不能按时领饷，结果步卫军后尘，相继逃亡。更有甚者，内地兵尚未出关，即已逃亡③。在辽就地募兵，得饷后即逃亡过半④。

更糟糕的是，大敌当前，内外交逼，将帅拥兵只顾身家，畏葸不敢作战。政府曲意宽容，极意笼络，稍有微功，加官封爵，唯恐不及。丧师失地也

---

① 全汉昇：《明中叶后太仓岁出银两的研究》，《中国近代经济史论丛》，(台湾)稻禾出版社，1996 年，第 289—297 页。
② 全汉昇：《明中叶后太仓岁出银两的研究》，《中国近代经济史论丛》，(台湾)稻禾出版社，1996 年，第 309—310 页。
③《明史》卷二三七《冯应京传》。
④《明史》二五九《熊廷弼传》。

不敢降罪追责,唯恐其拥兵叛乱,再树一敌。由此兵骄将悍,国力日蹙①。

第九节　"花钱买和平"有时只是一厢情愿

辞典这样解释"和平":没有战争的状态。

"没有战争"很难,因为人类截至目前还没有本事化解或消弭所有的纷争。很多时候,我们只能眼睁睁看着纷争如雨后野草般疯长,弥漫无边旷野。我们的除草剂、锄头和火把非但不能根除这些野草,反而会以复杂的方式和渠道反噬自身。

从纷争到和平,路径很多。理想的方式是谈,双方或利益攸关方拿出耐心和诚意,拿出智慧和担当,既坚守底线,又适度妥协,从风急浪高、一筹莫展、山重水复中谈出风平浪静、海阔天空、柳暗花明。糟糕的方式是打,调动一切手段和资源,用意志和实力,用金钱和生命,打对手一个万朵桃花开,让他知道花儿为什么这样红。"打"只是手段,"和"才是目的,打出来的"和"往往是不平等的和,屈辱的和,假装的和,伪善的和,终结于城下之盟或丧权辱国条约的和,一半是火焰一半是海水的和。第三种方式是买,用硬通货和软悲情为纷争加注标点,为血迹斑斑的历史涂抹一缕泪光点点的底色。最典型的事例是澶渊之盟,宋真宗和萧太后讨价还价,以绢20万匹、银10万两换来120年互不侵扰。和亲也是买,只是方式更特殊、更柔婉、更凄楚一些。"戎装出塞应含泪,民族合和自有功",王昭君们的千秋功业,其实是一个民族悲怆和屈辱的血泪。

从更宽泛的视角观察,所有的和平都是买来的。有一个亘古不变、出

①《明史》卷二六四《李梦辰传》:"崇祯六年冬……累迁本科给事中。复言:将骄军悍,邓玘、张外嘉之兵弑主而叛,曹文诏、艾万年之兵望贼而奔,尤世威、徐来朝之兵离汛而遁。今者张全昌、赵光远之兵倒戈为乱矣。荥泽劫库杀人,偾师列营对垒,且全昌等会剿豫贼,随处逗留,及中途兵变,全昌竟东行,光远始西向。骄抗如此,安不可重治。帝颇采其言。"

手大方的买家叫纳税人，长期花大价钱购买战争机器保家卫国。明初期、前期购买战争机器是为了肃清残敌、巩固政权和国防，后期和末期则演变成四处灭火、拯救危局。

偏离、脱离和平的轨道越远、越久，"拉回来"的价码和难度越高，"竹篮打水"的可能性越大。

当战火烧尽财富和希望，当铁蹄踏碎政权和山河，纳税人无限悲哀地发现，他们实实在在当了一回血本无归的冤大头。由于肇事者悄然湮没于朝代的缝隙和历史的烟尘，纳税人连清算的对象和机会也一并遗失。

冤大头这顶破帽子不是在王朝大厦轰然坍塌那一刻随着寒流飘落的，从这个王朝踌躇满志颁发第一道"奉天承运"诏书那天起，纳税人的命运已然锁定。所谓新朝的起点，只是前朝的终点；所谓本朝的终点，只是新新朝的起点。轮回而已。

起点也罢，终点也罢，纳税人被动供养的大管家一直是个不着调的家伙。第一，费用高且活路差，除了骄奢淫逸和欺压百姓，没别的本事；第二，凶残暴戾，自以为是，利国利民的事不想干，劳民伤财的事不少干；第三，低能任性，刚愎自用，危机处理能力严重不足，内忧外患袭来束手无策。

明中后期，王朝全年赋税收入约 300 万两白银，主要用于皇室、官俸和军费开支。三项开支保持动态均衡、结构均衡和消长均衡，帝国的日子才能接着过。哪一项开支突然鼓了包，势必给大盘掏下窟窿。窟窿大到一定程度，帝国就揭不开锅。

和很多王朝的败亡路径相同，明朝的财政窟窿是用剑掏出来的，咕咚咕咚鲜血喷涌，我们有理由叫它血窟窿。

起初，"血窟窿"是明廷自己掏的。掏的时候，义正词严，成竹在胸。该不该掏，不好简单评判，透支国力却显而易见。正常年份，军费差不多是个常数，战时则是无底洞。万历三大征用银一千多万两，万历四十六年至天启七年（1618—1627）十年间，对后金战争费银六千多万两。如此剂量、如此时长的失血，算不上极多，也算不上极少，如果不是内忧外患持续升级，紧一紧裤带，明朝扛得过去。

内忧是卫所军不争气，军屯玩儿不下去。"一军之田赡一军之用"和"边饷恒足"的幸福生活说没就没了，朝廷只好为边军的吃喝拉撒买单。正统七年（1442）起，朝廷每年从国库挤出大笔现银直拨各边，谓之京运，也叫京运年例银。起初 20 万两，嘉靖年间、万历中期分别增至 280 多万两、380 多万两，明末达一千数百万两。起初只拨四边，明末渐及十三边。

外患是后金继续崛起。随着阶级矛盾和民族矛盾不断激化，明和后金大打出手的事儿越来越多。为延续王朝统治，明廷一再扩大募兵规模，很多地方募兵数额超过卫所军。万历初年，广东"额设旗军见在二万九千九百四十七名，招募官兵三万五千二百六十八名"①。万历末年，调募兵数超过 20 万，"兵部迩来调募取数二十余万而未已，亦无非为皇上保此辽东。"②

募兵盛行，岁支陡增。万历四十七年（1619），兵部左侍郎杨应聘上疏说："通计宣、大、山西先募兵七千名，共该银一十七万五千两；延、宁、固原先募兵五千名，共该银一十二万五千两。"③天启时，每名募兵一年"月粮"花费超过二十两。工科给事中霍守典奏称："臣以为今日辽兵断当以十三万为率，辽饷断当以加派五百万为止……每兵每月大约本折可用二两，十三万兵一年可用饷银三百一十余万两。"④王象乾奏云："中国募兵人费数十金，犹且时索犒赏，时索厚饷。一或不继，脱巾呼癸，可独靳于外夷乎？臣等酌议，每夷月给米三斗、布八匹，约值钱一两五钱，可当步兵一人之费。今出关各兵丁，每月有三两者，有二两五钱者。"⑤

从户部尚书毕自严的奏疏和其他史料看，崇祯四年（1631），供养 1 名募兵，按每月 3 两计，一年需 36 两；按每月 2 两 5 钱计，亦需 30 两。

① （万历）《大明会典》卷一百三十一，《兵部·镇戍》。
② （明）程开祜：《筹辽硕画》卷二十八。
③ 《明神宗实录》卷五八八。
④ 《明熹宗实录》卷五。
⑤ （明）王象乾：《诸房协力助兵俯准量加犒赏疏》。

后金捅明朝一个血窟窿，然后疯狂磨刀，准备捅下一个血窟窿。明朝窝在床上，苦思止血和输血之策。悲哀的是，明朝既没外科医生缝合伤口，也没足够库存输血自救。

缺钱。募兵开支，已超过国库太仓岁入。以万历朝为例，由于大规模募兵，政府养兵费用巨大，仅九边重镇，"额军八十六万有奇，实不下五十九万有奇。"①59万人，以年俸18两计，总额一千多万两。天启元年（1621）九月，总理三部侍郎王在晋题："计本年三月来，各处招募兵及先在食粮总数已盈四十万。前年辽阳兵十五万，费银八百万有奇，今比昔浮二十五万，则一年费当二千余万。"八百万银被十五万兵耗尽，每兵五十多两，所以当募兵增至四十万时，王在晋哀叹"即桑孔刘晏复出，无可奈何！"②

啥意思？谁也没招儿了。

没招儿了的明政府使出最后绝招儿：耍流氓，耍无赖，拖欠年例银。万历二十九年（1601）十月，"太仓如洗，各边年例尚有一百三十余万未发。"③天启六年（1626），刑部侍郎沈演疏曰："然天地生财止有此数，制取巧取皆出于民，安有定额之外，岁加五百八十万两可以者，尚缺额二百余万。"④崇祯元年（1616），毕自严上疏："拖欠者每岁约百余万。"⑤

朝廷会耍流氓，耍无赖，士兵也会。士兵耍起流氓和无赖，更有冲击力和破坏力，后果更严重。缺饷严重导致士兵时常哗变，严重影响了军队战斗力，削弱了明王朝的军事力量。走到这一步，募兵已成为瓦解王朝统治的重要推手。

长期若隐若现、半隐半现、时隐时现的老问题终于浮出水面，那就是募兵军纪。史载：左良玉兵半群盗，甚淫毒，每入民家索贿，用板夹爇之，肥

---

① 《明神宗实录》卷三八三。
② 《明熹宗实录》卷十四。
③ 《明神宗实录》卷三六四。
④ （明）张萱：《西园闻见录》卷六四。
⑤ （明）毕自严：《旧饷告匮疏》。

者或脂流于地。又所掠妇女，公淫于市，若入舟后，或注目岸上，望父若夫泣，则身首立分①。这样的军队自然得不到百姓的拥护和爱戴，百姓用自己的方式和力量选取了一条与朝廷决裂的道路。

纷争，远未结束。很多时候，花钱买不来和平。

第十节　龙见和六渊：天灾款款走来

《哈佛中国史·挣扎的帝国：元与明》用很大篇幅叙述元明龙见。作者津津乐道的龙，是叶公好龙的龙，龙腾虎跃的龙，龙凤呈祥的龙，也就是传说中那种体长、有鳞有角有脚、可走可飞可泳、能兴云能降雨的神异动物。该书言之凿凿的龙见，说的是神龙于某时现身某地，做某事，为某些人亲见并载入史册，包括正史。

在卜正民的叙事语境中，"龙见"是上苍对即将到来的灾祸的警示或对即将出现的重大变故的预告，这些灾祸据说是对当朝皇帝失德或逆天行为的惩处。

这就让现实社会中的很多事情变得神奇、神圣、神妙、神异，变得天理昭然、道貌岸然、大义凛然、正气浩然。

朱元璋这样赞颂神龙："威则塞宇，潜则无形。神龙治水，寰宇清宁。"②至正十四年（1354）秋，造反大业不断取得阶段性成果的朱元璋在长江流域作战，当地父老神秘兮兮地告诉他附近的泥沼地不时有龙出现，并建议他向龙祈祷，以避免灾害全面爆发，朱元璋照做。多年后，他追忆说："时信而往祷之，期日以三。后果达我所求。"达我所求，就是久旱逢甘雨。

朱棣把侄子拉下皇位的第二年（1404），神龙首次光顾明王朝。永乐年

---

① （明）李清：《三垣笔记》下《弘光》。
② 《明太祖集》"神龙效灵赞并序"。

间数次龙见，最后一次带来一场疫疠。

弘治年间（1488—1505）龙见记载很多，其中五次见载地方史料，两次入载《明史》。山水画大家汪肇描绘蛟龙与风暴的顶峰之作《起蛟图》大抵从这些记载中获得灵感。

正德年间（1506—1521）龙见频繁，史料中不乏天雷滚滚、吸舟于空、红雨如注之类的记述。因正德一向不靠谱，此间龙见被普遍认为是上天对他的臧否和警示。

嘉靖二十九年到三十八年（1550—1559），史书有18次有确切时间的龙见记录和更多时间不详的龙见记录。

万历朝（1573—1620）龙见频仍，其中第二次据说有158条龙惊现南京西郊，导致山崩地陷，溺死民众无数。这等宏大神奇惊悚震撼场面，想必任何影视大片都无法再现。

崇祯年间（1628—1644）龙见记载不断。崇祯十六年（1643）秋，二龙联袂出镜，据说预示着改朝换代，一代新龙换旧龙。

龙见被视作天兆。前路吉凶，当下祸福，都在预告之列。翻开元明正史《五行志》，我们会发现，史官往往把龙见与蝗灾、六月飞雪等异象塞进同一文档。史官极力渲染龙见，是为了更充分地展示异象，把天怒人怨凝聚成社会共识。这手法，和"月黑风高夜""杀人放火天"间的相互借重如出一辙。

讲完龙见，卜正民娓娓描述元明九渊。"九渊"指的是"九重深渊"，即九次持续较长时间的荒年，其中元三次、明六次。景泰之渊（1450—1455）与明代宗在位时间等长，说明朱祁钰没过上一天舒心日子。前任皇帝被蒙古人俘虏，他临危填空，等前任夺门成功，变成他的后任，景泰之渊也渐近尾声。正德之渊（1516—1519）借老天之手和百姓之口坐实了武宗荒唐无稽的骂名。嘉靖之渊（1544—1546）是一场波及全国持续三年的饥疫，与当时的政治危机并无明显关联。统治明朝48年的万历遭遇两重深渊，第一重（1586—1588）是严重饥疫，第二重（1615—1617）虽无疾疫袭扰，但灾情严重。明朝最后一轮衰落与一波三折、一咏三叹的崇祯之渊（1637—1643）

同步,接二连三的自然灾害最终拖垮整个帝国。

灾害喜欢扎堆凑热闹。我们以海南岛为例。考诸府志,自元大德九年到明万历四十六年(1305—1618),该岛经历的灾异包括淫雨、饥荒、干旱、蝗灾、台风、地震、食物短缺、火灾、异兽、疾疫、星陨、雨雪、水沙变化、大风、洪水、海啸、大雨雹、雷击、冬大寒致六畜冻死。这些异象直接引发盗匪横行(1305)、饥民流离(1595、1608)和黎族作乱(1612)。

气象学家张家诚和托马斯·克洛雷通过物理数据判断,1450年后中国进入小冰河期最后阶段,极端最低气温出现在17世纪中期。景泰四年(1453)冬尤为寒冷,从山东到江西普降大雪,长江下游"冻死人民无算"。

明代某些时段流行雪景图,戴进(1388—1462)、唐寅(1470—1524)、文徵明(1470—1559)、董其昌(1555—1636)均有力作。卜正民断定,这些图是画家写实作品而非主观臆想。

明朝最后百年,天气异常干燥,尤以嘉靖二十三年到三十五年(1544—1556)、万历十三年到十七年(1585—1589)、万历三十七年到四十二年(1614—1619)三个时段最重。

《明史》说1615年"赤地千里"[1]。经历连续七年致命干旱,明王朝走到了尽头[2]。

明朝最大规模的洪灾发生在嘉靖十六年(1537)。隆庆三年(1569)和万历十四年(1586)的洪灾,烈度也很强。

蝗灾是旱灾的孪生兄弟。崇祯十年到十四年(1637—1641)连续五个夏天,蝗虫来势凶猛,为元明两朝仅见。

明朝饱受疾疫之苦,最严重的疫情集中在永乐五年至九年(1407—1411)、万历十五年至十六年(1587—1588)、本朝最后六年(1639—1641、1643—1644)。明代最后三波疾疫与明代最后百年由干旱引发的最严重饥

---

[1]《明史》卷三十《五行三》。

[2] 明代最后百年发生的某些严重干旱与厄尔尼诺现象有关,16世纪40年代、80年代晚期和17世纪10年代晚期尤其如此。

荒叠加爆发。

嘉靖二十三年（1544），发生厄尔尼诺现象，大旱。次年，大饥。浙江省内，"湖尽涸为赤地"。粮价腾贵，有乡人携粮一升夜归，被截杀道中。大批乞丐饿死。地方政府开仓散谷赈饥，无奈缓不济急。有饥民赶往便民仓途中饿死，有些在仓前等待过久饿死[①]。万历十五年七月九日（1587 年 8 月 12 日），户部右侍郎奏，黄河以北饥民以野草木为食，陕西西南部饥民竟到了食石的地步。转年春夏持续干旱，刚刚避过上年饥荒的地区也陷入困境，一位省级官员奏报："人民相食，枕籍死亡，满城满野，有郑侠不能绘者，露根之余，可谓寒心。"

"万历之渊 I"发生在 1586—1588 年，大规模的环境崩溃令明政府措手不及，最终酿成明朝历史上前所未有的社会灾难。挺过这场灾难，靠的是张居正的财政改革，改革给太仓留下充足银两，避免了灾情演变成系统性危机。

时隔 20 年，"万历之渊 II"到来，一些地方的大旱和另外一些地方的大涝奇异般交织。万历四十三年（1615）秋，各地救灾陈情雪片般飞入朝堂。十月十五日（11 月 25 日），两位内阁大学士奏报皇帝："事虽不同，总以地方灾沴、百姓流离、劫掠横行、饿殍载道，据实上闻，无非仰体钦恤之德，以邀浩荡之恩。"此次大饥，山东尤烈，全省饥民 90 余万，加上盗贼蜂起，抢劫公行，赈济仓米完全告罄。数月后，饥荒扩大到长江三角洲，次年蔓延至广东，第三年席卷西北和西南。

万历驾崩，干旱和严寒也偃旗息鼓。万历的梓宫尚未放入陵寝，泰昌帝便一命鸣呼，朝堂再度陷入混乱。此后七年，朝政实际上掌控在权监魏忠贤手里。

万历年间的干旱波及辽东。在那里，努尔哈赤的野心悄然长大。他需要辽东的粮食和其他物产，于是不惜与明朝开战。万历四十六年（1618）四月，努尔哈赤对辽东东部发动奇袭，明军统帅阵亡，女真人获得该地区控

---

① 《明孝宗实录》卷六十五。

制权。次年春,萨尔浒之战明军大溃,东北边境军事威胁滚动升级。无论明朝已经在防御上投入了多少,今后,它不得不投入更多。

天启二年(1622),广宁失守,明军被迫撤回长城东缘屏障山海关。干旱、寒冷导致辽东食物短缺,女真人撤退休整。

休整,就是磨刀。

另一支武装力量举起屠刀。

"嗟尔明朝,气数已尽!"这是李自成进兵京师前,下发檄文中的八个字。

"气数"并不玄奥,生命力而已。

天灾和人祸,耗干了明朝。

第十一节　三饷加派:最后的晚餐

一边是天灾,一边是人祸,大明皇朝变成一个烂摊子。

比烂摊子更烂的是,天灾和人祸鬼使神差、不可逆转地合流。天灾持续,农民吃不上饭,只得铤而走险,加入反叛朝廷的队伍,天灾由此演变成人祸。人祸肆虐,朝廷非但无力救民于水火,反而加重盘剥以筹兵饷,人祸甚于天灾。

当代官员时常用于自我表扬那个不等式用在这里极其合适:1+1>2。

不是找不到抵御天灾人祸的高招儿,只要有钱,所有问题都不是问题。然而,朝廷没钱,真的没钱。没钱就不能赈济饥民,也就不能阻遏农民变身流民、流民变身流寇、流寇为祸苍生和社稷。没钱就不能给军队输血,也就不能稳定军心提升战斗力,"挽狂澜于既倒,扶大厦之将倾"。

这是一道数学题。标准答案:无解。

无论如何,朝廷不想坐以待毙,朝廷不能坐以待毙,朝廷无法坐以待毙。

朝廷能想到的、能做到的，只有加派田赋这个老办法。朝廷当然知道这是饮鸩止渴的昏招儿、损招儿、下下策，但还是一咬牙、一闭眼，高高举起加赋大棒。

知其不可为而为之，不是果敢，而是无奈。

死马当作活马医，要的不是结果，而是姿态。

加赋第一棒，叫辽饷。辽饷的设计者做梦也想不到，这一棒是分解动作，要喊哩喀喳挥舞四次，每次都挂风溅血。

该来的总会来。万历四十六年（1618），努尔哈赤来了，带着他的贪婪和残忍，带着他的战马和弯刀，带着他的贼胆和野心。很快，抚顺、清河沦陷，京师震动。朝廷任命杨镐为辽东经略，急调各边兵马援辽，试图扭转败局，一劳永逸地根除后金这个讨厌到极点的心腹大患。让人抓狂的是，大明财政无力支付巨额战争费用。于是户部奏准，援引本朝征播州故例，加派田赋，开征辽饷。朝廷设督饷抚臣一员，督理辽饷。

户部"以辽饷缺乏，援征倭征播例，请加派，除贵州地硗、有苗变不派外，其浙江十二省、南北直隶，照万历六年会计录所定田亩，总计七百余万顷，每亩权加三厘五毫。惟湖广、淮安额派独多，另应酌议，其余勿论优免，一概如额，通融加派，总计实派额银二百万三十一两四钱三分八毫零"①。

这话简短，但信息量大。加派因由、加派范围、加派依据、加派标准，连同加派数额无不清清楚楚，精准到毫末。

既为临时加派，总该有头有尾。一定是觉得稳操胜券，荡平乱臣贼子指日可待，神宗含含糊糊又明明白白地许诺"事宁即为停止"。转过年来，辽饷用尽而辽事未宁。萨尔浒一战明军惨败，4万余兵士殒命疆场，300万两军费化作硝烟随风飘散。内帑10万两，太仆寺、工部银各20万两，南京户、兵银50万两，连同辽饷200万两，踢蹬得跟狗舔的一样干净。

努尔哈赤连破开原、铁岭，辽阳危在旦夕。

熊廷弼临危受命，接过辽东经略这个人人避之唯恐不及的烫手山

---

① 《明神宗实录》卷五七四。

芋。熊经略提出一个用 18 万精兵、9 万匹战马收复失地的宏伟计划，要人要马的同时，自然没忘要钱要粮。万历四十七年（1619）十一月，熊廷弼上疏曰：

> 臣请以此责成兵部，每兵一岁计饷银一十八两，兵十八万该饷银三百二十四万，内每军月给本色五斗，该粮一百八十万石；又每马日给豆三升，九万匹该豆九十万二千石。草重五十斤者，日给一束，岁除四个月青草不给外，计八个月该二千一百六十万束，小束倍之①。

算不上狮子大开口，但熊经略还是给朝廷出了个大难题。原因明摆着：户部根本筹不出这等体量的巨款。说来也巧，广东一笔金花银刚好解到户部，署户部广东司主事鹿善继灵机一动，擅自将这笔银子发往辽东。神宗大发雷霆，鹿主事被罚俸贬官。皇帝舍不得以内库充抵辽饷，又不能对战事置之不理，于是在当年十二月，接受姚宗文建议，于每亩已加外，再加辽饷三厘五毫。经过这次加派，辽饷翻倍，至 400 万两。

战争是个无底洞。万历四十七年（1619），辽东军费突破 800 万两，耗尽当年太仓收入和辽饷加派。大敌当前，火烧眉毛，朝廷顾不得其余各边，拖欠军饷渐成常态。

万历四十八年（1620），兵、工两部奏请增加招募和新调援辽军费。明廷依旧拿不出银子，依旧拿得出办法，神宗"以军兴诸费不足，命各省直田地，每亩再加派二厘，以敷兵、工二部之用。从户部等衙门议也"②。这次加派得银 120 万两，其中 100 万两供兵部募兵安家和买马，20 万两给工部打造兵器。至此，辽饷加派累至每亩 9 厘，总计 520 万两。

辽东战局持续恶化。崇祯二年（1629），后金军渡喜峰口，陷宣化，兵锋直指京城，次年攻占永平、滦州、迁化、遵化四镇。明廷启动快速响应机制，

---

①《明神宗实录》卷五八八。
②《明神宗实录》卷五九二。

在蓟州、通州、昌平三镇增兵5万余，马1万匹，崇祯帝下诏"亩加九厘之外，再增三厘"，实加派田赋"百六十五万有奇"①。

4次辽饷加派，共685万两。

加赋第二棒，叫剿饷。崇祯十年（1637），辽东战事未平，农民起义烽火又起。李自成、张献忠等部纵横驰骋，攻城略地。兵部尚书杨嗣昌请增兵12万，增饷280万两，用于镇压农民起义。崇祯同意，下诏加派剿饷。

《明史·杨嗣昌传》这样记载剿饷：

> 其措饷之策有四：曰因粮、曰溢地、曰事例、曰驿递。因粮者，因旧额之粮，量为加派，亩输粮六合，石折银八钱，伤地不与，岁得银百九十二万九千有奇。溢地者，民间土地溢原额者，核实输赋，岁得银四十万六千有奇。事例者，富民输资为监生，一岁而止。驿递者，前此邮驿裁省之银，以二十万充饷。议上，帝乃传谕：流寇延蔓，生民涂炭，不集兵无以平寇，不增赋无以饷兵。勉从廷议，暂累吾民一年，除此腹心大患。其改因粮为均输，布告天下，使知为民去害之意②。

崇祯十二年（1639），农民起义军一度受挫，但离"平定"还有八竿子远。而另一个战场辽东，情势不是一般的坏，明军一败再败，清军一度攻陷济南，破城五十余处。

两线作战让明王朝深感兵力不足，有识之士纷纷建言练兵，尚书杨嗣昌抛出一个练兵73万的一揽子方案：

> 当戒严时，廷臣多请练边兵。嗣昌因定议：宣府、大同、山西三镇练兵十七万八千八百有奇……延绥、宁夏、甘肃、固原、临洮五镇兵十五万五千七百有奇……辽东、蓟镇兵二十四万有奇。……汰通州、昌

---

① 《明史》卷二五二《梁廷栋传》。
② 《明史》卷二五二《杨嗣昌传》。

平督治二侍郎设保定一总督，合畿辅、山东、河北兵，得十五万七千有奇……议上，帝悉从之。嗣昌所议兵凡七十三万有奇，然民流饷绌，未尝有实也。

该方案被崇祯采纳，各地练兵规则随之出台。"帝又采副将杨德政议，府汰通判，设练备，秩次守备，州汰判官，县汰主簿，设练总，秩次把总，并受辖于正官，专练民兵。府千，州七百，县五百，捍乡绅，不他调。嗣昌以势有缓急，请先行畿辅、山东、河南、山西，从之。"

练兵自然要用饷，是为加赋第三棒：练饷。

剿饷期一年为止。后饷尽而贼未平，诏征其半。督饷侍郎张伯鲸请全征，帝虑失信，嗣昌曰：无伤也，加赋出于土田，土田尽归有力家，百亩增银三四钱，稍抑兼并耳。大学士薛国观、程国祥皆赞之。结果，剿饷外加派练饷 730 万两。

明末三饷加派至此齐活儿，合计每年在田赋正额之外，加派田赋银 1 670 万两。

钱是收上来了，仗却打不下去了。大明皇朝的所有努力，只是铸犁为剑。悲哀的是，木犁不复存在，长剑却握在敌人手里。

要了亲命喽！

第十二节　开启群殴模式

气候诡异、灾荒持续、流民四起、饿殍千里、烽烟遍地、兵祸不息、后金崛起、军伍逃亡、御敌乏力、国库空虚、吏治腐败，这么多糟心事儿不是接续登场、选择性登场，而是彼此缠绕、相互交织，同时同向发力。

显然，这是群殴模式，也是推下坡模式。

群殴就是 N 打一，锄头、板砖、菜刀，啥尖端武器都敢用；打闷棍、放冷枪、下黑手，啥流氓手段都敢使。

"推下坡"是北方土话，原意是发现车辆顺着下坡路滑向深渊，非但不施救，反而伸手助力，促其加速；引申意思是架秧子、落井下石、雪上加霜、助纣为虐。

小明弄翻了老师的茶杯。一声脆响后，老师喝问：小明，是不是你干的？小明躬身认错：对不起，是我不小心，午休时买新杯赔您。小强冲过来：老师，隔壁那两块玻璃也是小明打碎的，他昨天还偷了二大爷三个瓜。这就叫推下坡。

群殴模式和推下坡模式让剑犁关系偏离甚至脱离正常轨道，从健康温暖和谐有序依次滑过可控、总体可控、局部可控、不可控、局部失控，最终停留在全面失控、彻底失控状态。

说好的田园牧歌没有了，说好的剑胆琴心没有了。"丰年留客足鸡豚"的质朴没有了，"尚思为国戍轮台"的情怀没有了。曾经俯首称臣的近邻举起屠戮的弯刀，曾经逆来顺受的下民迈开暴乱的脚步。铸剑为犁的欢欣恍如昨日，铸犁为剑的悲凄已到眼前。养育和输送了无数戍边将士的乡亲父老，颤巍巍掬一把浑浊苦涩的老泪，毅然决然开启风险高于机遇的全新生存方式：造反。而他们的子弟，此刻或许正在抗击后金。

剑犁关系的稳固版是这样的：三个人群甲乙丙，甲种田纳粮，乙守卫边关，丙是外敌。就大格局说，二打一。一段时间后，边关短兵相接，甲分成丁和戊，丁继续种田纳粮，戊投身军旅，守卫边关的队伍扩充为乙和戊，丙依然是外敌。这是剑犁关系倾斜版。就大格局说，还是二打一，只是"二"的结构发生变化。又一段时间后，丁放下锄头抄起菜刀加入义军，乙和戊同时对抗外敌和内乱。这是剑犁关系的崩溃版。崩溃版的人群还是三个，大格局一打二，阵营发生了根本性变化。

腹背受敌，内外交困，明朝就这样灭亡。

我们很难把明军断崖式退化的直接和根本原因归结到军制名下，军制仅仅是军队的组织形式或包装方式，不能简单地绝对地断言优劣。但是，明朝军制一变再变，在部分地回避或解决老问题的同时，又催生很多新问题，而且新问题比老问题更为复杂、棘手。对不同时期的不同问题，黄宗羲这样剖析：

> 有明之兵制，盖亦三变矣。卫所之兵变而为召募；至崇祯、弘光间，又变而为大将之屯兵。卫所之弊也，官军三百十三万八千三百皆仰食于民。除西北边兵三十万外，其所以御寇定乱者，不得不别设兵以养之。分兵于农，然且不可，乃欲使军分于兵，是一天下而养两天下之兵也；召募之弊也，如东事之起，安家、行粮、马匹、甲杖，费数百万金，得兵十余万，而不当三万之选，天下已骚动矣；大将屯兵之弊也，拥众自卫，与敌为市，抢杀不可问，宣召不能行，率我所养之兵反而攻兵者，即其人也；有明之所以亡，其不在斯三者乎？[1]

一天下而养两天下之兵，说的是皇帝、朝廷和纳税人一起当冤大头。十万不当三万，说的是战斗力极差。率我所养之兵反而攻兵，则是兄弟阋于墙。

亡国的过程，是一点点耗尽家底儿的过程。说大明是穷死的，算不上瞎说八道。

战争越接近关键时刻，朝廷的补给越跟不上趟。为什么？

消耗太大、太快、持续时间太长，而且内外两条线。

天灾人祸肆虐累年，很多农民不再种地，也无法种地，多年保持平衡或基本平衡的剑犁关系严重失衡，粮食和其他战争补给品生产停滞，成为严重稀缺品。农民也找到新角色：流民、流寇、义军。剑犁关系转变成剑剑关系。

除了打仗，没有任何办法可以化解民族矛盾和社会危机。

打仗就要舍得下血本，不计成本和后果，不择手段和方式。

巨额的军饷开支，首先用光了太仓积蓄，然后把其他经济部门的家底

---

① （清）黄宗羲：《明夷待访录·兵制一》。

儿踢蹬精光。隆庆二年(1568)八月,"发太仆寺寄养马七百七十匹给宁夏诸路八卫、游击、王国等兵,从总督蓟辽、侍郎谭纶请也。"①隆庆六年(1572)八月,"敕取户部银三十万两,兵部马价银三十万两,工部银二十万两,并内库一百万两给赏内外边军,如隆庆元年例。差给事中四员往各边会同总督抚按赏主客边军,自辽东自甘肃凡六十六万四千三百一十九人,银各二两。"②

万历三十五年(1607),太仆寺少卿李思孝上疏算流水账:

> 臣稽往碟,在嘉、隆间旧库积至一千余万,盛矣!迨万历十八年,西征哱、刘,借一百六十万;东征倭,借五百六十余万。二十七年为边饷借五十万,又为征播借三十三万。三十一年,又为边饷动老库二十一万、马价三十万。三十二年,又以年例借三十五万余。先是二十九年,以边饷不给,顿借百万,前后所借在计部者已九百八十三万矣。③

把这段话写进影视作品,给哪个戏骨念两遍,一定捶胸顿足,呼天抢地,哽哽咽咽,老泪纵横。

内库很快消耗殆尽。万历四十八年(1620)七月,光宗即位,"发帑金一百万犒九边"④,两天后又命"再发帑银一百万两与户部充辽饷",而且"命别部不得分用,并前犒赏二项其给脚价五千两,毋骚扰驿递,毋滞留太仓,差官即发。"⑤泰昌元年(1620)十月,发内帑银钦赏九边军士。"每名二两,蓟、辽、昌、易四镇赏银八十六万六千二百四十四两,宣、大、山西三镇赏银四十二万八千四十四两,延绥、宁夏二镇赏银一十五万五千六百八十四

---

① 《明穆宗实录》卷二三。
② 《明神宗实录》卷四。
③ 《明神宗实录》卷四三七。
④ 《明光宗实录》卷二。
⑤ 《明光宗实录》卷二。

两,固原、甘肃二镇赏银二十七万二千七百四十六两。"①

天启元年(1621)正月,"谕户部……姑准发帑五十万作速解发以救燃眉"②;三月准兵部请,"发帑金一百万以佐急需"③;十月从叶向高之请,"发帑金二百万为东西兵饷之用"④,近 15 个月间,发内帑近 700 万两。

崇祯元年(1628),中州"优免仍征银一万九千五十九两四钱七分"⑤。在国库十分空虚的情况下,国家对灾荒地区无力赈济,崇祯三年(1630),"兵部侍郎李继贞奏曰:延民饥,将尽为盗,请以帑金十万振(赈)之。帝不听。"⑥听也没用,没钱。崇祯五年(1632),全国 340 个县欠缴国家税粮,拖欠额达半数以上,其中有半数的县全额拖欠。

问题出在财政,根子却在庙堂。朱元璋带领农民军造反那些时日,将士们的脑袋是掖在裤腰带上的,不豁出老命杀敌,别说吃饭,连吃饭的家伙儿都保不住。造反成功后,拜金主义、享乐主义、官僚主义、形式主义、奢靡之风、贪腐之风,所有负能量的东西,一股脑地涌进政治生活和社会生活的每一个角落,吞噬着江山社稷和社会肌体的每一个细胞。就趋势而言,很多的人、很多的事、很多的理想抱负、很多的爱恨情仇都在物欲和世风两只大染缸里迷失了初心和本色,变成名利场上的哈巴狗、负心汉、绿头蝇。到了这个时候,掖在将士们腰间的,不再是脑袋,而是印把子、孔方兄和壮阳药。金字塔顶层变坏,次顶层一直到底层必然变坏。各级官员道德滑坡,经邦理国能力必然滑坡。经邦理国能力滑坡,长剑必然生锈。这是硬传导。

---

① 《明熹宗实录》卷二。
② 《明熹宗实录》卷五。
③ 《明熹宗实录》卷八。
④ 《明熹宗实录》卷一五。
⑤ 《明实录》附录《崇祯长编》卷七。
⑥ 《明史·流贼传》。

第五章

大国源流:谁的仓廪谁的米

第一节　奢靡莫过帝王家

这世界从来没有公平过。

朱元璋的第一个老师，叫作苦难。数以百计、数以千计、数以万计、数以十万计的朱氏子孙的第一个老师，叫作奢靡。

这没办法。朱元璋生在穷根上，而他的子孙，生在蜜罐里。

朱元璋的毕生功课，是用苦难磨砺心智，用奋斗改写人生；朱元璋子子孙孙的毕生功课，是用富贵消磨意志，用奢靡挥霍人生。

这同样没办法。至正年间的朱家，一贫如洗，连耗子都养不活；洪武到崇祯年间的朱家，坐拥天下，连蚊子都高血脂。

在别的章节，我说过：大明皇朝，是穷死的。到本章，我要说：朱元璋的子孙，是富死的。

话，要从财政体制说起。

财政体制是大明的钱眼儿。透过钱眼儿看皇朝兴衰，便于调整焦点、景深、曝光量和白平衡。

明朝财政体制的突出特点，是家国一体，家国不分。家就是国，国就是家。

家和国似乎也有不同：家高于国，家优先于国。

此乃思维定势使然。全国各地通过各种途径运往京师的钱和物，相当大一部分优先用于宫廷开支。皇帝、皇室这样想这样干，京官、太监这样想这样干,基层胥吏这样想这样干;苍生黎庶不这样想,但这样干。

为宫廷开支画一张树状图轻而易举,从逻辑关系和技术标准两个维度捋清宫廷支出的合法性、合理性、适度性和可靠性,则有一定难度。

树状图第一枝是帝后日常支出。该枝四杈:帝后饮食服御费用,庆典、巡幸、赏赉费用,宫殿、台寺、帝后陵寝费用,皇木采办费用。

先说帝后饮食服御费用。帝后饮馔、服饰、舆马、宫室、陵寝一应用项,精美绝伦,铺陈奢华。加之一味追求珍稀特异,花的自然不是小钱儿。

帝后饮馔由尚膳监备办,物料取自光禄寺、供应库、上林苑和司苑局,相关机构还有御茶房、御酒房、甜食房和酒醋面局。

下列两组数字或许能反映帝后消费水平:世宗初光禄寺用银13万两,后扩支到40万两,神宗朝最高30余万两;成化年间(1465—1487)消耗果品物料135万斤,各布政司岁办野味14 500只,柴炭约1 800万斤。

帝后服饰由尚衣监备办,绸绢珠宝取自内织染局、苏杭织造和内承运库。帝后妃嫔服饰用料上乘,纹饰考究,一袭用工数百,费逾千金。出土于定陵的金丝冠,天下奇绝。同时出土的凤冠,饰宝石百余、珍珠数千颗,价值连城。

宫廷以奢侈浪费为常,花多少钱从来没人在意。

著名学者宋应星感叹道:“即就江西一省而言,袁郡解粗麻布,内府用蘸油充火把,节省一年,万金出矣。信郡解糯纱纸,大内以糊窗格,节省一年,十万金出矣。光禄酒缸,岂一年止供一年之用,而明年遂不可用?黄绢门帘,窗棂糊纸,岂一年即为敝弃,而明年必易新者?”

宋应星还注意到,宫廷用品解运费用往往高于物料市价,“京师聚物之区也,倘以官价千金,市纸糊窗,经年用之不尽,岁费一二十万何为?茶之佳者,价值一斤数钱而止;而外省州邑,解茶一斤入御,所费岂止十两?……内使靴价,节慎一发,动辄一百三十万。夫京靴之价,每双七钱而止耳,将焉用之?”

瞎子都能看出来,朝廷在当冤大头。可悲的是,朝廷不是瞎子。

再说庆典、巡幸、赏赉费用。新帝登极、婚礼、正旦、冬至、圣节、册立东宫、亲王之国、公主下嫁皆办庆典，登极、大婚、圣节尤为铺陈靡费。弘治十八年（1505）武宗即位，吉、凶之礼耗用黄金 5 000 两、白银 180 万两。

明朝部分皇帝有幸出巡，分别是：洪武元年（1368），汴梁；洪武八年（1375），凤阳；永乐七年（1409），北京；永乐十一年（1413），北京；宣德三年（1428），巡狩北边；正德数赴宣府，一去南京；嘉靖十八年（1517），奉天。

最嗨的是武宗，于正德十二年（1517）八月到宣府，建镇国府，载豹房珍玩、妇女于其中，大乐忘归，称其地为"家里"，赏从行者以亿万计。

帝后出差，大把烧钱。

就说交通工具吧。帝后车驾初用金革象玉木五辂，永乐定制大辂、玉辂、大马辇、小马辇、步辇、大凉步辇、板桥。其中大部分作为卤薄陈列，彰显天朝威仪而已。车驾由兵部车马司造作，裹银嵌金，极尽工巧。万历初年，御马三仓并象、马等房仓每年约支商价银 14.8 万两，一马之费往往百金、千金。

明初平定四方，重军功之赏。对开国功臣，朱元璋不吝厚赏，除封王、封侯、赐免死铁券外，还依军功赐钱赐物，歼敌破城之功赏至黄金千两、万两。洪武三年（1370）赐徐达白银 5 千两，采币 50 表里。中期重升职赐爵，钱物之赏不断。后期爵赏并滥，财源枯竭。

与军功之赏并行的是宗亲之赏、百官之赏、太监及幸臣之赏、土司与边藩之赏、外国之赏。

宗亲之赏以亲藩、公主和国戚为对象。成祖登极，赐周、楚、齐、代诸王白银、钞、文绮。天顺五年（1461）英宗赐含山大长公主冠、白银、钞贯、纻纱罗、熟绢。嘉靖十五年（1536）皇子诞生，世宗赐亲王白玉和彩缎。蜀王进扇，赐银、常服、钞、贯。从进献到赏赐，有来有往，温情脉脉。

皇帝赏赐宗亲，一般出手大方，雨露均沾。仁宗登极，除增各王岁禄外，赏宗亲黄金 1 100 两、白银 19 900 两、锦 285 匹、纻丝 860 匹、罗和纱各 210 匹、胡椒和苏木各 3 000 斤、钞 129 000 锭、良马 220 匹。

每逢节庆、登极、册立东宫、大阅、耕耤及纂修实录、开经筵、视学等重大活动，朝廷要赏赐百官。弘治五年（1492）册立东宫，分等赏文武百官纻丝与纱，京卫、外卫现操军官及监局军匠各赐银、米。万历六年（1578）赏大学士张居正银、纻丝、钞贯、茶饭、羊、酒。前者为循例,后者为特例。

太监及幸臣之赏,皆出特恩。正统六年(1441)三殿功成,赐阮安、僧保黄金、白银、彩缎、钞贯。其后,受赐者多为加禄米、荫亲属。幸臣之赏,含宠臣、僧道、方士,多出于帝王偏好,往往一时兴起、滥恩无纪。

土司与边藩之赏是落实边疆政策的必要安排。土司、边藩守卫疆土,朝廷以入贡、赏赉为纽带,维系隶属关系。天顺七年(1463)朵甘思宣慰使进贡,赏彩缎四表里和其他各物,随行藩僧各有赏。

大明与邻国多以使者往还,来朝者称入贡,馈赠者称赏赐。明帝赏赐外国或出自特恩,或出自求讨,或由礼部题请,皆是为徕远人,宣扬天朝威德。成化二十二年(1486)回赐日本国王和王妃大量纻丝、纱罗、锦、银。

赏,说白了就是撒钱。成化九年(1473)内承运库太监林绣奏请征解金银充实库藏,谈及支销数目:"本库自永乐年间至今,收贮各项金七十二万七千四百余两,银二千七十六万四百余两,累因赏赐,金尽无余,惟余银二百四十万四千九百余两。"①五六十年间,赏金 70 余万两、银 1 800 万两,可谓皇恩浩荡。

事实上,很多支费项目并没有用到实处,很多赏赐惟帝所愿,徒费帑藏,且乱治法。比如赏赐讲官,抛散金钱、银豆、银叶于地,令讲官拾取,斯文扫地,几同儿戏。赏赐之物不足则科索,用竭则再造,不惜民财,不爱民力。嘉靖四十五年(1566)二月,户部云南司主事海瑞上《直言天下第一事疏》,痛陈宫廷支费冗滥,宫中无事之官多,积而无用多,用非所宜多。

宫廷支出失控,原因之一是内官打着帝后旗号,乱支滥用钱财物料,中饱私囊。云南道御史詹仰庇指出:"查内官监钱粮,如各库厂及房税地税一切靡费,动以御前供用为名,阴入私囊。则是利归于已,而以过归朝廷也。"②

---

① 《明宪宗实录》卷一二〇。
② 《明穆宗实录》卷三二。

第二节　建设＋破坏:第一建筑商的一体两面

几乎每一个皇帝都是建筑商。很多皇帝还是第一建筑商。

建筑商的脑子里只有两个字:工程。

皇家搞工程,雄心和气魄大得吓人,有时甚至能吓到统治者自己。

除了万里长城、大运河之类天字号工程,最能点燃皇家激情和创造力的工程是宫殿、台寺和陵寝。这些工程和他们息息相关,容易找到历史参照物,也便于验证个人影响力。于是,他们意盈志满,乐此不疲。

对应到户部账单,是同一科目:宫殿、台寺、帝后陵寝支费。

宫殿建设包括新建、重建和修缮。吴元年(1367),朱元璋建南京都城,成奉天、华盖、谨身三殿,乾清、坤宁两宫,外加四门。洪武年间,依更多需求、更高标准多次修建宫殿,规模初备。永乐朝营建北京,历数十年,"悉如南京之制,而弘敞过之。"①这可以看作大明皇朝一期、二期、三期重点工程。

《明史》说:"明初,工役之繁,自营建两宫宗庙、宫殿、阙门、玉邸。采木、陶甓,工匠造作,以万万计。"②

此时皇家尚未学会奢靡,加之刚刚送走战乱,家底较薄,能弄到这程度也算不易。毕竟,皇家重脸面,也重威仪。这个度,把握得刚刚好。

其后,或因火灾焚毁、损坏,或因皇帝换岗,或因帝后奢侈、迷信、荒淫生活需要,宫廷屡有新建、增修、重建,糜帑费工不赀。只要不像秦始皇、隋炀帝那样穷奢极欲,帝国的基建工地热闹一点也在情理之中。

工地热闹靠的是钱。心有多大,工程就有多大。胆有多大,工地就有

①(明)朱国祯:《涌幢小品》卷四《宫殿》。
②《明史》卷七八《食货二》。

多大。

正德年间重修乾清宫即为例证。史书记载,武宗"以太素殿初制朴俭,改作雕峻,用银至二千万余两,役工匠三千余人,岁支工食米万三千余石。又修凝萃、昭和、崇智、光霁诸殿、御马监、钟鼓司、南城豹房、新房、火药库皆鼎新之。权幸阉臣庄园、祠墓、香火寺观,工部复窃官银以媚焉"①。

据说,为重建乾清宫,朝廷增加田赋一百万两。这,便有些过分。

另一个心大胆也大的皇帝是嘉靖。嘉靖由藩王入主皇宫,胸腔里顽强流淌着叛逆和野性的血液,说话办事时常一根筋、二杆子。曾经被一根筋官员海瑞骂得狗血喷头的二杆子皇帝嘉靖干过两件成就指数极高的大事儿:更改礼制,为老爹讨名分(或者叫正名分);营建宫室,让皇家建筑群更富丽堂皇。

史家对嘉靖多持批判态度。批判的时候,没忘就近找参照物。嘉靖的参照物,是正德。"(嘉靖)十五年前,名为汰省,而经费已六七百万。其后增十数倍。斋宫、秘殿并时而兴。工场二三十处,役匠数万人,军称之,岁费二三百万。其时,宗庙、万寿宫灾,帝不之省,营缮益急。经费不敷,乃令臣民献助,献助不已,复行开纳。劳民耗财,视武宗过之。"②

热衷于大兴土木的还有万历和天启。"万历以后,营建织造,滥经制数倍,加以征调、开采,民不得少休。迨阉人乱政,建地营坟,僭越亡等,功德私祠遍天下。"③天启朝三殿大工,耗银 5 957 519 两,工程告竣,熹宗评价说:"三殿鼎建,两载告成,工大费省,皆赖厂臣心计经营,力效鸠庀,以故顶石之运,楠杉之采,节省金钱数百万。而禁苛恤力,子来胥悦,劳勚独高。"④

熹宗看到了三殿鼎建中的多快好省。不就花几个钱儿吗?谁家不盖房子啊? 多大点事儿呀? 何况,还禁苛恤力,省下来数百万。

有明一代宫殿营建工程多,和火灾频发有直接关系。资料表明,明代

①②③《明史》卷七八《食货二》。
④《明熹宗实录》卷八七。

直接宫廷火灾 35 次以上，算上官衙火灾，则不下百次。有些火灾堪称酷烈，动不动就浓烟滚滚，烈焰飞腾，一烧一大片。

嘉靖三十六年(1557)四月十三日，奉天门、午门并奉天、华盖、谨身三殿，文武二楼皆灾。

万历二十四年(1596)、二十五年连续火灾，先是火发坤宁宫，延及乾清宫，后三殿再发火灾，火起归极门，延皇极等殿，文昭、武成二阁，周遭廊房，一时俱烬。"今禁廷一望，俱为瓦砾之场，殊非全盛景象。"①

大火夺走的是房舍，更是金银。宫殿楼阁门亭重建，足以让财政伤筋动骨。

古代帝王无不重视身后安排。与常人相比，他们似乎更需要灵魂的栖息地。明祖陵、皇陵在凤阳，孝陵在南京，朱棣以下十三位皇帝陵墓在北京昌平。十三陵宏阔壮丽，永远定格了皇家的富贵和奢靡。光是一个定陵，就费时 6 年，役使军匠、工匠 3 万余人，花费 800 万两。

"金棺葬寒衣"说的是秦始皇，其实不止秦始皇。

盖宫殿、修陵寝要耗用大量建筑材料，在造不出钢筋混凝土的年代，皇木采办自然是容不得含糊和机巧的头等大事。"今之皇木径亦逾丈，其最中为栋者，每茎价逾万金，而舁拽之费不与焉。"②

采木之役自然要摊派到民间，时时困扰着湖广、四川和贵州的官员和百姓。史书记载："采木之役，自成祖缮治北京宫殿始……(嘉靖)三十六年，复遣工部侍郎刘伯跃采于川、湖、贵州，湖广一省费至三百三十九万两……万历中，三殿工兴，采楠杉诸木于湖广、四川、贵州，费银九百三十余万两，征诸民间，较嘉靖年费更倍。"

采木之役繁重不堪，艰巨异常。《四川通志·大木议》这样记述万历年间四川的采木流程："酌量远近，先将各司道坐派总管。凡七总，川西道为一总，上川东为一总，下川东为一总，上川南为一总，下川南为一

---

① (明)沈德符：《万历野获编·补遗》卷四。
② (明)谢肇淛：《五杂俎》卷一〇《物部二》。

总,川北为一总,建昌为一总。备将楠杉木枋分派多寡、等则,案行本司遵行在卷……"

当代考古工作者在竹溪县鄂坪乡发现了当年慈孝沟皇木采伐地,刻于崖壁的诗作生动记述了采伐皇木的热闹场景:

采采皇木,入此幽谷,求之不得,于焉踯躅;

采采皇木,入此幽谷,求之既得,奉之为玉;

木既得矣,材既美矣,皇堂成矣,皇图巩矣。

落款是"嘉靖戊午蒲月七日,光化知县福人廖希夔撰,典史华亭瞿华"。

这不免让人想起《诗经》:"坎坎伐檀兮……"

鄂坪至今交通不畅,艰险莫名。可以想见,当年采伐皇木,何其困苦。

流传于郧阳的民间传说则以聊斋笔法对毁灭式、掠夺式采伐进行无情抨击和鞭挞。"赵氏,不知何许人……生永乐三年(1405),隐竹山踉跄山,不火食。或巢居,或岩栖,或寄宿人檐下,无定踪。初住一山,山多木。嘉靖丙辰忽移于沧浪,人问其故,曰:'此山将童矣!'未几而三殿灾,采木使者果空其山。"[1]

聊斋故事往往能从现实中找到原版。清人发现于秦巴山褶皱中的大量木料,据说是明代采办皇木时遗弃。作为第一建筑商,皇家对宫殿用材要求极高、极严,几近苛刻。树木经目测后砍伐倒地,再多角度目测,发现任何瑕疵,哪怕微小到毫末,均判为不合格。技术标准之外,相关人员时刻遵奉政治标准,政治标准是最高标准,带电的高压线,谁触碰了谁玩儿完。

验收苛刻,加上漂运流失,领银采伐者不得不尽量多伐以备不虞。

因采伐名义是皇木,不合格树木不能售之于市、用之于民,只能就地遗弃,任其自然枯朽随风雨,零落成泥碾作尘。

---

①《古今图书集成·职方典·郧阳府志》。

"每木一根,官价虽云千两,比来都下,民费不止万金。臣见川、贵、湖广之民,谈及采木,莫不哽咽。"①

一边是建设,一边是破坏。第一建筑商的一体两面,就此暴露无遗。

没人心疼。

皇帝不心疼。在坐拥四海,不懂物力维艰的皇帝眼里,扔几段枯木于深山老林,和扔两盘剩菜没任何区别。

百官不心疼。这和幸福生活离得甚远。

百姓心疼。没用。

第三节 卑微的高贵,虚幻的奢靡

宫廷,是一个严谨、精细的社会。

与一般语境下的芸芸众生相比,宫廷里的每个群体每个个体都很特别。

先说宫女。这是一个无处不在、无时不在、无家无业、无声无息的卑微人群。她们来自民间,远离民间。她们和荣华富贵那样近,又那样远。

明初设六局管理宫廷事务,每局领四司,设女官 283 人,领宫女数千。洪武朝屡选江南女子入宫,嘉靖朝宫女增至 9 千人,其饮食服用皆依成例,开销很大。

皇宫还有医婆、稳婆、奶口,统称三婆。医婆和稳婆事毕出宫,奶口长住。天启朝著名奶口客氏,能量和地位不输股肱。

匠役是靠一技之长养家糊口的手艺人。和民间手艺人相比,宫廷匠役手艺更高,服务处所更特殊。内官监所属各作,尚衣监所属各坊,还有御用监、兵仗局、鞍辔局、内织染局、汉经厂皆大量雇佣工匠。离开匠役,这些衙

①(明)吕坤:《陈天下安危疏》。

门没法运转。弘治年间,尚衣监、兵仗局、军器局、司设监、针工局招用工匠数千人,通计内府衙门工匠逾万。土木繁兴,奢靡风盛之时,宫廷匠役几万乃至十几万。

内府管理和服务机构统称二十四衙门,包括司礼、御用、内官、御马、司设、尚宝、神宫、尚膳、尚衣、印绶、直殿、都知十二监,惜薪、宝钞、钟鼓、混堂四司,兵仗、巾帽、针工、内织染、酒醋面、司苑、浣衣、银作八局。还有库、厂、房、门若干。这些机构的组成和管理人员主要是宦官①。

内府各衙门事繁人众,分工琐细。"各家私臣曰掌家,职掌一家之事。曰管事,办理食物,出纳银两;曰上房,职掌箱柜锁钥;曰掌班、领班,钤束西班答应官人;曰司房,打发批文,书誊写应奏文书;其下则管帽、管衣、靴、茶房、厨房、打听官、看庄宅各琐屑事务也。"②

举两例。一是司礼监。设掌印太监一员,秉笔、随堂太监四五员或八九员,提督一员。内书堂、经厂、礼仪房、中书房、御前作等亦属之,分别设掌司或典簿若干员至十数员。二是内官监。设掌印太监一员,其属含总理、管理、金书、典簿、掌司、人数、写字、监工,自典簿以下分三班,宫中过夜,每班掌司第一人曰掌案。所辖十作,曰木作、石作、瓦作、搭材作、土作、东作、西作、油漆作、婚礼作、火药作,并米盐库、营造库、皇坛库、里冰窖、金海。

比二十四衙门名气更大的是东厂、西厂。永乐十八年(1420)始置东厂,规模随权势日渐扩大。提督太监一员,掌贴刑千百户二员,掌贴、领班、司房四十余名,挡头办事百余名,番役千余名。

太监有内廷和外派之分。外派太监含南京内府二十四衙门、孝陵神宫监、天寿山守备太监、凤阳守备太监、湖广承天府守备太监、太岳太和山镇守太监、正阳等九门永定等七门正副提督、大坝等马房正副提督太监、苏杭织造太监等,其下金书、管事动辄数十员。

勾连牵绊、叠床架屋的内官机构,撑起大明皇朝全职能、全天候、保姆式、家奴式的家政服务。

———————

① ② (明)刘若愚:《酌中志》卷十六《内府衙门职掌》。

铁打的衙门流水的太监。几乎每年,太监队伍都要新陈代谢。崇祯十七年(1644)中,选补太监 3 次,累增万人,每岁月米增 72 000 石,靴料银增 5 万两。

累年频选,太监越蓄越多。

多到啥程度? 合在京及南京、凤阳等处,约十万之众。

终年豢养如此体量一个人群,要消耗大量资材。这笔开支,刚性十足,省不了,也省不得。

明中后期宦官屡屡专权,有时登峰造极。大小宦官以贪污纳贿、敲诈勒索、开私店、当税使等手段侵吞国家财富,实为常态化的隐性财政支出。

赵翼这样评价:"明代宦官擅权,其富亦骇人听闻。今见于记载者,王振时,每朝觐官来见者,以百金为率,千金者始得醉饱而归。是时贿赂初开,千金已为厚礼。然振籍没时,金银六十余库,玉盘百,珊瑚高六七尺者二十余株,则其富已不訾矣。李广殁后,孝宗得起贿籍,文武大臣馈黄白米各千百石,帝曰:'广食几何,乃受米如许?'左右曰:'隐语耳,黄者金,白者银也。'则视振已更甚。刘瑾时,天下三司官入觐,例索千金,甚至有四五千金者。"①

王鏊及黄光升的观察更为全面、细微。宦官弄权,说明国家政治生态出了大问题。

> 正德中籍没刘瑾货财,金二十四万锭又五万七千八百两,元宝五百万锭,银八百万又一百五十八万三千六百两,宝石二斗,金甲二,金驹三千,玉带四千一百四十二束,狮蛮带二束,金银汤匙五百四,蟒衣百七十袭,牙牌二匮,穿宫牌五百,金牌三,衮袍四,八爪金龙盔甲三千,玉琴一,玉宝印一颗。以上共金一千二百五万七千八百两,银共二万五千九百五十八万三千六百两②。

---

① (清)赵翼:《廿二史札记》卷三五《明代宦官》。
② (明)王鏊:《冗食议》。

籍没彬及钱宁家产。彬:黄金七十柜,每柜一千五百两;银二千二百柜,每柜二千两;金银杂首饰五百一十厢,金银汤锅四百余个,余物不可胜计。钱宁:金七十扛,共十万五千两;银两千四百九十扛,共四百九十八万两;碎金银并首饰五百二十三厢,珍珠二柜,金银台盏四百二十副,苏木七十扛,胡椒三千五百石,缎匹三千六百扛,余物不可胜计①。

嘉靖初籍朱宁货财,金七十扛,共十万五千两;银二千四百九十扛,共四百九十八万两;碎金银四箱,碎银十匮,金银汤盏四百,金首饰五百一十箱,珍珠二匮,金银台盏四百二十副,玉带二千五百束,金涤环四箱,珍珠眉叶缨珞七箱,乌木盆二,花盆五,沈香盆二,金仙鹤二对,织金蟒衣五百箱,罗钿屏风五十,大理石屏风三十三座,围屏五十三,苏木七十扛,胡椒三千五百石,香椒三十扛,缎匹三千五百八十扛,绫绢布三十三扛,锡器磁器三百扛,佛像一百三十匮又三十扛,祖母绿一尊,铜铁狮子四百车,铜盆五,古铜炉八百三十,古画四十扛,白玉琴一,金船二,白玉琵琶一,铜器五十扛,巧石八十扛②。

太监敛财,除了占用存储空间,并没多大用处。太监贪贿,只是一种习惯和本能。这是卑微的高贵,病态的、疯狂的、报复式的奢靡。

宦官中饱私囊,主要靠工程营建和集中采购,比如皇帝大婚、帝后庆寿、帝后陵寝、妃嫔及皇子女修造坟茔及完姻修理府第。天启元年(1621)兴工庆陵,发帑银50万两,至少8万两被宦官侵吞。参与、把持皇家或宫廷工程是肥缺,不花大价钱休想抢到手。

有例为证。"凡外方修建,分封藩王府第,亦是管理外差也,须数万金营求,方能到手。领敕书关防前去,工竣即回。天启元年,湖广衡州府修桂藩府第,管理翟应魁递银四万两未能得,黄用费五万即得之。余差可以例

① (明)黄光升:《昭代典则》卷二五《武宗毅皇帝》。
② (明)王鏊:《冗食议》。

其多寡矣。无惑乎桂藩地基不坚。殿宇倾塌也。"①

由于敛财容易,宦官成为明后期热门职业,宦官间的侵夺也相当酷烈。

时人这样评价冯保:"夫冯珰所取者,皆中贵之积也。内中大小监局,号为二十四衙门,以及门厂库藏执帚除之役者,何止千万。每有一缺,即纳金于保,大者以万计,其次数千,小乃数百。予者不以为贿,以为例也;受者不以为贪,以为例也;如输诉鬻爵而已……自世庙西苑近臣积赀巨万者不知其数。迩年以来,其人率多老死,每一人病甚,其家辄走告保,保即遣其名下内臣为之护丧、伺药,至则扃其堂室,逐其弟侄,禁其饮啖,坐而待其毙,一举而献之保矣! 如此者又何止数十家,其所得何可赀量。"②

宫中人役之费大体如此。概括起来,四句话:机构臃肿,事繁人众,开销大,漏洞多。

第四节　宗藩支出:好大一棵树

讨过饭的朱元璋特别怕他的子孙饿肚子。

招式算不上原创,但慷慨指数和真诚指数高得出奇。"老吾老、幼吾幼"六个字藏在内心最柔软处,朱元璋的目光挤满了慈祥。

自己刚落座,他就给皇子皇孙找椅子。

椅子,等于金饭碗。

朱元璋的亲疏观简单质朴、直来直去:谁的孩子谁疼,自家孩子比任何人都可靠。他分封子孙到各地,让他们众星捧月般拱卫皇室,其理由很充分很过硬:"天下之大,必建藩屏,上卫国家,下安生民。今诸子既长,宜各有爵封,分镇诸国。朕非私其亲,乃遵古先哲王之制,为久安长

① (明)刘若愚:《酌中志》卷十六《内府衙门职掌》。
② (明)李诩:《戒庵老人漫笔》卷八《论张江陵籍没书》。

治之计……先王封建所以庇民,周行之而久远,秦废之而速亡,汉晋以来莫不皆然。"①

明太祖踌躇满志地栽下一棵树。树根是他自己,树干是历朝皇帝,主枝是亲王郡王,枝上枝是将军中尉,末梢和树叶是皇室其他成员。朱元璋谆谆告诫子侄"勤民奉天,藩辅帝室","茂建亲支,所以惇族固本,其来尚矣。"②

明制:皇帝之子封皇太子者外,其余诸子封为亲王。亲王成年即就藩封国,临镇一方。亲王之子封王世子者外,其余诸子封为郡王。郡王之子封郡王世子者外,其余诸子封为镇国将军,镇国将军诸子封为辅国将军,辅国将军之子封为奉国将军,奉国将军之子封为镇国中尉,镇国中尉之子封为辅国中尉,辅国中尉以下俱封为奉国中尉。

枝繁叶茂的宗藩体系蔚然成型。

270 余年间,明皇子受封为亲王者 62 人,其中受封且就藩者 50 人。朱元璋嫡兄之孙朱守谦封靖江王,就藩桂林府,事类宗藩。

通常意义上的亲王数量,多按始封王计数。论及就藩亲王,则指王府。有明一代计 51 王府,其中 27 府一代而终,22 府历 5 王以上,11 府历 8 王以上。凡 217 亲王,507 郡王。

朱元璋无论如何也想不到,后世子孙对他的良苦用心并不领情,更不感恩戴德。很多皇子皇孙认为,自己之所以必须就藩封国,是因为京城容不下他们,他们只能远离权力中心和繁华世界,到偏远闭塞的乡下咀嚼二等皇族的落寞和凄楚。他们的沦落方式偏激又固执,有刚性又有韧性,有传承又有创新,那就是漫不经心、困顿萎靡、随心所欲地挥霍青春和财富。妻妾成群、锦衣玉食、豪霸一方,造人的同时造孽,差不多是他们毕生的事业。

"藩辅帝室"基本是一句空话,"茂建亲支"却落到实处,不折不扣。"国

---

①②《明太祖实录》卷五一。

初支庶不繁，定制因略；今麟趾螽斯其丽不亿，视昔时数百倍矣。"[①]论者最爱举的例子是开封周王府，"洪武中，河南开封唯一周府，今（嘉靖初）郡王已增三十九府，将军至五百余，中尉仪宾不可胜计。"[②]繁衍规模同样可观的还有荆州辽王府，天启元年（1621）居住城中的支庶郡王以下之宗藩已达五千余人[③]。

徐光启则推算出了皇家人口增长率，"洪武中，亲郡王以下男女五十八位耳，至永乐而为位者百二十七，是三十年余一倍矣。隆庆初丽属籍者四万五千，而见存者二万八千。万历甲午丽属籍者十万三千，而见存者六万二千，即又三十年余一倍矣。顷岁甲辰丽属籍者十三万，而见存者不下八万，是十年而增三分之一，即又三十年余一倍矣。"如将郡主、县主及郡君、县君、乡君等女性的后代一并计入，想必我们更有理由感慨：哇，好大一棵树！

皇族越来越大，皇族开支自然也越来越大。这要从岁禄说起。

我们可以把岁禄理解成年薪。洪武九年（1376）二月，朝廷初定诸王岁禄。亲王岁支米 5 万石，钞 2.5 万贯，锦 40 匹，纻丝 300 匹，纱、罗各 100 匹，绢 500 匹，冬、夏布各 1 000 匹，绵 2 000 两，盐 200 引，茶 1 000 斤，马匹草料月支 50 匹。亲王子未受封者，每岁支拨纻丝、纱、罗各 10 匹，绢、夏布、木棉布各 30 匹，绵 200 两。

已受封郡王者，每岁支拨米 6 000 石，钞 2 800 贯，锦 10 匹，纻丝 50 匹，纱罗各 25 匹，绢、夏布、木棉布各 100 匹，绵 500 两，盐 50 引，茶 300 斤，马匹草料月支 10 匹。皇太子次嫡子并庶子既封郡王之后，必候出阁，每岁拨赐与亲王子已受封郡王者同。凡亲王世子，岁赐与已封郡王同。郡王嫡长子袭封郡王者，其岁赐比始封郡王减半支给。"郡王诸子年及十五，每位拨赐田六十顷以为永业，并除租税。诸子所生之子，惟世守永业。"[④]

①②《明世宗实录》卷五一四。
③《明熹宗实录》卷六。
④《明太祖实录》卷一〇四。

有必要说一说公主禄赏。明初对公主封号似无严格章程,朱元璋房兄南昌王、蒙城王之女分别封福成公主、庆阳公主,各自夫婿福州卫指挥使王克恭、淮安卫指挥使黄琛亦称驸马都尉。洪武四年(1371),礼部参照前朝典制议奏公主封号,"按唐宋会要:皇姑、皇姊妹、皇女皆称公主,其夫称驸马。若王以下女,止称郡主,其夫止称所授官。今皇姑称大长公主,皇姊妹称长公主,皇女称公主,其夫皆称驸马,秩从一品。亲王女称郡主,夫皆称所授官秩,从二品。亲王孙女称县主,夫亦称所授官秩,从三品。"洪武九年(1376)议定诸王岁禄,同时议定公主、郡主、县主岁供。洪武二十八年(1395)更定诸王岁禄标准,亦形成公主等禄米定例。公主及驸马2 000石,郡主及仪宾800石,县主及仪宾600石,郡君及仪宾400石,县君及仪宾300石,乡君及仪宾200石。这里的郡君、县君、乡君分别指郡王孙女、曾孙女、玄孙女,仪宾指驸马以外的皇家姑爷。

　　即使得罪被黜或因故削爵、封除而成为庶人,甚或禁锢高墙,皇家金枝玉叶的待遇依然优厚于低品级官员和黎民百姓。

　　幸福不是毛毛雨。皇子皇孙的幸福生活维系到第19年,朝廷就感到吃不消了。洪武二十八年(1395),由于入不敷出,朱元璋不得不调整诸王岁禄标准,更定禄米定例。亲王1万石,郡王2 000石,镇国将军1 000石,辅国将军800石,奉国将军600石,镇国中尉400石,辅国中尉300石,奉国中尉200石。此后,屡经调整,到弘治年间大体维持洪武二十八年(1395)水准,只是增加本色米、折色钞等实际支放规定。嘉靖朝始,鉴于"官吏、军士俸给弥广","天潢日蕃,而民赋有限,势不能供,且冒滥滋多,奸弊百出",进一步限制宗禄支放。

　　皇族的好日子一再缩水。

　　情况继续变坏。嘉靖四十四年(1565),朝廷颁行《宗藩条例》,要求诸王体谅国家岁米供应艰难,当好孩子,"量减岁禄"。第一个好孩子衡王厚燆(封地青州)"奏辞岁米之半,以补宗禄不敷之数"。"之半",是5 000石。皇帝深受感动,准辞2 000石。有人打样儿,就有人跟进,"诸王先后奏辞岁禄,少者五百石,多者至两千石,岁出稍纾。"此后,诸王岁禄又经改折、减禄,说来说去无非裁抑禄米增长,但因人数过多,宗藩俸禄始终是"极弊而大可虑者"。

诸王花销,远不止禄米一项。王府营建、藩王就藩更要大把花钱。

成化年间,营建德、鲁两王府,朝廷依例给银:郡王 1 000 两,镇国将军 600 两,辅国将军 500 两,奉国将军 450 两,镇国中尉、辅国中尉、奉国中尉 400 两,郡主 500 两,县主 350 两,郡君 250 两,县君 200 两,乡君 150 两。

景王就藩,用船 864 只,船夫 20 782 人,骡车 1 428 辆。一路浩浩荡荡,花钱如流水。

禄米不足以支撑藩王日常生活,很多王府的经济支柱是庄田。黄惠贤、陈锋在《中国俸禄制度史》中列举洪熙元年(1425)到天启七年(1627)202 年间 70 次赏赐王府庄田,其中 4 万顷 2 次、3 万顷 3 次、1 万顷 1 次①。

前文说过,赏地直接导致税基萎缩,税基萎缩直接冲减国家财政收入。这对明朝的影响,是现实的,更是深远的。

第五节　爵禄和官俸:列位大人,开饭喽!

民以食为天。

官员,包括受封公侯伯的特殊官员,也是人,也得吃饭。而且,官员尤其是特殊官员不同于黎民百姓,必须吃得讲究、体面一点,这就让吃饭这一话题这一课题变得鲜活生动、丰富深沉、常议常新。

吃饭是最基本、最基础的民生。士农工商解决吃饭问题的常规路径没有本质区别,劳作而已。不同的是,农工商劳作的场所分别是田垄、作坊和

---

① 黄惠贤、陈锋:《中国俸禄制度史》,武汉大学出版社,1996 年,第 402—405 页。

店铺,士劳作的场所则是朝堂或公堂。相比之下,农民的生产方式和生活方式最简单最直接,他们自耕自食,守望最本真的自食其力;工匠和商户的劳动价值计量和社会贡献评判要借助市场交换;官员和读书人则主要通过"学成文武艺,货卖帝王家"实现崇高理想和远大抱负。

可以把官员理解成打工仔,但不要认定他们吃软饭。他们吃的是由学养、心智、果敢、忠诚、机巧、圆融、奉献和牺牲混合调制的含金量最高的手艺饭。

反过来说,帝王或者朝廷的基本责任,是常态化提供卓异之士一试身手的平台。如果该平台公平、公道、开放、包容,有底蕴、有底气、有风骨、有气度,网尽天下英才,善任天下英才,厚待天下英才,说明活儿干得不赖。

平台就是饭桌。端坐桌前的,人手一只饭碗。高档些的,是金饭碗。成色差一点的,是铁饭碗。

布衣之交,互施援手,箪食瓢饮透视人心。朝廷用人,走的也是管饭的套路。管饭的习见方式,是付酬,适度、合理的付酬,常态化、机制化的付酬,对得起别人的手艺和青春,对得住自己的招牌和初心的付酬。

官员的酬劳,叫俸禄。俸禄支出,是朝廷的常规性重要支出。

明之俸禄支出,大致三块:藩王、公主俸禄,女官、宦官俸禄,文官、武官俸禄。文武职官员俸禄也是三块:封爵官员俸禄、中央官员俸禄、地方官员俸禄。

封爵官员不同于普通官员。他们都是功臣,跟着先皇水里火里玩儿过命,有伤疤,有战功,没人敢惹,没人能惹。他们搞点特殊化不算过分,特殊化的方式之一是岁俸高于同品级文武官员。洪武三年(1370),朱元璋大封功臣,封公 6 人:韩国公李善长、魏国公徐达、郑国公常茂、曹国公李文忠、宋国公冯胜、卫国公邓愈。封侯 28 人:中山侯汤和、延安侯唐胜宗等。封伯 2 人:忠勤伯汪广洋、诚意伯刘基。此后多次封爵,同步规定受爵者食禄标准。

《明史》《大明会典》记载的勋戚爵禄如次:徐达 5 000 石,李善长 4 000 石,常茂、李文忠、李景隆、邓愈、沐晟、冯胜 3 000 石,徐辉祖、沐英、郭英、胡海 2 500 石，仇成、张龙、吴复、周武 2 000 石，汤和、傅友德、廖永忠、胡美、吴良、康铎、耿炳文、华云龙、韩政、张铨 1 500 石，汤绍宗 1 000 石，华高 600 石，刘琏 500 石，汪广洋 360 石，刘基 240 石。

与俸禄制并行，明朝行公侯伯赐田制。俸禄为当朝定制，是固定性工资，赐田多偶尔兴起，类一次性奖金。明初，"勋戚皆赐官田，以代常禄，其后令还田给禄米"①，但中后期赐田记录不绝于书，说明还田只是阶段性政策抑或从未成功。洪武初勋臣俸禄"皆全文米"，永乐后本折兼支，折色日多。

明朝多次进行工资改革。第一次，洪武四年（1371）正月，中书省、户部定百官岁禄标准：正一品 900 石，从一品 750 石；正二品 600 石，从二品 500 石；正三品 400 石，从三品 300 石；正四品 270 石，从四品 240 石；正五品 180 石，从五品 160 石；正六品 100 石，从六品 90 石；正七品 80 石，从七品 75 石；正八品 70 石，从八品 65 石；正九品 60 石，从九品 50 石。"省、部、府、州、县、卫、所、台、宪诸司官，验数月支。其太常司（寺）、钦天监、侍仪司、太医院等，并各库局官，量裁有差。"②

第二次，洪武十三年（1380）二月，户部重定内外文武官岁给禄米俸钞之制。这次工资改革有两大特点：提高禄米标准；米外加钞。其制以岁计：正一品禄米千石，从一品 900 石；正二品 800 石，从二品 700 石；正三品 600 石，从三品 500 石；正四品 400 石，从四品 300 石；皆给与俸钞 300 贯。正五品 220 石，从五品 170 石；俸钞皆 150 贯。正六品 120 石，从六品 110 石；俸钞皆 90 贯。正七品 100 石，从七品 90 石；俸钞皆 60 贯。正八品 75 石，从八品 70 石；俸钞皆 45 贯。正九品 65 石，从九品 60 石；俸钞皆 30 贯③。

按当时"每米一石，折钞二贯五百文"④的折算率，4 石米和 10 贯钞等值。米钞合计，这次调资幅度较大，正一品、从四品、从九品分别增资 24%、

---

① 《明史》卷八二《食货六》。
② 《明太祖实录》卷六〇。
③ 《明太祖实录》卷一三〇。
④ 《诸司职掌·户部度支科·廪禄·俸给》。

75%、44%。

有明一代最后一次全面调整百官岁禄,在洪武二十年(1387)九月。调整重点不是俸禄增减,而是去零存整。改革要点:俸禄仍以米计;取消俸钞;由以岁计改为以月计,即年薪改月薪。总体计算,官员俸禄下降。

经宋代强化和固化,国人官本位意识根深蒂固。延续和发展到明代,官制和官俸特点鲜明:职官名目繁多;官阶与政治、经济待遇正相关,官越大收入越高;双轨运行,文武待遇不同、京官和地方官待遇不同、流官和土官待遇不同。

明代官俸以米石计,实际支取中有繁杂的"俸钞折色"变化。"洪武时,官俸全给米,间以钱钞兼给,钱一千、钞一贯,抵米一石。成祖即位,令公侯伯全支米,文武官俸则米钞兼支。官高者支米十之四五,官卑者支米十之六八,惟九品、杂职、吏、典、知印、总小旗、军,并全支米。其折钞者,每米一石给钞十贯。永乐二年乃命公侯伯视文武百官,米钞兼支。仁宗立,官俸折钞,每石至二十五贯。宣德八年,礼部尚书胡濙掌户部,议每石减十贯,而以十分为准,七分折绢,绢一匹抵钞二百贯。少师蹇义等以为仁宗在春宫久,深悯官员折俸之薄,故即位特增数倍,此仁政也,讵可违?濙不听,竟请于帝而行之,而卑官日用不赡矣。"①

禄米改支折色,折支何物、折支多大比例,主要视朝廷需要而定。除月米外,折支之物有钞、胡椒、苏木、绫罗绢、布、衣物、盐、茶、钱等,最后以银为多。改折缘由不复杂但很无奈:漕运困难,供给不及;一些特别物品积压严重,如外贸输入胡椒、苏木,赃罚库之绫罗衣物。

大约万历年间,经反复调整,明代官俸形成本色与折色并行,以银为主,米钞为辅的支放结构。本色俸中,除每月关支一石米外,其余分别折绢、折银,故有折绢米、折银米名目。折色俸又包括折布、折钞两部分。

这就让官员俸禄过于复杂。我们以从九品官俸为例,演示其推导过程。本色俸42石减月米12石,余30石依12月均分,每月2.5石。每年中

①《明史》卷八二《食货六》。

两个月关支折绢米,5 石;10 个月关支折银米,25 石。折绢米每石折银 6 钱,计银 3 两,折银米每石折银 6 钱 5 分,计银 16.25 两,本色俸合计关支银 19.25 两。折色俸 18 石,每石折钞 20 贯,计钞 360 贯。折钞后分上、下半年关支,上半年支本色钞锭 180 贯,下半年以棉布折支。每钞 200 贯折布 1 匹,180 贯折布 0.9 匹,1 匹折银 3 钱,计银 0.27 两。算下来,从九品官员每年最终关支俸禄本色米 12 石、白银 19.52 两、钞 180 贯。

明代一品至九品正式官员俸禄由国库支付,地方政府任命或聘用的官吏,俸禄由地方政府自行筹措发放。地方官俸禄微薄,一旦地方财政留存不足以支付官俸,只能走创收,即加重征敛一途,这就使地方非正式官员的俸禄支出变得复杂莫名,难以尽述。

《明史·食货志》说:"国家经费,莫大于禄饷。"这是实话。

第六节　军费支出:从"丰产田"到"无底洞"

我们曾在本书第四章专门介绍明朝兵制。

从国防和财政意义说,三位一体的卫所制度、军户制度和军屯制度,是朱元璋借鉴前代兵制、屯田制经验,务实而智慧地推行的一种寓兵于农、寓农于兵、战守结合、屯守结合的建军制度。

作为天下初定、百废待兴时期的防御性建置,明初兵制因平稳顺利实现减轻国家财政负担和捍卫新兴政权两大目标而彪炳史册。

后世评估明代军屯成效,多引用这样一段话:"永乐朝,屯田米常溢三分之一,常操军十九万,以屯军四万供之,而受供者又得自耕边外,军无月粮,以是边饷恒足。"①

时间轴稍稍拉长,则更有说服力:自洪武到宣德,四朝六十余年间,军

---

① 《明史》卷七七《食货一》。

队饷粮基本自给,其中永乐年间自给率最高。

下面这笔账从量和质两个维度支持前面的结论。这是平面账,也是立体账。

"天下卫所军士月粮,洪武中令京外卫,马军月支米二石。步军总旗一石五斗,小旗一石二斗,军一石。城守者如数给,屯田者半之。民匠充军者八斗,牧马千户所一石,民丁编军操练者一石,江阴横海水军稍班、碇手一石五斗。阵亡、病故军给丧费一石,在营病故者半之。籍没免死充军者谓之恩军,家四口以上一石,三口以下六斗,无家口者四斗。又给军士月盐,有家口者二斤,无者一斤,在外卫所军士以钞准。"①这是第一组数据。

《月粮则例》说"指挥使八石,同知六石二斗……"《赏赐则例》说"冬赏正军棉布三匹,内本色二匹,每匹折银三钱……"②这是第二组、第三组数据。

洪武晚期,全国设内外卫所329个,守御千户所65个。依编制计,兵员约180万人。其后屡屡增设,兵额超过200万人。这是第四组数据。

依四组数据匡算,大体可得明前期养兵成本。实现"一军之田赡一军之用",是非常了不起的治国成就。

事儿,还是坏了,不可逆转,不可收拾。坏事儿的主要原因,是屯地流失,或被军官私占隐匿,或为豪强兼并。随之而来的,是军士逃亡,卫所制度崩溃。

丰产田不复存在,免费的午餐不复存在,大生产运动黯然收场,花钱买平安就成为没有选择的选择。

为抵御也先扰边,朝廷"令各处召募民壮,就令本地官司率领操练,遇警调用,事定仍复为民"③。到成化年间,沿边地区民壮戍守初具规模。弘治七年(1494)十月,明廷从礼科给事中孙孺奏陈,行金选民壮法。

①《明史》卷八二《食货六》。
②(明)顾起元:《客座赘语》卷十。
③万历《大明会典》卷一三七《兵部·金充民壮》。

　　然而,召募民壮和弊端丛集却并未废弃的卫所兵制并行于世,依然不能根本解决边防难题,于是正规募兵制试探着登上历史舞台。

　　明后期,募兵制终成主体兵制。这样的制度变迁,迅速而剧烈加大了明皇朝财政支出压力,因为招募士兵要花很多钱。而且,其中的一些钱打了水漂儿,连个响儿也听不到;还有一些钱扔进了无底洞,连个影儿也见不着。

　　嘉靖二十九年(1550),九边募兵银59万两。这说明,募兵制很费钱。

　　总体上说,募兵薪饷高出卫所军至少一倍。在南方,募兵日饷三分,三四倍于卫所军。这说明,募兵制越来越费钱。

　　大妈经济学告诉我们:茄子总涨价,费钱;一买一麻袋,更费钱。

　　募兵规模是一袋茄子,年例银数额是一袋钱。两个袋子高度正相关。

　　据不完全统计,弘治十三年(1500)至正德三年(1508)之间,明廷先后实解大同、宣府、延绥、辽东、宁夏、甘肃、榆林等边镇年例银、奏讨银及折粮、赃罚、盐价、户口食盐等项银两计14 411 500余两,年均160多万两[①]。

　　明后期,自北边到东南海疆,边事日多,形势普遍严峻,经常性军事开支不断增加。加之军队弊端愈益严重,军费漏洞大到失控,军费支出占整个财政支出的比重滚动增长。嘉靖二十七年 (1548) 到万历四十五年(1617)有据可查的14个年度,军费支出最低221万两(嘉靖二十八年,1649),最高418万两(隆庆元年,1567),军费支出占岁出银总数的比率最低53.65%(嘉靖二十八年,1649),最高97.25%(万历四十年,1612)。

　　就结构和体量而言,军费开支主体是两块,一块是募兵费用和饷银,另一块是籴运粮料草束、修筑城墙城堡和制造火炮战车战舰。每一块中的每一项都很烧钱。明朝设置兵仗、军器二局,分造火器,其中炮、铳类数十种。

---

　　① 全汉昇:《明中叶后太仓岁出银两的研究》,《中国近代经济史论丛》,(台湾) 稻禾出版社1996年,第288—289页。

号将军者,自大至五。又有夺门将军大小二样、神机炮、襄阳炮、盏口炮、椀口炮、旋风炮、流星炮、虎尾炮、石榴炮、龙虎炮、毒火飞炮、连珠佛朗机炮、信炮、神炮、炮里炮、十眼铜炮、三出连珠炮、百出先锋炮、铁捧雷飞炮、火兽布地雷炮、椀口铜铁铳、手把铜铁铳、神铳、斩马铳、一窝蜂神机箭铳、大中小佛郎机铜铳、佛郎机铁铳、木箱铜铳、筋缴桦皮铁铳、无敌手铳、鸟嘴铳、七眼铜铳、千里铳,四眼铁枪、各号双头铁枪、夹把铁手枪、快枪以及火车、火伞、九龙筒之属,凡数十种①。

这些武器永乐年间始造,"正德、嘉靖间造最多"。除常规器械外,还有战车、战船。据周伯棣统计:"明代所造战车,有独辕车八百辆,或刚车三万辆,皆供馈运;正统十二年(1447)始议用火车备战,自是战车之中,有骡车、独马小车、偏箱车、独轮小车、军队小车、御敌车、雷火车、只轮车、先锋霹雳车、全胜车。自正统以来,提倡车战,但未尝一当敌。至戚继光守蓟门,奏练兵车七营,每营重车一百五十六,轻车加百,步兵四千,骑兵三千;十二路(省)二千里间,车骑相兼,可御敌数万。穆宗赞同,命给造费。"②

东南沿海及江河水军战具,主要是舟楫。这是海军装备,极其烧钱。

而舟楫之用,则东南所宜。舟之制,江海各异,太祖于新江口,设船四百。永乐初,命福建都司造海船百三十七,又命江楚两浙及镇江诸府卫造海风船。成化初,济川卫杨渠献桨舟图,皆江舟也。海舟以舟山之乌槽为首,福船耐风涛,且御火。浙之十装标号、软风苍山,亦利追逐。广东船铁栗木为之,视福船尤巨而坚。其利用者二:可发佛郎机,可掷火球。大福船亦然,能容百人,底尖上阔,首昂尾高,柁楼三重,帆桅二,傍护以板,上设木女墙及炮床……③

①③《明史》卷九二《兵志四》。
②周伯棣编著:《中国财政史》,上海人民出版社,1981年,第399页。

这些战舰，大多帆橹并用，矢石与火器兼备。自嘉靖以来，倭寇劫扰东南，海舟相对发达，海舰制造亦是军费开支的大宗。

有必要说一说明长城。国家文物局和国家测绘局经近两年调查与测量，于2009年4月18日首次公布明长城数据：东起鸭绿江畔辽宁虎山，西至祁连山东麓甘肃嘉峪关，从东向西行经辽宁、河北、天津、北京、山西、内蒙、陕西、宁夏、甘肃、青海十省(自治区、直辖市)的156个县域，总长8 851.8公里。其中，人工墙体6 259.6公里，壕堑359.7公里，天然险2 232.4公里。还在南方修筑长城。这是秦以后最大规模的长城重建修建工程，耗费大量人力物力财力。

战争，考验的是综合实力。真正意义上的军备，是系统工程。万历十四年(1586)，经阅视陕西各镇关军事设施、屯军、军备底数，兵部报告各镇战备物资(不计银两、粮草、马匹)实在数目，其中：

甘肃创修边垣大墙9里又566丈，边墩、壕堑、栏马、营盘共77道，墩塞、旗台、营院、宿房、吊桥共1 910间，增修土石墙垣、水洞共14 202丈。此谓修筑险隘支出。

延绥实在军器火器火炸药共2 158 300余件，火箭、火线、药桶、缸坛等项430 420条、枝，铁、铅、石子3 163 600余斤、个。此谓备置器械支出。

辽东开战后，新募士兵越来越多，需造军器品种、数量增加，致军费开支陡涨。万历末年，辽东镇旧额官军82 377名，新募及调援官军18万人，合计26万余人。天启初年，仅山海关内外11万骑步兵，每年各种支出400多万两。其他各处新兵约费银120万两。镇守登、莱、皮岛的毛文龙部每年支饷约80万两。三项合计，600万两以上[1]。

仗，越来越难打；饷，越来越难筹。行三饷加派等饮鸩止渴之策，局势始终不见好转，败象却日渐清晰。

---

[1] 全汉昇：《明中叶后太仓岁出银两的研究》，《中国近代经济史论丛》，(台湾) 稻禾出版社1996年，第309—310页。

第七节　教育支出:百年大计不差事儿

朱元璋生于赤贫农家，打小没受过正规教育。刘德的儿子读书的时候,他在给刘德放牛。讨饭、当和尚、抢地盘、当皇帝,一步步成长,想必朱元璋对文化底子薄的后果体会最深。非科班和野路子或许并不影响他明辨是非、谋近思远、发号施令、生杀予夺,但凝结在传统文化中的中国智慧每每迸发的巨大诱惑力,无疑时时激荡着这位开国皇帝的英气和文心。

如果一个人的短板是文化,而他又幸运地或者不幸地跌入官场,他跋涉的每一步注定会莫名艰辛。

穷得只剩下文化,是一种高贵的富有;富得只剩下金钱,是一种卑贱的贫困。

朱元璋毕生都在学习。他的课桌,在军营,在谷场,在朝堂。他的课程,包罗万象。

朱元璋毕生都在教育别人。对基础教育和高等教育,他投入极大热情。洪武初年的一份上谕表明了他对帝国学校建设清晰而坚定的支持态度:

> 学校之教,至元其弊极矣。上下之间,波颓风靡,学校虽设,名存实亡。兵变以来,人习战争,惟知干戈,莫识俎豆。朕惟治国以教化为先,教化以学校为本。京师虽有太学,而天下学校未兴。宜令郡县皆立学校,延师儒,授生徒,讲论圣道,使人日渐月化,以复先王之旧①。

明代教育制度堪称完备。完备的标志有三:一是中央有国子监,地方

---

① 《明太祖实录》卷四六。

241

有府学、州学、县学,分层级,成体系;二是在基本体系之外,以都司儒学、行都司儒学、卫儒学、都转运司儒学、宣慰司儒学、按抚司儒学、诸土司儒学等灵动性机构,将教育的触角延伸到军队和边塞;三是支持和鼓励发展宗学和社学,厚植尊儒重教的民意基础和社会土壤。

《明史·选举志》对明朝教育体系大加褒奖:"明代学校之盛,唐、宋以来所不及也。""无地而不设之学,无人而不纳之教。"①

先说国子监。国子监是全国最高教育机构,又称国学,前身叫博士厅。卢上铭《辟雍考》说博士厅设立于元至正二十四年(1364),那会儿的朱元璋还奔波在造反路上。一年后,朱元璋下令,改集庆路学为国子学。洪武元年(1368)春正月,改国子学为大明国子学。洪武十五年(1382)正式改国子学为国子监②。永乐元年(1403)设北京国子监,永乐十八年(1420)迁都北京,改北京国子监为京师国子监,原京师国子监改称南京国子监。自此,国子监有南北之分。

入国子监的读书人通称监生。依本人出身,监生有官生、民生之分,分别指官品子弟、民间俊秀。土官子弟和外国留学生也可入国子监。依入学途径,监生有举监(举人)、贡监(生员)、荫监(品官子弟)、例监(捐助)之别。

监生是有故事一族。他们的家庭背景、社会关系、成长历程千差万别,他们的故事丰富多彩。他们中的一些人,热衷于推演和传播别人的故事,而他们自己的故事,也被别人推演和传播。

皇帝重视教育,加上百废俱兴,国子监走的是从兴旺到兴旺的道路。洪武十七年(1384)在监学生数千人,原有校舍不足,不得不增筑500余间,名之"外号房"。洪武二十六年(1393)中都国子监并入京师国子监,在监监生8 124名。

永乐七年(1409)到万历九年(1581),北监经历两个发展阶段:永乐七

---

①《明史》卷六九《选举志》。
②陈宝良:《明代学官制度探析》,《社会科学辑刊》1994年第3期。

年到成化二年(1466),监生持续上升,永乐七年最少,1 028 名,天顺六年(1462)最多,13 569 名;成化三年(1467)到万历九年,监生下降。成化二年监生 12 870 名,次年降至 984 名,到嘉靖四十二年(1563)仅有 342 名①。此后,止跌转升。万历四十三年(1564)到四十八年(1569),由 3 195 名小幅增加到 3 515 名。

监生数量是一张晴雨表,折射出国家政治、经济、社会和文化情态。

再说地方学校。明代设置地方学校,始于元至正十九年(1359)。这一年,朱元璋攻占婺州,更名宁越府,王宗显知府事,受命开设郡学,延儒士叶仪、宋濂为五经师,戴良为学正,吴沈、徐原为训导。这是一起标志性事件。朱元璋的架势很圆,力道很足,借琅琅书声递送出的信号很清晰、很坚定、很丰富,很有开拓性、示范性和冲击力。洪武二年(1369),朝廷正式诏命郡县设立学校。以这一年为起点,地方学校、学官制度逐渐规范化、体系化。

府州县地方学校,又称儒学。府学设教授 1 人,训导 4 人。州学设学正 1 人,训导 3 人。儒学生员数,府学 40 人,州、县依次减少。不久,增广生员。宣德中,更定增广生员之额。至后,又于额外增取,附于诸生之末,称附学生员。

增设附学生员意义重大,影响深远。额外增取,打破了明初儒学定额制,向更多学子打开求学大门。比扩招更重要的是,扩招调动了各地发展文化教育事业的积极性和创造性,一时间,府州县学大量新设,地方儒学生员骤增。受扩招激励,文化发达地区生员数量动辄以数万计,内地省份也成千上万。据徐学聚《国朝典汇》载,隆庆年间,江西省一次落考生员即达 4 万人②。边远贫困的贵州,弘治年间"学校至二十四处,生徒至四千余人"③,嘉靖年间已"视昔数倍"④。据韩国学者吴金诚统计,洪武年间全国生

①陈宝良:《明代儒学生员与地方社会》,中国社会科学出版社,2005 年,第 103 页。

②(明)徐学聚:《国朝典汇》卷一二八《礼部二六》。

③《明孝宗实录》卷一五二。

④(明)徐学聚:《国朝典汇》卷一三〇《礼部三三》。

员约 3 万,宣德、正统年间约 6 万,正德年间约 31 万,明末约 50 万①。陈宝良充分挖掘资料,依府学、州学、县学分类统计明中后期生员数量,大体反映出当时的区域经济状况和社会人文生态。

万历末年松江府学 1 000 名,崇祯年间嘉兴府学 800 名,嘉靖二十九年(1550)绍兴府学 700 名,万历间福州府学 680 名、常州府学 520 名、雷州府学 500 名、保定府学 400 名、宁国府学 350 名,万历初年南阳府学 220 名,嘉靖间衡州府学 280 名、寻甸府学 104 名、延平府学 64 名。

万历间寿州学 300 名、易州学 179 名、安州学 150 名、祁州学 134 名,嘉靖间归德州学 260 名、霸州学 150 名,隆庆间赵州学 200 名,万历间邓州学 170 名。

隆庆间临海县学 400 名、惠安县学 378 名,万历间 43 所县学最多 650 名(上海)、最少 70 名(荥泽、河阴),嘉靖间 9 所县学 66 名到 140 名不等,崇祯间嘉兴县学、秀水县学各 800 名。

最后说宗学、社学和武学。

宗学是为年未弱冠的宗室世子、长子、众子、将军、中尉开办的学校。万历中期规定,"宗室子弟十岁以上,俱入宗学。若宗子众多,分置数师,或于宗室中推举一人为宗正,掌理宗学事务。"宗学学生每岁就提学官考试,衣帽与生员同。后又规定,宗生可参加乡试、会试②。

社学旨在培养民间子弟读书成才。洪武八年(1375)正月,朱元璋令天下设立社学。正统时,准许社学学生补儒学生员。弘治十七年(1504)又令各府州县建立社学,选择明师,选送民间 15 岁以下幼童入社学读书。

卫学和武学是面向卫所军官和军户子弟的学校。洪武时置大宁等卫儒学,教授武官子弟。宣德十年(1435)英宗即位,诏令天下卫所皆立儒学。正统六年(1441)设京卫武学,设教授 1 人,训导 6 人,由兵部司官提调,教习勋卫子弟。次年设南京武学。成化元年(1465)申定武学学规,凡十五条。

---

① [韩]吴金诚:《明代社会经济史研究》,东京汲古书院,1990 年。
②《续文献通考》卷六十《学校考》。

成化三年(1467)下令设卫学。规定:"四卫以上,军生八十人;三卫以上,军生六十人;两卫、一卫,军生四十人。"成化九年(1473),令地方提学官选送都司卫所年七岁以上应袭子弟就读武学。无武学的,送卫学或附近儒学。崇祯十年(1637)令天下儒学皆设武学生员,由提学官一并考试录取,并颁行擢用、送操和奖罚办法。

有明一代,朝廷科举取士有两个出乎意料。一是明初朱元璋因为记恨苏松嘉湖一带百姓曾经支持张士诚,下令对该地区课以重税,《明史·食货志》记载:"时苏州一府……官粮岁额与浙江通省埒,其重犹如此。"然而事与愿违,这一带的许多人种田无利,转而经商,结果江浙一带不仅更加富裕,文化也随之繁盛,明清两代共出 200 多名状元,仅苏州独占 35 名;二是被认为烟瘴之地的海南岛,中举人者竟达 594 人之多,其中以琼山最多,达 299 人;登进士者计 62 人,同样以琼山为最,达 41 人。至此海南岛的形象从蛮荒之地变成了"滨海邹鲁之地",声名鹊起。及清,登科入第者减少一半还多,原因不甚明了[1]。

耕读传家久,诗书继世长。

第八节　教育支出:百年大计不差钱儿

明朝的某些皇帝很能坏事儿,但他们很少坏教书育人这档子正经事儿。

再不着调的混混儿也有禁忌,他们知道哪些事儿能胡闹,哪些事儿不能胡闹。

"再穷不能穷教育,再苦不能苦孩子",他们说不出这么煽情的漂亮

---

① 曹钦白:《丘濬的生财、聚财和用财思想——以〈大学衍义补〉为例》,《海南国税》2018 年 3—5 期。

话,也干不出严重干扰传道授业解惑的恶心事儿。

除了后期千疮百孔,一步步滑向崩溃,大明皇朝的基础教育和高等教育一直平稳有序发展。客观公正地说,中央和地方政府投入大量的热情和财力。

一半,靠皇帝、官员、全社会的情怀和担当;一半,靠官僚体制无与伦比、机械僵化的思维定势和处事惯性。

明廷教育支出,主要包括廪生廪粮、生员优免、贫生资助、学员膏火、学校祭孔祭祀费和宾兴费用。

我们从廪粮说起。关于廪粮标准,万历《明会典》考述较详。概括起来是八个字:常有变化,越来越好。

洪武初,师生廪食月米六斗,有司给以鱼、肉。

洪武十二年,日米一升,鱼、肉、盐、醢之类,皆由官府供给。

洪武十五年,增师生廪馔,月米一石。

正统元年,师生日逐会馔,有司金与膳夫,府学四名,州学三名,县学二名。

天顺六年,谕提督学校官:师生每日坐斋读书,日逐会馔,县学膳夫二名,斋夫二名,不许违误缺役。

弘治三年,奏准:膳夫每名岁出柴薪银四两,以备会馔之用。

弘治八年,膳夫每名出柴薪银十两。若师生不行会馔,有司失于供应,听提究治。

嘉靖、隆庆间,编定县学膳夫二名,每名银二十两;斋夫六名,每名银十二两①。

可以想见,憧憬美好理想的时候,师生们的生活充满阳光。

---

① 万历《大明会典》卷七八《学校》。

由于各地经济发展水平和财政状况差异较大,这些出自朝廷的统一规定,实际执行起来往往有厚有薄,难以整齐划一。

一般情况是,江南富裕之乡,人文兴盛,尊师重教,地方府县增加廪粮、廪膳的佳话不绝于史。叶梦珠《阅世编》说,上海等地士子"一登廪册,即岁食饩银一十八两"①,显见底气和大气。这和当下某些富庶街区的劝学政策并无二致。

闭塞、落后和贫困地区自然要差一些,甚至差很多。

也有某些府县因特殊机缘受到朝廷特别关爱。天顺八年(1464),"增京畿府、州、县儒学生员廪米。先是各生月支本色米六斗,余并折钞。今加增二斗。从提调学校御史陈政言也。"②依国人的评判标准,陈政干了一件大好事,至于这种和职权密切相关的排他性好事是不是公平,似乎不该计较。

需要说明的是,依制,只有廪膳生员才能享受廪粮、廪银待遇,这等于说各府州县儒学中的增广生员、附学生员一般无缘享受这一待遇。而实际情况是,府州县学生员廪粮取自地方存留,各地究竟如何掌握,要看存粮丰盈度,还要看当权者的内心柔韧度。为穷学生雪中送炭,是善政,是美德,没准儿还是投资。

赋役优免是一项经济意义和政治意义等重的特权。该特权差不多是故意设计并时常显摆的,用意和初衷大抵相当于白岩松笔下的美国校车③。在皇权社会,在官本位语系,特权是最生猛、最有杀伤力的指挥棒和传声筒,足以不断孵育和放大每一个社会成员的羡慕嫉妒恨,而朝廷、官员和生员则乐于用这种放大效应来验证决策的前瞻性、饱和度和个人自信心、成就感。

"特权"之所以被称作特权,是因为相关制度安排加大了不同群体间

---

① (明)叶梦珠:《阅世编》卷二《学校》。

②《明太祖实录》卷一三三。

③ 白岩松:《岩松看美国》,华艺出版社,2009年,第1页。

的社会地位落差，而且为这种落差预制了合情合理合法的外衣。与挣扎在社会底层的闾阎小民相比，生员们有形的、可量化的实惠和利益，连同隐形的、难以量化的尊崇和荣耀，显得那么真实，那么亮眼，那么熨帖。

对国家而言，生员赋役优免是一种利益让渡。有研究者将这种让渡解释为财政支出，笔者以为不够直观，因为赋役优免的作用机理是直接减少财政收入。如果一定要从财政支出这头说事儿，也只是本来应该由各级政府埋单的基础教育和高等教育开支，通过特定人群免役免粮这种方式，抄了近道。

明代生员享受优免特权起源于洪武年间，起初只免役，不免粮。正统十年（1445），令监生家免差役二丁。整整一百年后，嘉靖二十四年（1545），朝廷正式议定并颁行面向品官、教官、监生、举人、生员的优免则例，大致内容是：

> 京官一品，免粮三十石，人丁三十丁；
>
> 二品，免粮二十四石，人丁二十四丁；
>
> 三品，免粮二十石，人丁二十丁；
>
> 四品，免粮十六石，人丁十六丁；
>
> 五品，免粮十四石，人丁十四丁；
>
> 六品，免粮十二石，人丁十二丁；
>
> 七品，免粮十石，人丁十丁；
>
> 八品，免粮八石，人丁八丁；
>
> 九品，免粮六石，人丁六丁；
>
> 内官、内使亦如之。
>
> 外官各减一半。
>
> 教官、监生、举人、生员，各免粮二石，人丁二丁[1]。

---

① 万历《大明会典》卷二〇《赋役》。

生员本身差役,自然"一风吹"。

明代学校的某些常规性开支,主要依赖学田。承前代之旧,各级学校多有学田。如徽州府学学田主要来自于宋元时郡守"增置田地山共一十八顷八十八亩有奇,岁之入八百余石",明初,这些田土"令皆入官而给其师生廪禄"①。其后由公产拨付事例很多,如崇明县旧例,"若有科第新发,请拨公产,以资养廉,名曰摘拨。"②明中后期,相当一部分学田由土绅或义民捐赠,地方志或家谱不乏表扬和自我表扬。不管什么来路,一旦成为学田,便视作"入官",成为官田,顾炎武便将学田归入官田③。捆绑于官田的支出项目主要有:

祭孔之费。明代学校大规模祭孔始于洪武十五年(1382),是年四月,朱元璋给礼部诏书,令天下通祀孔子,并赐学粮,增师生廪膳。

> 上谕礼部尚书刘仲质曰:孔子明帝王之道,以教后世……令天下郡县庙学并建,而报祀之礼止行京师,岂非阙典? 卿与儒臣其定释奠礼仪,颁之天下学校,令以每岁春秋仲月通祀孔子。又命凡府州县学田租入官者,悉归于学,俾供祭祀及师生俸廪。仲质对曰,前代学田多寡不同,宜一其制。乃诏定为三等:府学一千石,州学八百石,县学六百石,应天府学一千六百石,各设吏一人以司出纳④。

尚方宝剑在手,各府州县均增置学田。学田收入首供祭祀孔子,有的地方干脆称学田为供田。

膏火及各项学习应试费用。膏火原指灯火,明代又指供给生员学习的津贴,多由学田租支出。诸生平日在校肄业所发生种种费用,只要学田充足,也据实支出。所谓种种费用,包括:诸生每月会课饷银、文卷银、笔纸

---

① 康熙《徽州府志》卷七《营建志》。
② 康熙《崇明县志》卷四《赋役志》。
③ (明)顾炎武:《日知录》卷一〇《苏松二府田赋之重》。
④ 《明太祖实录》卷一四四。

银;生员参加府州县季考或提学岁考的茶饼、赏银、花红、月银;参加乡试的盘缠银,或花红、酒席银等。叶梦珠说:"南直隶上海县诸生,府州县季试,则有供给、激赏。学院赏银,一等每名一两二钱,首名倍之;二等八钱;三等三十名内则备纸笔。此外,则有花红,供给则没人饼饵八,时果数枚。"①

宾兴诸事。地方官设宴招待应举之士,谓之宾兴,后又径称乡试为宾兴。据地方志记载,明代宾兴诸礼主要包括生员应试、举人报捷、郊迎、释菜、赴宴、归第、会试、进士、贡士等。如论者所言,宾兴虽专指乡试,然其外延甚广,举凡生员之岁考、参加科举乡试生员之选拔、乡试、会试、生员出贡,均在宾兴范围。所有这些,都有规范化的礼仪,并给予一定数额经济资助。与生员相关宾兴之礼,包括生员应试、科举报捷、岁贡出学三项。届时,地方有司备礼相贺,其应得夫马、盘缠,悉有定规②。救助贫困生员,也是学田收入的重要支销项目。对应到财政支出科目,当属社会保障支出。

国人常以耕读之家自励、自夸,这是高调的谦逊。

第九节　水利建设—农田水利支出:为命脉买单

中国是农业大国,水利是农业的命脉。

以重农著称的朱元璋比任何人都清楚"国计民生"四个字的分量。延续农民的质朴、坚毅和勤勉,朱元璋的心里始终装着黎庶的疾苦和温饱,装着希望的田野和跳荡的乡愁。

早在元至正十八年(1358),他就以自信、自省和自强的心态,在自己的控制区"设营田司以修筑堤防,专掌水利"③,摆出一副好庄稼把式的架

---

① (明)叶梦珠:《阅世编》卷二《学校》。
② 陈宝良:《现代儒学生员与地方社会》,中国社会科学出版社,2005 年,第 419 页。
③ 《明太祖实录》卷六。

势和气势。

造反成功后,全国广泛兴建水利设施,治理江河湖海水患的工程一茬接续一茬,一浪高过一浪展开。

"理财之道,莫先于农。"①

"财赋出于农田。农田以水为利,亦以水为害。"②

直来直去、务实趋利的思维方式和理财范式,让朝廷的基本国策、官员的人生理想和农民的生存需求无缝对接、同频共振。

为了共同而有区别的责任和共同的目标,大家一起甩开膀子。

翻开《明实录》,有关农田水利建设的记载可谓连篇累牍:

洪武元年(1368),李相知和州,间南乡铜城堰闸久废,堰下沃壤历历,因无水而弃耕。李相"乃召其父老,训谕集众修浚之,度工计财,俾父老之习事者董其役,未几二闸皆成,时起启闭以禁旱涝,堰堤周回二百余里,田得常稔"③。

干正事永远不缺同行者。高扬上报国家下安黎庶的猎猎帅旗,凝心聚力、众志成城都不在话下。

洪武四年(1371),修治广西兴安县灵渠,甃石以闸,以防水泄,可溉田万顷④。洪武二十九年(1396),再度大规模整修灵渠,"命监察御史严正直发旁县民丁修之,浚渠五千余丈,筑溷潭及龙母祠土堤百五十余丈,又增高中江石堤,改作滑石陡,凡陡涧之石碍舟行者,悉以大煅凿去之,于是可通漕运矣。"⑤

由单一灌溉,到灌溉和水运并兴,该工程的经济效益、社会效益大增。

洪武六年(1373),组织松江、嘉兴等地民夫两万人,开浚上海县胡家港,自海口至漕泾,长千二百余丈,阔二十丈,以通海船。疏浚海盐县澉浦河⑥。

①《明太祖实录》卷六。
②《明神宗实录》卷五一九。
③《明太祖实录》卷三二。
④《明太祖实录》卷六〇。
⑤《明太祖实录》卷二四七。
⑥《明太祖实录》卷十九。

海船更有话语权。"高一年级"的工程是政绩工程，也是惠民工程。

洪武八年（1375），为解决渠堰下流壅塞、不通灌溉两大难题，长兴侯耿炳文主持修浚西安府泾阳县洪渠堰。"由是泾阳、高陵等五县之田，大获其利。"①洪武三十一年（1398），以更大的勇气、魄力和担当，大修洪渠堰，"上命长兴侯耿炳文，工部主事丁富，陕西布政使司参政刘季篪督兵民修筑之，凡五月堰成，又浚堰渠一十万三千六百六十八丈，民皆利焉。"②

23年间两修洪渠堰，耿炳文被历史和苍生永远铭记。

洪武九年（1376），彭州知州胡子祺修筑都江堰，有功，擢升延平府知府。此前修筑都江堰，所用多铁石材料，费多且易被汛水冲决。"子祺建议修筑只用竹木。堰成，费省而利博，民甚便之。"③

"只用竹木"是功绩，更是胆识。很多时候，专业素养比热情、雄心和干劲更好使。

洪武十九年（1386），长乐县丞赵尹主持修筑海堤，长乐田地由是无斥卤之患，而岁获其利④。五年后，修筑"上虞县海堤四千丈，并改造石闸，用工万六千一百六十"⑤，修筑"海宁县海堤三千九百余丈，用工七万六千"，修筑"奉化县海堤四百四十丈，用工五千六百"⑥。

都是大工程。大工程需要大投入，大工程回报大产出。

洪武二十七年（1394），朱元璋派大批国子监生到各地督责地方官民修筑水利工程，掀起兴修水利高潮。讲完重要性和紧迫性，朱元璋给监生们布置任务：

> 耕稼，衣食之原，民生之所资，而时有旱涝，故不可已无备……朕

---

① 《明太祖实录》卷一〇一。
② 《明太祖实录》卷二五六。
③ 《明太祖实录》卷一〇一。
④ 《明太祖实录》卷一七八。
⑤ 《明太祖实录》卷二〇七。
⑥ 《明太祖实录》卷二〇八。

尝令天下修治水利,有司不以时奉行,至令民受其患,今遣尔等往各郡县,集吏民,乘农隙相度其宜,凡陂塘湖堰可潴蓄以备旱暵、宣泄,以防霖潦者,皆宜因其地势修治之①。

如果说上述系列水利工程是自发的、应急的、着眼当下的局部行动,那么,起步于洪武二十七年(1394)的监生督水则是全局性的、立足长远的大规模统一行动。前者是现实的利益取舍,后者是坚定的意志宣示。

利益取舍和意志宣示没有高下之分。因为二者均以苍生福祉为最高追求,这就让政府和民间的所有努力合流到核心价值观的框架之内。

说什么,未必很重要。做什么,指定很重要。

监生督水的成果是三个数字:开塘堰40 987处,浚河4 162处,修建陂渠堤岸5 048处②。借用伟大领袖毛主席的一句话说,这叫"敢教日月换新天"。

比开塘浚河修堤更重要、更丰硕、更有含金量的成果,是通过最接地气的学习和实践活动,锻炼、考察和培养了国家后备官员。搬课堂到陂塘湖堰,监生们的家国情怀、悲悯情怀想必快速生长。朱元璋可谓良苦用心。

太祖一朝,屡兴大规模水利工程,妥妥的! 这是百废俱兴、励精图治,功成不必在我、功成一定有我的节奏。经过数十年努力,全国重要水利工程普遍得到整修,由大乱到大治的局面逐步形成,为后来的治水兴农奠定了坚实基础。

洪武以后,全国各地以保持农田、扩大灌溉面积、增加粮食生产为主要目标的常态化治水活动,像滚滚流动的黄河水一样绵延不绝。各朝接连颁发专门兴修水利的诏令,不断派遣专官到各地督饬。

永乐元年(1403)派夏元吉为专使,治理苏松嘉兴水患。

宣德三年(1428)谕令全国:凡水利宜兴举者,地方有司应尽快举办,不得迟缓。次年,饬令各郡县及时修浚陂池堤岸,慢者治罪。

---

① 《明太祖实录》卷二三四。

② 参见张建民、宋俭:《灾害历史学》,湖南人民出版社,1998年。

正统间(1436—1449)，命全国各地地方官秋收后乘农隙督治农田水利，据实上报成果，中央派专门使臣到各地稽查。地方官任满之时，主要考成其水利建设实绩。

这就串起一个从谋划到实施再到考核奖惩的完整闭环。

成效很大。仅太湖及吴淞江、刘河等修浚，明代多达1 000多起①。各主要流域和重点水利设施的修浚工程亦史不绝书②。

史书记载治水工程，很少提及花费，想必统计体系不够完备。

有必要说明的是，有明一代，地方水利建设经费不一定出自中央财政，或者说不完全出自中央财政，相当一部分其实来自三处：地方财政，地方官劝捐民间物力，民间自发集资、出役。

但是，由官府主持兴修的水利项目，仍可视作国家财政支出。所不同的是，这些开支应归属到预算外，而且大多是隐性的。

第十节　水利建设—治黄治运：干正事，我们是认真的

明代水利建设支出由三大块组成：以防洪、抗灾、灌溉和保护农田为主要取向的一般性水利工程支出，黄河治理工程支出，大运河维护、修治工程支出。

"莫道石人一只眼，挑动黄河天下反。"因治黄引发农民起义，曾经横扫亚欧大陆的"大哉乾元"政权一步三回头溃守大漠，淡出历史舞台，兴致勃勃又小心翼翼接管政权的朱明王朝也接管了河患。他们的运气并不比黄金家族好，终明之世，黄河多患，几未停歇。治理黄河，一直考验着他们

---

① 参见张建民、宋俭：《灾害历史学》，湖南人民出版社，1998年。
② 参见姚汉源：《中国水利史纲要》，水利电力出版社，1987年；武汉水利学院编：《中国水利史稿》，水利电力出版社，1987年；长江流域规划办公室编：《长江水利史略》，水利电力出版社，1979年。

的本事和耐心。

朱元璋建都南京,统治集团人吃马喂主要依赖附近地区,南北漕运尚未提升到政治高度和战略高度。王朝甫建,百废待兴,腾不出更攒不够合适剂量的人力、财力、物力、精力和智力大规模综合治理黄河,统治者心心念念的治黄只能局限于河患严重地区,拿得上台面的手段只有免租、赈灾和防护旧堤,权宜性、选择性特征明显。永乐迁都后,国家政治中心北移而经济重心不变,京师须臾不可断供的各种物资由长江中下游地区启运,运河由此贴上国家命脉的标签。

黄河历来桀骜不驯。桀骜不驯的表现方式之一,是改道,随心所欲的改道,无休无止的改道。

明代黄河河道变迁的总趋势是夺淮入海,当时从徐州到淮安,黄河河道同时是运河运道。这意味着明代河患既是黄河河患, 大多又是运河河患。明人既希望全天候引黄济运,又担心黄河水量剧烈波动,时不时冲毁或淤塞运道。

治黄必治运,治运必治黄。这加大了治水难度。

还有一个重要因素每每挑动官员们的敏感神经,那就是中都城、皇陵和祖陵位于黄运河段之南,治黄治运是政治任务,压倒一切。这加大了治水风险。

正因为如此,朱棣及其继任者不断加强黄河灾害的防御和堤防修守,两河兼治也成为历任皇帝严格恪守的基本原则。

明代黄运管理制度复杂,体制混乱,变化不定,但始终运行在有专门机构和治河专官的制度框架内。永乐迁都后,黄运两河遇紧急事务指派尚书、侍郎及都督临时负责,日常事务则由地方官或漕运总兵官兼管。景泰以后,河道有事专由都察院派都御史、副都御使、佥都御史主持。一般认为,成化七年(1471)王恕任总理河道侍郎是明代设总理河道之始,尽管这只是临时差遣,非定制。正德年间,河患频发,才定设官职。至隆庆,加总理河道提督军务衔,万历时设总理河道兼提督军务。其间,曾有一段时间由漕运总督兼管河道,后分设。河督下属有各段、各专职(管泉、管洪)主事、郎中及御史等管河官吏及沿河各省府州县管河副职或佐吏。以上设官分职，黄运两河，基本相同。运河分段较为复杂，自扬州到通州少则两段，多则六七段，各段设都水分司，主要官员是郎中、主事。

黄运直接影响国计民生，皇朝始终不敢掉以轻心。《明实录》对两河治理记载尤详，叶振鹏主编《中国财政通史·明代财政史》梳理治黄治运重要事件74件，其中洪武7件、永乐6件、宣德1件、正统4件、景泰6件、元顺2件、成化3件、弘治6件、正德5件、嘉靖17件、隆庆3件、万历12件、崇祯2件。

洪武二十四年(1391)黄河决溢，淤塞会通河，运河部分河段不通。永乐迁都后，工部尚书宋礼重开会通河。至此，漕运新格局形成，除极小部分走海运外，各种物资多由运河北运。

明代运河航道长，地形复杂，各种难题缠绕纠结。黄河冲决干扰是一，会通河、通惠河补水不足是二，走黄河、过淮河、过长江是三。朝廷不惜人力财力物力，从三方面整治：局部地区运河改道；开辟水源，兴修水柜；兴修闸坝，控制水流水量①。

运河改道较大工程多在嘉靖以后。运河自大通桥算起，通惠河仅剩通州南一段，又叫大通河。永乐后放弃其通漕。成化、正德时兴工大修，收效不彰。嘉靖六年(1527)直隶巡按吴仲建议大修该段河道，次年发军夫3700人和工匠11万工，开河、修闸、筑堤、纤路，当年五月完工。本次大修共兴修北京通州间庆丰等6闸，浚河21里，开停泊港400丈，宽9丈，筑堤660丈，修石坝高1.6丈，宽22丈，长20丈。漕运原运至张家湾，若再上运须经通州城内，北京仓漕粮由此直接入大运河。

嘉靖初黄河屡决曹、单各县，冲入鲁南昭阳湖，淤塞运道，有官员支招开新河避黄河决溢。嘉靖七年(1528)总河盛应期建议于昭阳湖东别开新河，北起姜家口，南至留城140里，当年发夫98000人，4个月后工程过半，因年旱工巨告停。嘉靖末潘季驯任总河期间，亦有开河之举，延续到隆

---

① 姚汉源：《中国水利发展史》，上海人民出版社，2005年，第409—423页。

庆初年完工。

潘季驯是明清两代最伟大的天才水利学家,得高拱力荐,发明"束水冲沙法",用收紧河道、放纵水流冲力的高招,导演一出以水治水的好戏。

为保证运河畅通,明代大量兴修水利调节工程。永乐时会通河淤塞,成祖命工部尚书宋礼主持,发民丁军夫三十余万开疏,工成后采纳当地老人建议,兴修水柜、斗门等水利设施,以资蓄泄。

> 用汶上老人白英策,筑坝东平之戴村,遏汶使无入洸,而尽出南旺,南北置闸三十八。又开新河,自汶上袁家口左徙五十里至寿张之沙湾,以接旧河。其秋礼还,又请疏东平东境沙河淤沙三里,筑堰障之,合马常泊之流,入会通济运。又于汶上、东平、济宁、沛县并湖地设水柜、陡门。在漕河西者曰水柜,东者曰陡门,柜以蓄泉,门以泄涨,纯复浚贾鲁河故道,引黄水至塌场口会汶,经徐吕入淮,运道以定。其后,宣宗时尝发军民十二万浚济宁以北,自长沟至枣林闸百二十里,置闸诸浅,浚湖塘以引山泉。正统时浚滕沛淤河,又于济宁滕三州县疏泉置闸,易金口堰上坝为石,蓄水以资会通[1]。

作为调节运河水量的重要蓄泄工程,南旺湖水柜经历朝维修,一直维持到清后期。干旱季节,湖水水位过低不能自流入河,朝廷不惜民力,人工车水入河。史载,嘉靖初有水车350辆。

闸坝等配套工程也不可或缺。宋礼之后总督漕运的平江伯陈瑄,督漕三十年间主持修建大量水利工程,其中漕运工程主要有疏清江浦筑纤堤,浚仪真、瓜州二坝港淤,凿吕梁、徐州二洪巨石以平水势,筑刁阳湖、南旺湖长堤,开泰州白塔河通大江,筑高邮湖堤,堤内凿渠40里,自淮至临清建闸47座[2]。曾于太仓发卒20万筑高丘,广20丈,长10里,为航海标准,

---

① 《明史》卷八五《河渠三》。
② (明)杨士奇:《平江侯恭襄陈公神道碑铭》。

称宝山。

陈瑄开清江浦前,运船至淮安须由城东盘坝入淮水,逆流过险段山阳湾至清河口入泗。后陈瑄于原坝外增建四坝,名仁、义、礼、智、信五坝。永乐十三年(1415)又在浦上建移风、清江、福兴、新庄四闸。次年又在城东十里建板闸。陈瑄规定:"淮安五闸三五日一过船,船过时,五闸迭为启闭。汛期水大即于闸口筑软坝,闭闸,所有船只俱盘坝。漕船盘仁义二坝,官民商船或民船从其余三坝入淮。"这些设施对确保漕运秩序化、协调漕运与安全度汛关系,发挥了重要作用。

明代统治者竭力建设和维护的是典型的农业社会,农业经济支出是其财政支出大项,水利建设支出又是农业经济支出大项。

第十一节　社会保障支出:有情义有担当

中国典籍中不乏财政支出用于帮助弱势人群的记载。《尚书·康诰》说:"文王克明德慎罚,不敢侮鳏寡。"《周礼注疏》说:"凡养老,有虞氏以燕礼,夏后氏以飨礼,殷人以食礼,周人修而兼用之。五十养于乡,六十养于国,七十养于学,达于诸侯。""少而无父者谓之孤,老而无子者谓之独,老而无妻者谓之鳏,老而无夫者谓之寡。此四者,天民之穷而无告者也,皆有常饩。"在儒家思想占据中国古代社会意识形态主流的情况下,"节用而爱人"对弱势群体的关注帮助始终是统治者必须直面的问题,并不是一句虚与委蛇就可以概括的。

社会保障是一个社会的气度、温度和人情味儿。

帝制背景下的社会保障和现代社会的社会保障不可同日而语。与现代社会取向相同的社会救助、社会福利、社会保险和社会优抚,远在朱元璋时期或更早已形成相对全面、规范的制度安排,如果一定要探究古今差异,大概只表现在制度的性质和理念基础、制度安排的侧重点和支撑条件等方面。

明代以朝廷或国家为责任主体的社会保障制度内容丰富，态度积极又有弹性，出手慷慨又有节制，在财政支出中占比较大的有灾荒蠲赈支出、孤贫等弱势群体救助支出、高龄老人社会福利支出、军人及其家属社会优抚支出四项。

气象学和历史学研究成果表明,明代是自然灾害频发期。《哈佛中国史》娓娓讲述元明龙见和"九渊"时所表现出来的世界观和方法论,尽管是又飘又远又玄妙又神秘的另一个语系,但作者叙述的基本史实有根有据。发生在明朝的六次持续时间较长的自然灾害,的的确确给这个农业大国带来深重、持久的影响。

不管是何种灾害,只要达到一定时长、烈度和波及面,必然引发饥荒、疾病和社会动荡。明政府全面加强危机处理能力建设,探索形成了比较完备的雨雪、收成、粮价奏报制度,灾情勘报制度,灾蠲制度,灾赈制度,防灾备荒制度。

这是一个完备而科学的运转体系。人类社会演进到工业化和信息化时代,沿用的依然是这个体系。变化当然翻天覆地,但变的是术,不变的是道。

天之道,损有余而补不足。天之道,利而不害。

朱元璋和朱棣是明朝的旗帜性、灵魂性人物,他们为明朝乃至中国做出很多奠基性、开拓性贡献,包括社会保障模型。朱元璋和朱棣要求"天下州县长吏月奏雨泽"[①],以此把控全局,研判形势和规律。"雨泽"就是水文资料。一旦受灾,不拘时限,随时上报灾情和踏勘实情。弘治十一年(1498)朝廷规定,地方政府报告灾情,夏秋两季不得晚于六月底、九月底。万历九年(1581)将内地各省报灾最后时限调整为夏五月、秋十月。

农耕时代备荒救荒的可行、可靠手段是仓储,就是用法治手段,借助行政力量,集中收储一定数量的粮食,用作战略储备,应对灾荒和战乱,稳定局势和人心。明朝影响较大的仓储是预备仓。该仓设于国初,由官府出

---

① (清)顾炎武:《日知录》卷一二《雨泽》。

籴本买粮，储于人口稠密之地，一般每州县东西南北四所，由当地年高笃实之人掌理。仓粮来自官地租米、无碍官钱籴入、赃罚折纳、立功赎罪折纳和民间捐纳。政府颁发条例，对地方官督责考成，给他们"上课"并"喂药"，防止他们不作为、乱作为。预备仓外，各地广设义仓（社仓），由民间主持，官府造册稽查，一年一核。

开仓赈饥只是救命之策，救人的根本途径是稳定社会秩序，恢复生产，重建家园。作为维稳的前置性手段，灾蠲迅速提上议事日程。

灾蠲是统称，明代灾蠲包括灾蠲、民欠蠲和普蠲等，起初手法简单，操作粗放，凡水灾旱灾地区，一经查勘属实，均可按例尽行蠲免。弘治三年（1490）议定灾伤应免粮草事例：以十分计，全灾田地，免税粮七分；灾九分者，免税粮六分；灾八分者，免税粮五分。依此类推，至灾四分者，免税粮一分为止。

与国初粗线条的"尽行蠲免"相比，区别对待似乎更合情合理，只是救灾力道总体上弱了很多。

"很多"是多少？最少三成。朝廷的用心并不复杂，共克时艰而已。如果灾害相对轻微，农民兄弟担当一二，也就扛过去了。

粮食收成说到底是个概率事件，大丰收和绝收概率较小，七八成的丰收和五六成的歉收概率较大。如果不设定必要门槛，不分灾情轻重一律启动救灾响应机制，官员们岂不要忙作一团？真到了颗粒无收那一天，仓储岂不无力招架？

明代赈济有急赈、正赈和加赈之分。急赈多用于洪水、地震等突发性灾荒。正赈是官府赈灾的主体部分，一般区别户等确定赈济标准，多将灾民分为极贫、次贫等不同等级，极贫之家无条件赈济，次贫之家酌情赈济。明初散粮则例规定每大口给米 6 斗、小口给米 3 斗，5 岁以下幼童不给。

救灾是个良心活儿，考验一个国家的硬实力和软实力，考验一个政府的经邦理国能力，考验一个社会的自我修复，即抗打击、自愈和再生能力。这是一个系统工程，需要顶层设计，需要财力支持，需要技术保障。

从明朝社保制度推行历程和实际成效看，和财政状况同样重要的指标是吏治,也就是官员清廉度。拿得出钱才能办得了事儿,有手脚干净、以苍生为念的官员才能办得好事儿。如果赈灾的粮食和银两掌握在心黑手狠又位高权重的贪官手里,管理和监督又严重缺位,后果那是相当可怕。

如果说赈灾能看出一个政权的品质和能力,那么关爱贫弱群体则能看出一个社会的情怀和良心。一向标榜尊儒实际上也尊儒的明朝统治者视抚恤孤贫老幼为朝廷理所当然、义不容辞的责任,这就使其施政行为有高度,也有温度。立国伊始,朱元璋郑重承诺:"鳏寡孤独废疾不能自养者,官为存恤。"①这一承诺很快得到律例确认:"凡鳏寡孤独及笃废之人,贫穷无亲属依倚,不能自存,所在官司应收养而不收养者,杖六十;若应给衣粮而官吏剋减者,以监守自盗论。"②

对官员们狠一点儿,官员们对弱势群体才会好一点儿。

别整没用的,直接上手段。手段够硬,一切都立竿见影。

明朝以接济和收养相结合的手法,坐实社会责任。这也是区别对待。对于有亲属、里甲等可以依赖的孤贫者,官府鼓励基层组织和亲属接济和帮助。确系贫穷无所依倚者,由官府举办慈善机构收养和救助。此类慈善机构首推养济院。养济院承袭宋元旧制,一般一县(州)一所,亦有两所。到永乐十年(1412),基本普及全国。收养对象入院一般要经过严格审查,收养后由中央或地方财政划拨专款,按月发给口粮及花布银等。洪武五年(1372)确定养济标准:"月给米三斗,薪三十斤,冬夏布各一匹。小口给三分之二。"③

除养济院外,对丧失谋生能力而又无依无靠的老弱病残者和因失业或灾害而流落在外的孤贫民众,尽可能采用多种方法救助。《明会典》这样列举:"立养济院以处无告,立义冢以瘗枯骨,累朝推广恩泽,又有惠民药局、漏泽园、旛竿、蜡烛两寺。其余随时给米、给棺之惠,不一而足。"④

---

① 《明太祖实录》卷三四。
② 万历《大明会典》卷一六三《刑部·律例·户律》。
③ 《明书》卷六七《土田志》。
④ 万历《大明会典》卷八〇《礼部·恤孤贫》。

故人不独亲其亲，不独子其子，使老有所终，壮有所用，幼有所长，矜、寡、孤、独、废疾者皆有所养，男有分，女有归。货恶其弃于地也，不必藏于己；力恶其不出于身也，不必为己。是故谋闭而不兴，盗窃乱贼而不作，故外户而不闭，是谓大同。

《礼记》这段话，一直是中国人的梦想。苛求朱元璋和他的子孙实现这一梦想，当然不现实。但不可否认，他们在努力。

第十二节　社会保障支出：尊高年和念勋劳

明代大讲特讲尊老。官产学媒说起尊老，通用一个文化底蕴深厚的术语：尊高年。国初，尊高年简单而直接：给米肉、赐爵。洪武元年（1368）增加侍丁、免杂泛役。洪武十九年（1386）归并老年福利政策，此后陆续拓展。天顺以后，向老年官员倾斜，"始令致仕官七十以上者皆得给酒肉布帛，或进阶。其大臣八十、九十者，特赐存问。盖古者尊高年、养国老之遗意。"①叶振鹏主编《中国财政通史·明代财政史》梳理尊高年大事如次：

洪武元年（1368）诏：民年七十以上者，许一丁侍养，与免杂泛差役。

洪武十九年（1386）诏：所在有司审耆老不系隶卒倡优，年八十九十，邻里称善者，备齐年甲行实，具状奏闻。贫无产业者，八十以上，月给米五斗，肉五斤，酒三斗。九十以上，岁加给帛一疋，絮五斤。虽有田产，仅足自赡者，所给酒肉絮帛亦如之。其应天、凤阳二府富民年八十

① 万历《大明会典》卷八〇《礼部·恤孤贫》。

以上者赐爵里士。九十以上者赐爵社士。皆与县官平礼,并免杂差,正官岁一存问,着为令。

建文元年(1399)二月,赐民高年米肉絮帛。

永乐七年(1409),存问高年。八十以上赐酒肉,九十加帛。

永乐十一年(1413),存问高年,赐酒肉及帛。

永乐十九年(1421)诏:民年八十以上者,有司给与绢二疋,布二疋,酒一斗,肉十斤,时加存恤。

永乐二十二年(1424),令民年七十以上及笃废残疾者,许一丁侍养,并能自存者有司赈给。八十以上者,仍给绢二疋,绵二斤,酒一斗,时加存问。

天顺二年(1458)诏:军民有年八十以上者,不分男妇,有司给绢一疋,绵一斤,米一石,肉十斤,年九十以上者倍之,男子百岁,加与冠带荣身。又诏四品以上官,年七十以礼致仕,不能自存者,有司岁给米五石。

天顺八年(1464)诏:凡民年七十以上者,免一丁差役,有司每岁给酒十瓶,肉十斤。八十以上者,加与绵二斤,布二疋。九十以上者,给与冠带,每岁设宴待一次。百岁以上者,给与棺具。

成化二十三年(1487)诏:在京文职以礼致仕,五品以上,年及七十者,进散官一阶。其中廉贫不能自存,众所共知者,有司仍每岁给与食米四石,不许徇情滥给。

弘治十八年(1505)诏:文职官员五品以上者,以礼致仕在家者,各进阶一级,其二品以上大臣,年及八十者,有司备采币羊酒肉问劳。九十以上者,遣使存问。

正德六年(1511)五月,赐京民八十以上粟帛。

嘉靖元年(1522)诏:文职致仕,一品未受恩典者,有司月给食米二石,岁拨人夫二名应用。二品以上年及八十者,备采币羊酒问劳,九十以上者,遣使存问。五品以上以礼致仕,年七十以上者,进散官一阶,其中廉贫不能自存,众所共知者,岁给米四石,以资养赡。内外大小文武官员人等死于忠谏，老亲寡妻无人待养者，有司量加优恤。

嘉靖十五年（1536），赐高年粟帛①。

尊高年演进轨迹表明，官本位三个字搀乎进来，道儿渐偏，味儿渐淡。

该说伤残、亡故军兵及其家属优待抚恤了。"国初武臣亡殁，念其勋劳，赙恤之典，特从优厚。"②"国初南京设故官营，凡故官子孙妻女皆送入优给。"③洪武元年（1368）发布《优恤将士令》规定："凡武官军士，两淮、中原者，遇有征守病故阵亡，月米皆全给之。若家两广、湖湘、江西、福建诸处，阵亡者，亦全给；病故者，初年全给，次年半之，三年又半之。其有应世袭而无子及无应袭之人，则给以本秩之禄，赡其父母终身。"④

明行军户制，以归附、随征、垛集、抽籍、谪发五类军户为固定兵源。国家抚恤军士本人，还优免军户赋役。洪武三年（1370）"令各府县军户悉免杂役"，稍后诏"士卒战伤，除其籍，赐复三年"⑤。洪武四年（1371）"命中书省定军官军士优给之例"⑥，初步形成以优给和优养为主要内容的社会抚恤制度。洪武五年（1372）左右，厘清优给和优养边界，"乃分子孙应袭年未及者，曰优给；子孙废疾故绝、止遗母若妻若女及年老无承袭，曰优养。"⑦

颁行于洪武四年（1371）的《总例》，可以视作明代优抚制度的底本。

军职阵亡，无子弟而有父母、若妻者给全俸，三年后给半俸。有子弟而年幼者亦同候袭职，给半俸。有特旨令其子孙参随历练，及未授职者给半俸。其病故，无子弟而有父母若妻者，给半俸终身。有子弟年幼者，初年给半俸，次年又半之，俟袭职给本俸。特旨参随及未授职

---

① 叶振鹏主编：《中国财政通史·明代财政史》，湖南人民出版社，2013 年，第 310—311 页。
② 万历《大明会典》卷一〇一《礼部·恩恤》。
③⑦ 万历《大明会典》卷一二二《兵部五·优给》。
④ 《明太祖实录》卷三七。
⑤ 《明会要》卷五二《民政三》。
⑥ 《明太祖实录》卷七〇。

者,亦给半俸。

军士阵亡,有妻者月粮全给。三年后守节无依者,月给米六斗终身。病故,有妻者,初年全给,次年总小旗月给米六斗,军士给月粮一半,守节者给终身。

将士守御城池,战没病故,妻子无依者,守御官计其家属,有司给行粮,送至京优给。愿还乡者亦给粮送回。愿留见处者,依例优给①。

亡故军士优给常与丧祭礼仪标准结合运用,百户以上武官亡故,由官府主持,依一定标准安葬,按级别优给米布。洪武二十六年(1393)优给则例规定:"凡阵亡、失陷、伤故、淹没全支,边远守御、出征并出海运粮病故者减半。"其中:

一品米 60 石,麻布 60 匹;

二品米 50 石,麻布 50 匹;

三品、四品米 40 石,麻布 40 匹;

五品、六品米 30 石,麻布 30 匹。

公侯不分病故阵亡,给麻布百匹,由礼部奏议封谥,自初丧至服除以次遣官致祭。指挥使至指挥佥事亡故,礼部移咨工部造坟安葬,亦节次遣官致祭。安灵、下葬、服除,照例优给追赠。卫所镇抚千户百户亡故,礼部移咨工部造坟安葬,止二次遣官致祭。安灵、下葬、服除,照例优给追赠②。

对特殊环境或特定战役中伤亡官兵,一般以特旨优恤。洪武十五年(1382),武昌右卫指挥佥事孙靖、虎贲右卫千户杨贵、百户严整、骁骑右卫千户余清战死,"给靖家米三十石,布十五匹,钞二百锭,织金、文绮帛各十匹;贵、整、清家米各二十石,布各十五匹,钞各百锭。俱为营坟,追增官加三等。"③洪武十六年(1383)"凡征南将校死事者,恤其家属,指挥使给米三

---

① 万历《大明会典》卷一二二《兵部·优给》。

② 万历《大明会典》卷一〇一《礼部·恩恤》。

③《明太祖实录》卷一四五。

十石，麻布十五匹，钞五锭；千户米二十五石，麻布十二匹，钞四锭；百户米二十石，麻布十匹，钞三锭"①。宣德三年(1428)、正统十四年(1449)、成化二十年(1484)、弘治十四年(1501)，分别优恤阵亡将士。

明代并不冷血，朝廷始终铭记将士们的奉献和牺牲，并以质朴而实惠的制度化安排，给捐躯将士及其家属以物质和精神上的抚慰。

世界由此太平。

①《明太祖实录》卷一五八。

第六章

大国高下：谁的青春谁的梦

第一节　朱元璋：视国如家

朱元璋的财政思想，大体三块儿：理财以足民为先、量入为出、节用省财。

先说理财以足民为先。元至正二十六年（1366），朱元璋和太史令刘基等讨论如何摆布足军需和纾民力的关系。朱元璋的观点是："纾民之力，在均节财用，必也制其常赋乎。国家爱养生民，正犹保抱赤子，惟恐伤之，苟无常制，惟掊敛以朘其膏脂，虽有慈父，不能收爱子之心。今日之计，当定赋以节用，则民力可以不困；崇本而杜末，则国计可以恒舒。"①

这番话的主旨是纾民力，说来说去归结到国计。不难看出，和历代统治者一样，既国计恒舒，又民力不困，刀切豆腐两面光，是朱元璋的治国理想。或许朱元璋没有意识到，他这种说法奠定了明初甚至有明一代财赋思想的总基调。明代事关国家财政的诸多思考和议论，都围绕国计恒舒和民力不困展开。

这是一道多选题，朱元璋设定的标准答案是 a＋b。

洪武十二年（1379）十一月，有感于汉武帝理财得失，朱元璋对军民财富关系做出一番论述："人君理财之道，视国如家可也。一家之内，父子不

---

①《明太祖宝训》卷三《理财》。

异赀,其父经营储积,未有不为子计者。父子而异赀,家必隳矣。君民犹父子也,若惟损民以益君,民衣食不给而君独富,岂有是理哉。"①

这里的君,不是皇帝,而是朝廷、国家。

观念很朴素,蕴含哲理很深刻。

洪武十四年(1381),有近臣建言国家当理财以纾国用,朱元璋反驳:"天地生财以养民,故为君者当以养民为务。夫节浮费、薄赋敛,犹恐损人,况重为征敛,其谁不怨咨也!"②近臣又说自天子至于庶人,未有不储待而为国家者,朱元璋回应道:"人君制财与庶人不同,庶人为一家之计,则积财于一家;人君为天下之主,当贮财于天下;岂可塞民之养而阴夺其利乎!"还耐着性子举汉武帝用东郭咸阳、孔仅等聚敛之臣剥民取利和宋神宗重用王安石理财之害为证。

朱元璋深知"保国之道,藏富于民。民富则亲,民贫则离,民之贫富,国家休戚系焉"③,因而反对朝廷为聚财利而不择手段搜刮百姓财富,主张"治天下者不尽人之财,使人有余财;不尽人之力,使人有余力。"④

这等观念,接地气,又有人情味。

洪武十九年(1386),朱元璋谕户部臣曰:"善理财者不病民以利官,必生财以阜民。前代理财窃名之臣,皆罔知此道。"接着批判桑弘羊、杨炎"自谓能尽理财之术,殊不知得财有限,而伤民无穷",最后谆谆告诫"尔户部政当究心,毋为聚敛,以伤国体"⑤。

朱元璋理财以足民为先思想不同程度地影响到后代。朱标、朱允炆、朱棣的治国理财理念直接秉承朱元璋而来,朱高炽、朱瞻基亦不乏相似表述。就连因花钱如流水而饱受诟病的嘉靖和因矿监税使满天飞而朝野共愤的万历也分别说过"各项之取到银,非产之地中,皆民血也"和"安忍加

---

① 《明太祖宝训》卷三《理财》。
②③ 《明太祖实录》卷一三五。
④ 《明太祖实录》卷一七六。
⑤ 《明太祖实录》卷一七七。

派小民"的明白话①。

再说量入为出。量入为出原则早在先秦就有明确表述。《礼记·王制》说："冢宰制国用，必于岁之杪，五谷皆入，然后制国用。用地小大，视年之丰耗，以三十年之通制国用，量入以为出。"朱元璋第一次提及该原则，是洪武四年（1371）十一月。当时京卫将士酣饮浪费成风，朱元璋召集将士训谕："勤俭为治身之本，奢侈乃丧家之源。近闻尔等耽嗜于酒，一醉之费，不知其几，以有限之资，供无厌之费，岁月滋久，岂得不乏？且男不知耕，女不知织，而饮食衣服必欲奢靡，夫习奢不已，入俭良难，非保家之道。自今宜量入为出，裁省妄费，宁使有余，毋令不足。"②掰开揉碎，朱元璋讲完小道理讲大道理，全然一副指着鼻子教训儿孙的姿态。

洪武十三年（1380）正月和洪武二十三年（1390）五月颁给户部尚书的敕谕，较为集中地阐释了朱元璋的财政思想。

"今以尔为户部尚书，尔尚明生财之道，务培邦本，使食货充而国用足，以副朕节用爱人之意。"③这是说给徐铎的。

"古称天子富有四海，所以昭满盈、示儆戒也，若奸人在君之左右，使掌之，动以富为首言，则君悦富而妄费，不问民之艰辛；若贤臣笔欲致君者，当敷奏府库之储乃民之膏脂，一有妄费，道德亏矣。知斯艰难，谨其出纳，则府库仓廪皆有余，而禄给充、军食足；民无横敛，国有常经，大道张、君德美矣！……今特命尔勉为户部尚书，于乎量入为出，毋扰于民，至公无私，永怀朕命。"④这是说给赵勉的。

最后说节用省财。节流是一种重要且品质感极强的理财理念，一向与开源并称。节流和开源是理财的两只手，缺一不可。明初，朱元璋强调节俭，大多站在反对统治阶级奢靡、遏制贪心、减轻百姓负担的立场，与收拾民心、保固江山直接关联。后来，朱元璋强调节俭，则是一种认识和行动的

---

① 《万历邸钞》，万历二十七年乙亥。
② 《明太祖实录》卷六九。
③ 《明太祖实录》卷一二九。
④ 《明太祖实录》卷二〇二。

自觉。

洪武十六年（1383）朱元璋对侍臣说：

> 自古王者之兴，未有不由于节俭；其败亡，未有不由于奢侈。前代
> 得失，可为明鉴。后世昏庸之主，纵欲败度，不知警戒，卒濒于危亡，此
> 深为慨叹。大抵处心清净则无欲，无欲则无奢纵之患；欲心一生，则骄
> 奢淫佚，无所不至，不旋踵而败亡随之矣。朕每思念至此，未尝不惕然
> 于心。故必身先节俭，以训于下①。

对宫室建筑、装饰，朱元璋历来主张简朴实用，反对华丽奢靡。洪武元
年（1368），他用商纣崇饰宫室、不恤人民而致天下怨愤、身死国亡和汉文
帝欲作露台而惜百金之费的故事教育子孙，要他们明白"奢俭不同，治乱
悬判"②的道理。洪武八年（1375）改建大内宫殿，朱元璋不失时机宣扬自己
的节俭观，"朕今所作，但求安固，不事华丽，凡雕饰奇巧，一切不用。惟朴
素坚壮，可传永久，使吾后世子孙，守以为法。至于台榭苑囿之作，劳民费
财，以事游观之乐，朕决不为。"③洪武九年（1376）五月，在商定亲王宫室相
关装饰物品、颜色时，朱元璋再次论述奢俭和治乱的关系，"惟俭养性，惟
侈荡心。居上能俭，可以导俗，居上而侈，必至厉民。独不见茅茨卑宫，尧禹
以崇圣德；阿房西苑，秦隋以失人心。"④为防止靡丽摇荡诸子心志，朱元璋
可谓用心良苦。

朱元璋要求别人节俭，也约束自己节俭。洪武元年（1368）八月，命将
乘舆服御诸物应用金者，皆以铜代之。

朱元璋尚俭发自肺腑，他看不得任何人暴殄天物。看到内使穿乾靴在
雨中行走，他立即召来教育、杖责，并立规"百官自今入朝，遇雨雪皆许服

---

①《明太祖实录》卷一五五。
②④《明太祖宝训》卷三《节俭》。
③《明太祖实录》卷一〇一。

雨衣"①。看到散骑舍人身着鲜丽服饰，忍不住训斥，絮絮叨叨将其与农夫、蚕妇对比："农夫寒耕暑耘，早作夜息，蚕妇缲丝缉麻，缕积寸成，其劳既已甚矣。及登场下机，公私逋索交至，竟不能为己有，食惟粗粝，衣惟垢敝而已。今汝席父兄之庇，生长膏粱纨绮之下，农桑勤苦，邈无闻知。一衣制及五百贯，此农民数口之家一岁之资也，而尔费之于一衣，骄奢若此，岂不暴殄？自今切戒之。"②

节用省财与量入为出联系紧密。传统社会后期，不能节用省财，几乎不可能实现量入为出；而坚持量入为出可以在某种程度上促进节用省财。洪武初年，朱元璋和刘基讨论战后恢复，刘基提出"生息之道，在于宽仁"，朱元璋认为过于空泛，应该聚民之财而惜民之力，但节用省财是解决问题的前提。君主及统治阶级不能节用省财，休养生息、轻徭薄赋、量入为出均无法实现。

朱元璋出身贫苦，体恤黎庶。作为明朝政治经济社会司法制度的总设计师，他习惯于也善于从基础、本真的环节切入，用接地气、人性化、精细化、网格化的制度框架，规范政府行为，激发社会活力。

我在前文说过，就严密性、完整性和系统性而言，明初的赋役制度绝对好于历史上任何朝代。这和朱元璋的财赋思想一脉相承。

朱元璋（1328—1398），幼名重八，字国瑞，濠州钟离（今安徽凤阳）人，元末农民起义军首领，明朝开国皇帝（1368—1398 年在位），史称明太祖。

第二节　方孝孺：无惭名教

方克勤、方孝孺父子是明朝的两记伤疤。

---

①《明太祖实录》卷五七。
②《明太祖实录》卷二五五。

前一记诉说草菅官命，后一记声讨暴虐无情。

无论袍服多么名贵、华美，统统掩不住帝王骨子里的自私、冷酷。

方孝孺生于乱世，所幸宁海天高皇帝远，战火不侵，因而他的童年还算安定。有名儒父亲耳提面命，孝孺自幼受到系统、规范的儒式教育。他天资聪颖，六岁能诗，十三岁能文，千言立就，被乡人称作"小韩愈"。他读书全神贯注，"日坐一室不出门庭，理趣会于心，虽钟鼓鸣、风雨作不觉也"。

姚广孝说方孝孺是"读书种子"，半点没说错。

洪武四年（1371），方克勤任济宁知府。此公一介循吏，一向老实本分，循规蹈矩，克勤克俭。他朴素而固执地认为，民之为乱乃苦于徭役、迫于饥寒，治国之道在举贤才、安人心、黜豪强、除暴敛、明教化。

明初，朝廷规定开垦荒地免税三年。在很多地方，该规定得不到有效落实，"吏征率不俟期，民谓诏旨不信，辄弃去，田复荒。"经过调查和思考，方克勤发现责任在官不在民，于是从我做起，"与民约，税如期。"对纳税田亩，按肥瘦分成九等，依等征课。还逐户统计男丁，按丁分担徭役。自此吏属无法作奸，新垦土地日增。孝孺侍父宦游，时常观摩父亲的勤政爱民现场教学活动。他后来补写的心得体会文章说："某少则嗜学，窃有志于斯道，自从先公学经，匪圣人之言不敢存于心，匪生民之利害无所用其情。"

循吏也难逃专制魔爪。洪武八年（1375），方克勤遭人诬陷，被流戍。翌年，空印案起，无端卷入血雨腥风，惨遭诛戮。

行将流戍之际，方克勤命孝孺拜宋濂为师。孝孺就学四年，术业精进。此后十余年，基本以读书、教学、著述为业，《四忧》等箴、《君学》杂著、《周易考次》《武王戒书》《注宋史要言》《大易枝辞文统》相继成书。

方孝孺乃一介儒生，脑子里装满了君臣父子、温良恭俭让、仁义礼智信。他力主复古，推行井田。在财政领域，不认为理财对国家有什么重要作用，甚或相反。他说：

> 贫国有四而凶荒不与焉。聚敛之臣贵则国贫，勋戚任子则国贫，上好征伐则国贫，贿赂行于下则国贫。富国有四而理财不与焉。政平

刑简也,民乐地辟也,上下相亲也,昭俭而尚德也,此富国之本也①。

类似的文字还有:

> 国不患乎无积而患无政,家不患乎不富而患无礼。政以节民,民和则亲上,而国用足矣;礼以正伦,伦序得则众志一;家合为一而不富者未之有也②。

方孝孺的确与一般人见识不同。在他看来,凶荒不是导致国家贫困的原因,而倚仗聚敛之臣理财却可以导致国家贫困。在他看来,决定国家富足的因素有四个,理财不在其中。方孝孺反对单纯以理财为富国、治国手段。在他看来,国与家道理相同,能否伦序正常、上下一心才是最重要的,只要政能解民、伦序正常,国家的积储、富裕都不成问题。

《读汉盐铁论》是方孝孺较为集中谈论理财问题的著述,主题是通过汉文帝与汉武帝的比较,论证其理财思想。

> 为天下者,曷尝患乎无财也哉!天下未尝无财也,苟用之以节,治之有道,夫何不足之有。以汉言之:文帝在位二十三年,免民租者近半,其时非有均输、盐铁之征,而府库充溢,钱贯朽不可较。武帝之天下,即文帝之天下,而又加之以百出之敛,未尝免一岁之租,宜其富矣,而反愈困乏,何哉?盖文帝节俭,而武帝征伐、营缮以縻费之也……武帝之天下宜乱矣,而文景之泽犹在人心,重以霍光知所缓急,从而稍稍罢其害者,故一变而弥元元之愤,不然,汉岂可冀哉!此书也,其于道德功利之际论之当矣,不特文辞足法而已也③。

---

①② (明)方孝孺:《逊志斋集》卷一《杂诫》,四部丛刊景明本。
③ (明)方孝孺:《逊志斋集》卷四《读汉盐铁论》,四部丛刊景明本。

为什么汉文帝未实行均输、盐铁之征，而且蠲免百姓租税近半，却能府库充盈，以致钱贯朽不可较？为什么汉武帝一朝，征敛百出且不免一年租税，本应该非常富足，反而比文帝朝贫困，而且愈益贫困？根本原因在于文帝节俭，武帝靡费。也就是说，只要能够节俭，朝廷或国家就会富足，不需要其他理财措施。或者说节俭是理财的唯一措施。

　　方孝孺的《九箴》有《崇俭》专条云："天地生财以养庶民，宰制之柄在乎人君，节己厚人，不专其利，崇俭黜欲，邦国乃裕。"①

　　方孝孺的财政主张并不复杂，在多个场合表达的都是类似意思。四明陈达庄由孝义令迁广东盐课司副提举，在《送陈达庄序》中，孝孺再次强调："天下何患乎无财，能养民而富安之，不求富国而国自富矣。"还举当时事例为证，"往年天子念生民之未给，恐关市之利或过取而病民也，使者四出，核天下征纳多寡之数，将据之以为常。斗筲无赖之人，不思上之忧悯元元之意，竟以聪察苛细为能，捃摭间阎筐篋瓮盎间物，籍其数以为匿税而致之罪，郡邑至今拘其数而不能供，吏以失职去者相望。小人喜功好名之害止于此，其功名亦岂有足称者哉，适足取败而已。"②

　　在学术上，方孝孺维护程朱理学，反对心学空谈。针对当时学界偏重道德修养、空谈性命而不务实的风气，他以憨迂耿直的处世之态和以讲明道学为己任的责任感，对其大张挞伐。他将败坏儒林风气现象概括为利禄之蠹、务名之蠹、训诂之蠹和文辞之蠹，认为"四者交作而圣人之学亡矣"。他强调君子学道，当有"经世宰物"之心，修齐治平一以贯之，切不可修身而忘世。

　　方孝孺的政治思想可以大致概括为："夷狄"居外以奉中国；君尽教养之职，民守奉上之意；君使臣以礼，臣事君以忠；不患父不慈，子贤亲自乐；夫以义为良，妇以顺为令。治理国家，当尚德缓刑，以修身、教化为主要方法。

---

　　① （明）方孝孺：《逊志斋集》卷一《九箴》，四部丛刊景明本。
　　② （明）方孝孺：《逊志斋集》卷一四《送陈达庄序》，四部丛刊景明本。

　　并不满足于著书立说的方孝孺踌躇满志，欲以所学经邦济世。洪武十五年（1382），吴沉、揭枢荐方孝孺于朱元璋。次年，方孝孺应召，见洪武皇帝于奉天门，陈说颇称上意。朱元璋欲留为子孙光辅太平，便令他觐见太子。太子赐宴，宴几稍稍歪斜，孝孺正之方坐。朱元璋得知，对太子说："此壮士，当老其才。"洪武二十五年（1392），方孝孺第三次应召到京，朱元璋说"今非用孝孺时"，授其汉中府学教授。

　　洪武三十一年（1398），朱允炆即位，召方孝孺为翰林侍讲，日侍左右，备顾问。凡军国大事，必征求他的意见。

　　既得皇帝倚重，方孝孺欲尽复三代之治，把理想变为现实。他辅佐建文帝省刑、减赋，更定官制，锐意文治，力图调整洪武以来严苛峻急的统治政策。

　　遗憾的是，这一进程被皇家内讧无情阻断，再也没有接续机会。

　　建文元年（1399）秋，朱棣起兵靖难，四年后陷南京，夺皇位。攻打南京前，谋士姚广孝特意和燕王说起方孝孺："城下之日，彼必不降，幸勿杀之。杀孝孺，天下读书种子绝矣。"朱棣慨允。

　　破城后，朱棣令孝孺起草登极诏书，孝孺坚决不从。朱棣命左右授之笔札，孝孺投之于地，且哭且骂，朱棣怒磔孝孺，灭十族。孝孺视死如归，作绝命词曰：

　　　　天降乱离兮孰知其由，
　　　　奸臣得计兮谋国用犹。
　　　　忠臣发愤兮血泪交流，
　　　　以此殉君兮抑又何求。
　　　　呜呼哀哉兮庶不我尤！

　　对建文年间这桩惨案，乾隆和张廷玉的评价可谓公允精到。

　　乾隆说：永乐位本藩臣，乃犯顺称兵、阴谋夺国，诸人自当义不戴天。虽齐泰、黄子澄等轻率寡谋，方孝孺识见迂阔，未足辅助少主；然迹其尊主锄强之心，实堪共谅。及大势已去，犹且募旅图存、抗词抵斥；虽殒身湛族，百折不回，洵为无惭名教者。

张廷玉说：齐、黄、方、练之俦，抱谋国之忠，而乏制胜之策。然其忠愤激发，视刀锯鼎镬甘之若饴，百世而下，凛凛犹有生气。

只是，可惜了那满腹经纶、满腔热血，还有那一片报国心、一身硬骨头。

方孝孺（1357—1402），字希直，号逊斋，人称正学先生，浙江海宁人。历任汉中府学教授、翰林侍讲。著有《孝经诫俗》《周易考次》《宋史要言》《帝王基命录》等。

第三节　夏原吉：古之遗爱

夏原吉从小就是好孩子。

同很多幼年丧父的苦孩子一样，夏原吉用发奋读书点亮童年，靠日积月累、口口相传的社会声望，经乡荐进入帝国最高学府，又被遴选到国家机关。同去的太学生对抄抄写写之类公务了无兴致，每日里嬉笑喧闹，无所用心，惟原吉正襟危坐，心无旁骛。朱元璋赏识原吉的心劲和定力，委其为户部主事。原吉把纷繁复杂的事务处理得井井有条，引起尚书郁新关注。建文初年（1389），原吉升任户部右侍郎。

靖难之役后，朱棣迁原吉为户部左侍郎。有官员挑拨离间，拿历史说政治，用彼忠心否定此忠心，朱棣一笑了之，派原吉到浙西治水。原吉疏浚吴淞江下流，上接太湖，并因地建闸，蓄水泄洪两便。期间原吉布衣徒步，栉风沐雨，与治水民众同甘共苦。回京后，原吉时常牵念浙西，对同僚坦言水归故道入海，近患已除，但支流未浚，终非久计。永乐二年（1404），原吉再赴浙西，疏浚白茆塘、刘家河和大黄浦，苏州、松江一带农田长享大利。永乐三年（1405），郁新去世，原吉回朝主管户部。

朱棣心明眼亮，善于发现能臣，一向重用能臣。原吉主掌财政民政商务，靠的是厚实娴熟的专业素养和笃定执著的家国情怀。新官上任，原吉点燃的第一把火是"裁冗食，平赋役，严盐法、钱钞之禁，清仓场，广屯种，以给边苏民，且便商贾"①平实朴素的 28 字，蕴涵着励精图治、发展生产、开源节流、均平税负的治国理念和造福黎庶的崇高追求。

以帝国长治久安为己任，夏原吉和蹇义等人全面完善赋税徭役制度。原吉接连提出 30 多项建议，每一项都简便易行。用他自己的话说，如果政策颁行后难以持续，必将加重人民困苦和政权运行成本。这是我最不愿看到的。

悲天悯人，干啥说啥。有户部尚书若此，帝国幸甚，苍生幸甚！

原吉以"一口清"闻名朝野。一次，朱棣突然问起天下钱谷，原吉张口就来娓娓述说，长枝短蔓严丝合缝，朱棣大吃一惊。

据史书记载，原吉有一个习惯：把林林总总的户口、府库和田赋赢缩数字写成纸条，揣在怀里，有事没事掏出来浏览一遍。

《明史》这样评价夏原吉："当是时，兵革初定，论'靖难'功臣封赏，分封诸藩，增设武卫百司。已，又发卒八十万问罪安南，中官造巨舰通海外诸国，大起北都宫阙，供亿转输以巨万之计，皆取给户曹。原吉悉心应之，国用不绌。"

大事一件接一件，花钱如流水。皆取给户曹且国用不绌，这是何等底气，何等风采？夏原吉和户部的底气和风采，恰恰是帝国的底气和风采。

有钱可以潇洒任性，有钱也可以淡定从容。姿态不重要，重要的是心境。

原吉会花钱，也会做事。一些时候，他做的事叫花钱，他花的钱用来做事。另一些时候，他不花钱，也做事，做更大的事，更重要的事。

永乐八年（1410），朱棣北征，夏原吉辅佐皇太孙留守北京，总管行在九卿事务。每天早上，他要协助太孙处理一应国务。退朝后，各部郎官和御

---

①《明史》卷一四九《夏原吉传》。

史立马围拢过来请示这请示那。原吉一边回答一边手批，不动声色，行云流水。北自行在，南达京师，对原吉的本事和作为，每一个官员都佩服得五体投地。

九载满，皇帝设宴款待诸臣，席间手指夏原吉和蹇义，动情地说："高皇帝培养贤才留给我使用。各位不是想看古代名臣吗？我负责任地告诉你们，这两位就是，货真价实。"

此后，夏原吉多次侍从太孙，往来两京，"在道随事纳忠，多所裨益"。

亦臣亦友，亦臣亦师。把活儿干到这程度的朝臣，古往今来找不出几个。

永乐十八年（1420），北京宫室落成，朱棣派夏原吉南下召太子和太孙北上。回京后，夏原吉建议："营建多年，宫殿告竣。当下该做的，是安抚流亡，蠲免拖欠赋税，让人民休养生息。"翌年，三殿失火，原吉复申前请，皇上马上命令有关部门执行。

夏原吉是户部尚书，更是皇帝首席高参，总被皇帝召去商议国家大事。就连皇帝御临便殿，每次都要在门口和夏原吉密谈，左右不得听闻。原吉告退，总是恭恭敬敬，就像什么都没有参预一样。讨平交趾后，皇帝问："我是给功臣们升官，还是赏赐财物呢？"夏原吉回答："赏赐是一把一清，开支有限，升官是细水长流，靡费无穷。"皇帝点头称是。

如果认为原吉一味无原则、无底线地迎合和讨好皇帝，那就错了。事实上，原吉说话做事有分寸又有风骨，敢于"说不"，对于错误或不合时宜的决策，总是坚定而明确地反对，哪怕触怒朱棣。

这是非常可贵的品质。有些时候，淬炼这种品质要付出代价。

永乐十九年（1421）秋，朱棣第三次亲征，问边储于原吉。原吉实话实说："比前出师无功，军马储蓄，十丧八九，灾眚迭作，内外俱废。况圣躬少安，尚需调护，迄遣将往征，勿劳车驾。"朱棣一意孤行，原吉下狱，得杨荣等施救幸免于难。至仁宗即位，复职。

原吉下狱后被抄家，让皇帝和满朝文武惊诧莫名的是，这位户部主官家里，除皇帝赐钞外，只有几件粗布衣衫和一堆坛坛罐罐。

永乐二十年到二十二年(1422—1424)，朱棣三次出征漠北，斩获甚微。其后两征鞑靼，劳而无功。最后一次北征回京途中，朱棣带着一世英雄的满怀疲惫和满腹不甘，抱恨西去。

顺势而上的大明帝国迎来了短暂的盛世。盛世的起势叫休养生息，也叫不闹腾。

不闹腾似乎从一份诏书开始。太子召原吉商议大行皇帝丧葬事宜，问诏书该写些什么，原吉回答：赈济饥民，减省赋役，停罢下西洋的取宝船及向云南、交趾地区采办金银。

每一条都是财政问题，每一条都不只是财政问题。

仁厚之君仁宗换成守成之君宣宗后，夏原吉一如既往受到敬重。让五朝帝王敬重，难度系数极高，没有令人折服的能力和无可挑剔的品行，玩儿不转。

宣德元年(1426)，汉王朱高煦起兵"靖难"，檄文列举诸大臣罪状，夏原吉排名第一，其分量之重、威望之高、成色之足可见一斑。

原吉是能臣、廉吏、劳动标兵，还是道德模范。巡视苏州时，婉谢地方官招待，只在驿馆用餐。厨师做菜太咸，他喝一口白水吞一口白饭勉强吃饱，却始终不说破真相，他怕厨师受责。巡视淮阴时，马匹惊逃，随从尾追，许久未归。原吉打问过路行人，行人怒目作答："谁管你追马追牛？走开！别耽误我赶路。你挡在这里，倒像一头笨牛！"随从厉声呵斥，要行人道歉，原吉阻止："算了，农民兄弟不容易，想必赶路辛苦，急不择言。"一次，老仆弄脏皇帝赏赐的金缕衣，不知所措。原吉宽慰他："衣服脏了，洗干净就好，怕啥？"告老还乡途中，原吉寄居旅馆，弄湿一只袜子，随从拿去烘干，不慎失手烧毁，不敢面陈，许久才托人请罪。夏原吉笑着说："咋不早点告诉我？"说完将另一只袜子丢弃。回乡后，原吉每天和农人、樵夫谈天说地，宽厚仁慈，不知底细的谁也看不出他曾经做过高官。

夏原吉(1366—1430)，字维喆，祖籍江西德兴，后定居湘阴。去世后获封太师，谥号忠靖。著有《万乘肇基集》《东归稿》《夏忠靖集》等。

《明史》将蹇义、夏原吉等合传。"义秉铨政，原吉筹度支，皆二十七年，名位先于三杨……义善谋,荣善断,而原吉与士奇尤持大体,有古大臣风烈。""二人(蹇义夏原吉)实能通达政体,谙练章程,称股肱之任……树人之效,远矣哉。"

铨,意为选拔、衡量,此处代指任免官员。筦,同"管"。"三杨",明朝重臣杨士奇、杨荣、杨溥,均历仕永乐、洪熙、宣德、正统四朝。

被朱棣推为"永乐功臣之首"的姚广孝这样评价夏原吉:"古之遗爱也。"

把这些评语反复提纯,最终是两个字:完人。

第四节　周忱:南圻治赋

周忱一生有三个贵人:夏元吉、杨士奇、杨荣。

周忱有经世之才,但沉浮郎署20年未得升迁。夏元吉爱惜他德才兼备,于永乐二十二年(1424)荐迁越府长史。杨士奇、杨荣赏识周忱,于宣德五年(1430)荐其任工部右侍郎,巡抚江南诸府,总督税粮。

周忱巡抚江南,最重要的使命是整顿税粮。

江南赋重,是历史问题;江南拖欠赋税,百姓生活艰难,是由赋重衍生出来的现实问题。

周忱一头扎进民间,广泛深入调查研究。他不带任何随从,布衣草帽游走于田垄村镇,反复向农夫村妇询问三个问题:你和家人最痛苦的经历是什么,怎么造成的,希望如何处置。时间长了,百姓有心里话都愿意向他倾诉,彼此相处如家人父子。

周忱对下级非常宽和,决策前主动跟下属商量,虚心请益。对想干事、能干事、干成事的官员,放手提拔重用。因彼此欣赏、尊重、倚赖,苏州知府况钟、松江知府赵豫、常州知府莫愚都成为他得力的膀臂。

江南赋重,尤其是官田赋重,是明代经济财政中一个十分特殊的现象。长期课征重赋，引发两大社会问题：农民大量逃亡，税粮严重积欠。

你不是下手狠吗？俺不陪你玩儿了！交不起俺躲得起，躲不起俺跑得起。

日久年深，税源逐渐萎缩。"拉弗曲线"在江南地垄间得到验证。

永乐二十年至洪熙元年（1422—1425），苏州府拖欠税粮 392 万石，到宣德初年累计拖欠税粮 790 万石。

永乐十三年至十九年（1415—1421），松江府因欠粮严重不得不免征数百万石。宣德五年（1430 年），该府额定征收田粮起运部分 43.9 万石，实征 6.6 万石，征收率 15%。

演进到这一步，江南实际上"只负重税之名，而无征输之实"①。

以谁也想不到的吊诡和滑稽方式，江南田赋由波峰值向正常值震荡回归。

这种现象，或许可以称作"赋税打滑儿"。

不是朝廷不重视江南重赋问题，也不是朝廷不想解决江南重赋问题。早在洪武年间，朱元璋就颁布诏令，降低江南税额，由于很多支出项目刚性十足，收入弹性空间过窄，诏令没法落实，也没人落实，很多情况下还朝令夕改，言而无信。说到根子上，负责执行诏令的官员本能地抵制诏令，而且他们的抵制行动一向得到整个官僚集团的无声支持，因为这些官僚、勋贵最怕自己的俸禄没有着落。一任又一任皇帝担心户部账单出现赤字，影响政府信誉和社会稳定，于是纵容官员们正儿八经地装腔作势。至于降赋的决心是否坚定，他们未必愿意检省。

宣德五年（1430 年），宣宗下诏减轻官田税额，户部再次施展哭穷加软抵制的惯用伎俩，"私戒有司，勿以诏书为辞"②。

不当家不知柴米贵。弟兄们，保持战略定力，别听皇帝瞎嘚嘚。

---

① （明）顾炎武：《日知录》卷十《苏松二府田赋之重》。
② 《明史》卷七八《食货二》。

周忱接过的是一道单选题:答案 A,和户部保持默契,虚张声势,不理诏书那壶醋;答案 B,彻底解决江南赋重问题,以正义促公平,救小民于水火。

周忱最终选择了答案 C:渐进式公平税负。

走折中路线,不是因为周忱首鼠两端,耍滑头。恰恰相反,周忱很理性,很务实,很有责任感,很讲艺术性。他深知握在自己手里的是一张弓,不用力拉不开,用力过猛会拉断,只有把握好力道,才能射中猎物,尽管不能立时毙命。

周忱整顿税粮的正当性和合法性毋庸置疑。他顶住来自户部的压力,和苏州知府况钟等筹算月余,对各府税粮做出合理调整,其中苏州府减额 72 万石①。

周忱本想大幅度降低官田税率,惜未如愿。依制,古额官田税额畸重,耕种者无力负担,周忱请求改按民田起科。这下捅了马蜂窝,太子太师郭资和户部尚书胡濙弹奏周忱"变乱成法,沽名要誉",建议皇帝严惩不贷。宣宗严肃批评了郭资、胡濙,却驳回周忱的请求。周忱知道,皇帝心中埋藏着一条半虚半实、时虚时实的底线,他不愿承受更大"损失"。

好在,周忱执著,却不迂腐,他迅速调整思路,以包抄、迂回等灵活手法推动赋役改革和均平负担。

税粮运输征解一直是田赋管理中一个十分复杂、十分棘手的难题。当时江南田粮运送北京,走的是军运和民运两条道。就民运而言,最大的问题是运夫负担沉重,"军船给之官,民则僦舟,加以杂耗,率三石致一石,往复经年,失农业。"周忱和漕运总督陈瑄商议,将江南漕粮民运至淮安或瓜洲水次交兑后,由漕军运抵通州。每正粮 1 石民运至淮安加耗粮 5 斗,运至瓜洲加耗 5 斗 5 升。江南卫所官军就附近仓廒直接运输,另加过江米 2 斗,铺垫芦席费 5 合。就这样一倒手,农民节省了费用,漕军得到了实惠。

①《明史》卷七八《食货二》。

长途运输税粮,不可避免要发生鼠吃雀食、水中漂没、腐烂等损耗。胥吏应对损耗的通行做法,是在田粮正项之外加征耗米。这似乎不算出格,出格的是看人下菜碟,"豪有力者只供正额,而一切转输诸费,其耗几与正额等,乃独责之贫民。"①可见,这不公平,也不正义。

宣德八年(1433),周忱创"平米法"。"官民田皆画一加耗。初年正米一石加耗米七斗,计输将远近之费为支拨。支拨之余者存积县仓,曰余米。次年余米多,正米一石,减加耗为六斗。又次年益多,减加耗为五斗。"②平米法确认了加耗的合法性,用"画一加耗"四个字均平了官田民田负担。

以平米法为基础,周忱创设"济农仓"。仓米源于平米支拨后存留的余米和丰年发官钞所籴储存的粮米,还有奏定"京俸就支法"所节省的耗米。据周忱宣德七年(1432)所奏:"先是,苏、松、常三府岁运南京仓米一百万石,以为北京武职之俸。每石外加盘用耗米六斗。然前俸既可以南京支取,独不可以三府就取乎?是岁,减耗米六十万石。"③又据《明史·周忱传》,就支法规定,给予就地支取者每俸米 1 石船价米 1 斗。所节余部分是耗米每石 5 斗。济农仓除去用于赈贷贫民耕作食用之外,"凡陂塘堰圩之役,计口而给食者,于是取之;江河之运不幸遭风涛亡失者,得以假借"④,"买办纳官丝绢,修理舍、廨、庙、学,攒造文册及水旱祈祷"等随时支用。这种混合使用田赋征收与徭役支出的变通之策,实际上首开赋役合征先河。

《明史·周忱传》评价说:"终忱在任,江南数大郡,小民不知凶荒,两税未尝逋负,忱之力也。"这说明,周忱有大恩于黎庶,也有大功于朝廷。

正统初年,由于宝钞贬值和铜币窳败,银货币独占流通主渠道。江南 400 万石漕粮折征 100 万两白银,金花银闪亮登场。田赋实物税粮改折为白银,纳税人免除了运输等盘费和麻烦,改折为布、绢等"折色"物品,也比缴纳"本色"粮米合算。周忱向朝廷尽可能争取缴纳"折色",还将米粮、布

---

① (明)顾炎武:《天下郡国利病书·常镇·武进县志》。
②④ 万历《嘉定县志·田赋》。
③ (明)顾炎武:《天下郡国利病书·常镇·武进县志》。

绢、白银用作调节赋税负担的杠杆。"忱请检重额官田、极贫下户两税,准折纳金花银,每两当米四石,解京兑俸,民出甚少,而官俸常足。"①

也是正统初年,周忱奉命巡视淮安、扬州盐务,整理盐课。他命苏州等府拨余米一二万石至扬州盐场,抵作田赋,而令灶丁纳盐支米。当时米贵盐贱,饶足,施及外郡。

上述改革举措触及地方豪强利益,遭到朝野反对。景泰二年(1451)八月,周忱被迫致仕。"忱既被劾,帝命李敏代之,敕无轻易忱法。然自是户部括所积余米为公赋,储备萧然。其后吴大饥,道馑相望,课逋如故矣。民益思忱不已,即生祠处处祀之。"②

周忱巡抚江南 22 年,时人和后人评价甚高。

孝宗朝刑部尚书彭韶称赞周忱"学博而邃,礼和而恭。茂著才猷,爰作司空。抚绥南服,国计以丰。民无移粟,岁不知凶。惇大成裕,沛乎有容。没而尸祝,人仰休风。二十八宿,孰能右公"。

孝宗朝礼部右侍郎程敏政感慨"自新安还朝,历其境,率闻父老谈故平江伯陈恭襄公、工部尚书周文襄公多至感泣,乃知忠贤之有益于人国如此。"

严嵩写诗赞曰:"南圻治赋阅星霜,功在朝廷未可忘。中秘储才得公等,贻谋端合拜文皇。"

雍正朝首席军机大臣张廷玉说:"周忱治财赋,民不扰而廪有余羡。此无他故,殚公心以体国,而才力足以济之。"

周忱(1381—1453),字恂如,号双崖,江西吉水人,永乐二年(1404)进士,历任翰林院庶吉士、刑部主事、越府长史、工部右侍郎巡抚江南。谥号文襄。著有《双崖集》等。

---

①②《明史》卷一五三《周忱传》。

第五节　况钟：三知苏州

屠户尤葫芦从亲戚家借得 15 贯铜钱，跟继女苏戍娟开玩笑说是卖她的身价。苏不愿为婢，连夜投亲。地痞赌棍娄阿鼠偷盗 15 贯铜钱，杀尤灭口。

客商陶复朱伙计熊友兰带 15 贯铜钱去常州办货，途遇戍娟问路，两人结伴同行。邻人差役追至，见苏、熊男女同行，熊所带铜钱刚好 15 贯，疑为凶手。娄阿鼠乘机诬陷，两人被押送到无锡县衙。

无锡知县过于执主观臆断，以通奸谋杀罪判苏、熊死刑。常州知府和江南巡抚轻信原判，草率定案。

苏州知府况钟监斩时察觉罪证不实，连夜求见巡抚周忱，请求缓刑复查，周限半月查清回报，否则上奏题参。

况钟亲至凶案现场查勘，又乔装私访，还原真相，真凶服罪。

昆剧《十五贯》让这个故事妇孺皆知。故事里的况钟是一位备受百姓拥戴的清官，苏州人民称他"况青天"。况钟和包拯、海瑞并称中国民间三大青天。

况钟确实是一位有传奇色彩的模范知府。他的职场生涯可以分为多个九年。

第一个九年是永乐四年到十二年（1406—1414）。县令俞益想找一个又机灵又厚道、又笔头硬又屁股稳的书吏，千挑万选，选中况钟。况钟父母想让儿子走科举正途，建功立业，光宗耀祖。俞益大讲萧何、曹参、孙伏伽和张元素起步吏掾功成名就的先贤旧事，强拉况钟进入职场。九年任满，俞益越发认定况钟德才兼备，足堪大用，于是忍痛割爱推荐给礼部尚书吕震，经成祖面测，况钟于永乐十三年（1415）春被任命为礼部仪制司主事。

第二个九年是永乐十三年到二十一年（1415—1423）。九年考满，况钟例升员外郎,因贤劳著称加一等,超升礼部仪制司郎中。期间获成祖奖赐31次。加升一等和奖赐31次,说明况钟表现卓异,非同常人。他是靠个人努力,干出来的。

况钟很幸运,一次次遇到识才、爱才、惜才的上峰。第一个九年,他走了绿色通道;第二个九年,他被推上快车道。

第三个九年是宣德五年到正统五年(1430—1440)。这九年,是况钟的法定任期,也是他的事业巅峰期。由于百姓一再慰留,他的任期被抻长到十三年。

宣德五年(1430),廷臣会议谈及"天下九大郡,繁难治,苏州尤甚,税粮甲于他省,民困吏奸。每差京官督催,累岁不能如数额,而流亡倍多"。朱瞻基高瞻远瞩,诏令六部、都察院保举"廉能有为,才堪牧民"的郎中、御史出任九郡知府。吏部尚书蹇义、礼部尚书胡濙交章推荐况钟,首辅杨士奇奏擢况钟任苏州知府,"赐敕书,假便宜从事,章奏得径达御前。"[1]这待遇,一般知府享受不到。

况钟出身吏员,深知吏治积弊,也深知苏州赋役繁重,豪猾舞文为奸利,极难治理。初理政事,况钟佯装"棒槌",随群吏之意,群吏断定知府糊涂可欺。3天后,况钟责问群吏:"前事某宜行,若止我;某事宜止,若强我行。若辈舞文久,罪当死。"立即捶杀数人,斥退贪虐庸懦僚属。一府大振,人人奉法。

苏州最难啃的硬骨头是赋税。元末,这里是张士诚地盘,为据为己有,朱元璋没少费劲、流血。建国后,洪武皇帝迁怒百姓,加重苏州赋税。有资料说,苏州官田每亩科米"少者一斗三升至四升止,多者自五斗至三石"。跟头马趴运行到仁宣朝,通赋雪球越滚越大,旧制饱受质疑。宣德五年(1430)春,皇帝下宽恤诏,减免江南租税,局面略见纾解,况钟到任时,苏州仍欠赋四年。

况钟请求"量折以钞,为部议所格"。没弄成。朝廷对此完全不理会。

---

① (明)况钟:《况太守集》卷一《太守列传编年》卷上。

　　况钟苦笑着摇摇头，再次上书陈情："近奉诏募人佃官民荒田，官田准民田起科，无人种者除赋额。昆山诸县民以死徙从军除籍者，凡三万三千四百余户，所遗官田二千九百八十余顷，应减税十四万九千余石。其他官田没海者，赋额犹存，宜皆如诏书从事。臣所领七县，秋粮二百七十七万九千石有奇。其中民粮止十五万三千余石，而官粮乃至二百六十二万五千余石，有亩征至三石者，轻重不均如此。洪、永间，令出马役于北方诸驿，前后四百余匹，期三岁遣还，今已三十余岁矣。马死则补，未有休时。工部征三梭阔布八百匹，江浙十一府止百匹，而苏州乃至七百，乞敕所司处置。"几经曲折，终获皇帝批准，依奏免除。

　　"依奏免除"涉及三件事。一是税粮。况钟和周忱多次上疏请求核减苏州重赋。二人悉心计划，多次上奏力争，于宣德七年(1432)获免72万石。凡周忱所行善政，况钟悉心玉成。他所积济农仓粟每年数十万石，除赈济灾荒外，还代民间支付杂办徭役及拖欠的租粮。曾置善恶二簿，以行惩劝；又置通关勘合簿，防出入为奸；置纲运簿，防止运夫侵盗；置馆夫簿，防止非礼需求。为官理事，纤悉周密；兴利除害，不遗余力，以致"锄豪强，植良善，民奉之若神"。

　　这叫以整顿赋税为切入点，全面夯实基础管理，改善政治和社会生态。

　　九年书吏不白当。况钟知道梗阻和猫腻在哪些部位，也知道该如何化解。他扛的是顶风旗，开的却是顺风船。

　　二是借马。明初，江北诸驿缺马，朝廷令苏州借马给江北，前后400多匹，说好3年为期，不想肉包子打狗，30多年有去无回。况钟上奏朝廷，把这笔当面抓大头的陈年旧账扔进历史博物馆。

　　三是派布。工部曾有失公平，在苏州征派三梭阔布700匹。况钟把问题和委屈摆上桌面，据理力争，为苏州百姓讨还公道。

　　况钟还着力整理军籍。苏州是军事要塞，设多个卫所，每个卫所兵士数千人。由于士兵陆续逃亡，军籍非常混乱。朝廷曾派员清理，相关人员为邀功，将很多无辜百姓定为军籍，致民怨沸腾。况钟到任后，千余人因被枉断军籍持续缠访。经核查，为160多人免除军籍，核定1 240人军籍只限自身，子孙复归民籍。

苏州以富丽闻名天下，宫中宦官采购花木、禽鱼、器玩，眼睛始终死盯苏州。某些高官大僚，也恣意需索。况钟迎风挺立，不屈膝，不低头，愣是扳掉了宦官和官僚们的臭毛病。

"停鞭静忆为官日，事事堪持天日盟。"况钟是这样说的，也是这样做的。

宣德六年（1431），况钟因继母去世回原籍丁忧。时间不长，状况频出，"秋粮应减者，倍加收敛，奸吏舞法，故弊丛生"。百姓思念况钟，作歌传唱："况太守，民父母。众怀思，因去后。愿复来，养田叟。""郡中齐说使君贤，只剪轻蒲为作鞭。兵杖不烦森画戟，歌谣曾唱是青天。"吁嗟之声，溢于衢巷。御史、府同知等据县民37 000人告词，奏请夺情起复。皇帝尊重民意，召况钟径回原任。

官员遭父母丧弃官家居守制，称"丁忧"。朝廷于大臣丧制款终，召出任职，或命其不必弃官去职，不着公服，素服治事，称"夺情"。

宣德十年（1435），况钟进京述职，苏州人民怕他因政绩优异，他乡高就，"士着民庶咸候上道，且控舆卧辙"，苦苦挽留。正统元年（1436），况钟再回苏州。

正统五年（1440），况钟九年职满，循例备由赴部候升，"饯行者数百里不绝，况钟作诗慰劳"。诗曰："清风两袖去朝天，不带江南一寸绵。惭愧士民相饯送，马前洒酒注如泉。"着民18 000人联名上书挽留，皇帝降旨"着复任，吏部奏升正三品，署知府事"，次年又降旨"升按察使正三品职俸，署苏州府事"①。

此乃明朝开国70年前所未有的规格和礼遇。

就这样，况钟三知苏州，直到正统七年（1442）12月病死任所。况钟辞世，郡民罢市，如哭私亲。次年归柩，倾城出送，白衣白帽，两岸夹舟，奠别

---

① （明）况钟：《况太守集》卷二《太守列传编年》卷中。

出苏州之境。况钟灵船"惟书籍，服用器物而已，别无所有"。苏州府所属七县建祠以祀，春秋致祭。

况钟（1384—1443），字伯律，号龙岗，又号如愚，江西靖安人。历任书吏、礼部主事、员外郎、郎中、苏州知府、按察使正三品职俸署苏州府事。卒赠正议大夫资治卿。著有《况太守集》《况靖安集》等。

第六节　刘定之：首事建白

先讲三个小故事。

景泰年间某天，兵部尚书陈汝言退朝后遇到太子洗马刘定之，开玩笑说："你的职责是洗马，敢问一天洗几匹马？"刘定之应声回答："厩马我都洗，只是大司马洗不得。"陈汝言和在场的人笑得前仰后合。

大司马是兵部尚书的别称。

兵部侍郎王伟遇到刘定之，也开玩笑说："太仆的马多，麻烦洗马逐一洗之。"刘定之笑道："何止太仆，诸司马不洁，我亦当洗。"王伟又说："先生一日洗几马？"刘定之答："大司马洗得干净，少司马还洗不干净？"众人大笑。

少司马指兵部侍郎。太仆是官名，秦置，为天子执御，掌舆马畜牧。

刘定之和李克述同升为庶子。状元刘俨拿刘定之开涮："先生真庶子也。"刘定之默然，无话可说。

刘定之是父亲的小妾所生，古人称之为"庶出"，也叫"庶子"。

前两个故事说，刘定之机智而幽默，善于脑筋急转弯儿。后一个故事说，机智而幽默、善于脑筋急转弯儿的刘定之遭遇别人的机智幽默、脑筋急转弯儿后，机智不起来，也幽默不起来，因为他有"短儿"。

出身有"短儿"的刘定之在识见和学问上大有长处。他从未担任过财政官员，也没主持过财赋事务，但对理财思考颇多，大体也成体系，是明前期在财赋经济思想方面贡献诸多有价值见解的少数士大夫之一。

刘定之的财赋思想涉及理财、赋役、救荒，较为集中地体现在宣德九年（1434）所作《十科策略》中。

刘定之是一条分界线。他之前，由于朱元璋豪霸强势，屡屡批驳议论财利的官员、士人，以致明初言理财者少，讳言财利者多。不是大家没脑子，是不敢用脑子。他之后，理财渐成显学，从理论和实践维度研究理财的官员逐渐多起来。

刘定之曾尖锐批评士大夫讳言财利、轻视理财："对口谈玄理者，问之以金谷则斥言；手较朱铅者，付之以牙筹则羞执。不观《禹贡》，不知理财为圣君之急务；不读《周官》，不知理财为圣相之首事。国用视之为盈缩，民命倚之为惨舒，而可不知乎？"[1]

理财不仅关乎国用，还关乎民命；理财不仅是圣相之首事，还是圣君之急务。理财的重要性早在《禹贡》《周官》时代就已经揭示清楚了呀，怎能懵懂无知呢？言外之意，汝等谬矣，耽误大事儿了呀！

这是上课，也是声讨，更是规劝。

刘定之说理财，分三个层次：理国之财，理民之财，生民之财。

理国之财即内阁、户部和地方官代表朝廷或国家制定、调整和落实财赋政策，常态化处理财政收支事务，如"汉武帝之平准，唐玄宗之和籴"。

"理民之财"指官府有效管理和调控社会经济活动，如生产、分配、交换，像历史上的"管子之轻重敛散，李悝之平籴"，也类似于宋代叶适的"以天下之财与天下共理之"。

理民之财是在社会财富总量不变的情况下，努力克服或规避财富壅而不流、聚而不散、兼并而不均平等弊端。

理民之财是理国之财的基础。民之财理得好，社会生活正常、稳定，百姓富足，国家财政就有充足来源。这接近于时下说的"有源之水""有本之木"。

---

① （明）刘定之：《刘文安公十科策略·户科》。

　　理国之财与理民之财关系密切。"徒知理国之财，而不知理民之财，损于下而益于上。国于是有仓促乏用之忧矣，民于是有荒歉不给之患矣。"①如果只重视理国之财，忽视理民之财，很可能会损下益上，理财就会变成聚敛，也难免滋生"富者田连阡陌，贫者地无置锥，此豪强之兼并"和"巧者税少差轻，愚者税多役重，此赋税之不均也"两大弊端，其结果，国家将深陷财政危机泥潭，一旦遇到自然灾害，百姓生活势必十分艰难。

　　生民之财是比理民之财高出一个层次的经济工作，其实质是发展生产，增加社会财富，把蛋糕做大。"孟子重谷务农之说，贾生驱民归田之论"，目的都是发展生产。在刘定之看来，如果"徒知理民之财，而不知生民之财"，就等于"知疏其流而不知浚其源"②。

　　相对于节流，开源意义更大。

　　我们评价刘定之，可以对照周忱。两人属于相同类型，也属于不同类型。

　　刘定之没有主持财赋事务的经历，主要政绩是"建白，咸有可称"，但他对理财问题思考颇多。

　　周忱长期巡抚江南诸府，总督税粮，后又兼理湖州、嘉兴二府税粮，在当时中国的财赋重心地区，政绩斐然。江南诸郡税粮，由无岁不逋，苏州一府积逋八百万石，到"小民不知凶荒，两税未尝逋负"，变化巨大而彻底。且兼理松江盐课，而"盐课大殖"，赢得了"当时言理财者，无出忱右"之誉。然而，相对于理财政绩，周忱关于理财的言论极少，宏观的财政思考更不多见。

　　一个是理论家，一个是实干家，这也算得上"术业有专攻"。

　　《明史》说刘定之"建白，咸有可称"，有凭有据。

　　某年，京城大水，定之应诏陈十事，和财赋关联度高的是最后两项：僧尼蠹国当严绝；富民输粟授官者，有犯宜追夺。这次建言，基本没效果，"疏

---

① (宋)叶适：《叶适集·财计上》。
② (明)刘定之：《刘文安公十科策略·户科》。

入留中"。

景帝即位,刘定之复上言十事,和财赋关联度高的主要是三条:

> 臣于上皇朝,乞徙漠北降人,知谋短浅,未蒙采纳。比乘国衅,奔归故土,寇掠畿甸者屡见告矣。宜乘大兵聚集时,迁之南方。使与中国兵民相错杂,以牵制而变化之。且可省俸给,减漕挽,其事甚便。

臣在太上皇朝时,请求迁徙漠北归降之人,大概是因为识见浅薄,没被采纳。到国家发生事端时,很多降民乘机逃回故土,寇掠京郊百姓的事件屡有发生。应该抓住大兵聚集的时机,把漠北降人迁往南方。使他们和中原军民杂居,牵制并改变他们。这样做还可以节省俸禄,减少运输开支,这事儿不难落实。

> 天下农出粟,女出布,以养兵也。兵受粟于仓,受布于库,以卫国也。向者兵士受粟布于公门,纳月钱于私室。于是手不习击刺之法,足不习进退之宜。第转货为商,执技为工,而以工商所得,补纳月钱。民之膏血,兵之气力,皆变为金银以惠奸宄。一旦率以临敌,如驱羊拒狼,几何其不败也!今宜痛革其弊,一新简练之政,将帅踵旧习者诛毋赦。如是而兵威不振者,未之有也。

天下农民种田,妇女织布,供养士兵。士兵从仓库得到粮食,从国库领取衣物,保国卫家。一个时期以来,部分士兵从官府领取粮食衣物,却将月钱交给私人。时间和精力用于邪门歪道,兵卒不练习格斗,也不操练阵法,状况实在堪忧。只管次第转卖货物经商,掌握技术做工,而以做工经商收入,补交月钱。百姓的膏血,士兵的气力,全变成金银便宜了奸人。一旦列阵迎敌,就像赶着羊群对抗恶狼,焉能不败!当务之急是痛改弊端,出台简要精练的新政,将帅沿袭旧习气不得赦免。这样做兵威还不振奋,是不会有的。

守令朘民，犹将帅之剥兵也。宜严纠考，慎黜陟。犯赃者举主与其罚，然后贪墨者寡，荐举者慎，民安而邦本固矣。

地方官盘剥百姓，犹如将帅盘剥士兵。应该严肃追究和考绩，谨慎贬斥升迁。对贪墨者及其举荐者，要一并惩罚，这样贪污者才会减少，举荐者才会审慎，国泰民安的根基才会稳固。

这一回有效，"书奏，帝优诏答之。"

痴迷钻研财赋理论的刘定之曾直接建言财赋事务。成化三年（1467）八月，刘定之进工部侍郎兼翰林学士。当时江西、湖广两地发生旱灾，地方官员照收百姓赋税。刘定之上疏宪宗说：现在国家粮库充足，储备厚实，而江西、湖广等地百姓因灾无收，张口待哺，还要照样交纳租赋，这不是皇上怜爱百姓的本意，请皇上体恤下情。宪宗被他的言辞所感动，立刻下旨停止课税。

刘定之（1409—1469），字主静，江西永新人，正统元年（1436）进士，历官编修、洗马、通政司左参议、翰林学士、太常司少卿兼侍读学士、工部右侍郎、礼部左侍郎等。追赠礼部尚书，谥号文安。著有《十科策略》《周易图释》《否泰录》《呆斋集》等。

第七节　丘濬：当代通儒

丘濬是海南的骄傲。他和张九龄、余靖、崔如并称"岭南四杰"，和邢宥、海瑞并称"海南三贤"，和海瑞并称"海南双璧"，本人被称为"岭南巨儒""当代通儒"。

海南本土官员惟丘濬官至大学士。国学大师钱穆说，丘濬"乃中国史上第一流人物也"。《明名臣录》评价丘濬："国朝大臣严于律己，理学之博，著述之富，无有出其右者。"

"理学之博，著述之富"，说的是丘濬一生 20 多种 300 多卷著作。代表作《大学衍义补》皇皇 160 卷，"竭平生之精力，始克成编"，是一部全面系统的公共行政百科全书。

有必要简略梳理学术传承。《大学》是儒学经典，《四书》之首，传曾参作。南宋理学家真德秀（1178—1235）对《大学》推崇备至："为人君而不知《大学》，无以清出治之源；为人臣而不知《大学》，无以尽正君之法。"为充分阐发《大学》要旨，真德秀潜心写作《大学衍义》43 卷。宋理宗称赞此书"备人君之轨范焉"。元武宗感慨"治天下，此一书足矣"。明太祖"尝问以帝王之学何书为要，宋濂举《大学衍义》，乃命大书揭之殿两壁"。

丘濬不满意。在他看来，《大学衍义》好是好，但活儿没干完，格物、致知、诚意、正心、修身、齐家之外的治国、平天下压根儿没有涉及，于是以舍我其谁的气度"仿德秀凡例，采辑五经诸史百氏之言，补其阙略"。

《大学》《大学衍义》《大学衍义补》是前后承续和线性递进关系。

主于理和主乎事，是《大学》《大学衍义》和《大学衍义补》的根本区别。用丘濬的话说："儒者之学，有体有用。体虽本乎一理，用则散于万事。"

《大学衍义补》各卷均以经、史、事、论次第展开。"经"是三代至明中叶诸子百家特别是儒家关于该卷主题的论述，"史"是从历代史书中爬梳的涉及该卷主题的史实，"事"是明朝特别是当世该项"事情"现状，"论"是标注为"臣按"的本人立场和观点。这种写法，非学问广博、功力深厚者不能为。

《大学衍义补》第十三至三十五卷集中阐述生财、聚财和用财之道。如果用当代学者的研究框架给这 23 卷扒堆，可得"固邦本"和"制国用"两类。"固邦本"和"制国用"又可分别细分为 11 小类和 16 小类。

丘濬提倡的国家财政收支基本原则是"征敛有其艺，储蓄有其具，费用有其经"，具体要求是"为国者取之民而藏之官，出之官而散之天下，必合乎天道之公，人为之义，而后取之、收之、用之。苟为不然，或出于人欲之私，揆之于义而不合，则是利而非义矣"①。

丘濬以 7 卷 11 目论述生财之道。概而言之，基本思想框架分四层：天生民而立君以牧之，是君为民而立也；民惟邦本，本固邦宁；生财有大道，生之者众，食之者寡，为之者疾，用之者舒，则财恒足矣；损上益下，百姓足，君孰与不足。

丘濬以"民"为中心，条列生财十策：蕃民之生；制民之产；重民之事；宽民之力；愍民之穷；恤民之患；除民之害；择民之长；分民之牧；询民之瘼。

丘濬提出的操作层面的政策主张，可重组为政府为国民提供基本公共产品公共服务和朝廷自身建设两部分。前者包括：重视农业，确定土地所有权，保证每个农户有基本农田，限制兼并；减轻税负；发展水利；建立平准制度，有备无患；关怀鳏寡孤独，承担兜底责任；帮助农民致富；听取民瘼；不轻易兴建工程。后者包括：设立行政区，分层次治理；为民造福，慎选亲民之地方官；制衡地方政府。

丘濬以两卷篇幅"总论理财之道"，渐次讨论八种收入。丘濬主张：以地定税，不以丁定税；放水养鱼，忌竭泽而渔；贡赋之外，索贡之物及各种名目摊派均不可取；用财尊奉中正之道；分隔国家收入和宫廷收入；理财遵从经常和简易之法。

丘濬精心梳理历代王朝赋役制度，史料翔实丰赡，洋洋十万言。几乎每种收入都从开创起笔，细致缕列其嬗变轨迹及实施效果，援引当事人的设计初衷和君主、大臣的利弊评析，最后结合本朝实际提出或扬或抑或折衷的兴革建议。这套路，扎实、严谨、规范。

在论述"薄税敛则人富"时，丘濬引用一个例证。

> 魏文侯时，租赋增倍于常。或有贺者。文侯曰："今户口不加而租赋税倍，此由课多也。夫贪其赋税，不爱人，是虞人反裘而负薪也。徒

---

① 丘濬：《大学衍义补》卷二四《制国用·经制之义下》。

惜其毛，而不知皮尽而毛无所傅。”

　　臣按：魏文侯，一国之诸侯，疆域有限，而用度孔多，尚知课多之害于民而设为皮毛之喻，况万乘之尊，而富有四海之大者乎。

　　魏文侯是战国时期魏国开国君主。这样的事例让读者过目不忘。

　　当代研究者普遍认为，丘濬的"经济"思想多与现代经济思想不谋而合。我们知道，现代意义的经济学鼻祖是亚当·斯密（1723—1790），晚丘濬302年出生。虽然丘濬在理论体系的完整性上不及斯密，但这位"十五世纪中国的经济学家"的开创之功依然值得我们景仰。

　　丘濬的经济学思想至少体现在以下六个方面。

　　一是，商品经济乃国民经济根本。丘濬说："食货者，生民之根本也"。梁启超认为这话可以看作世界上最早的重商主义理论。

　　二是，人是经济人。"人之所以为人，资财以生，不可一日无者也。""财者，人民所同欲也。""人心好利，无有纪极。"这些论述不禁让我们想到经济学的"经济人"假设。

　　三是，劳动价值决定商品价值。"世间之物，虽生于天地，然必资以人力，而后能成其用，其体有大小精粗，其功力有浅深，其价有多少。"这比威廉·配第的"劳动价值论"早180年。

　　四是，重视市场作用，反对干涉市场。反对政府在监管市场，维护交易秩序之外，以"和买"之名破坏供求关系；反对官府专卖，与民争利；建议开放海禁，开展对外贸易。在"重农抑商"的社会环境下，这些主张可谓空谷足音。

　　五是，金融见解理性、超前。丘濬认识到货币的作用，也发现了滥发纸币的危害，还专门设计三币（上币银，中币钞，下币钱）之法，以稳定币值，制止通货膨胀。

　　六是，发现社会分工的规律和意义。提出相生相养论，揭示人与人相互协作、相互依赖的依存关系和独立劳动的社会属性。

　　融合丘濬的财税思想和经济学思想，其系统性、深刻性和首创性，堪称世界上最早的官方财政学。这比德国某些学者因充任国王财政金融顾问，经常在王室开会讨论国家财政金融事务而形成的"官房学派"，至少早200年。这样界定该书的价值和受众更符合丘濬《大学衍义补》乃"帝王之学"的自我定位。

当然，鉴于丘濬"经国理财，济世活民"思想中一以贯之的儒家思想，即以儒家思想为纲的"道""术"统一，"体""用"统一，将其视作儒家政治经济学也很洽切。

丘濬很幸运。在"宰相必起于州部"的明朝官场，从国子监祭酒一路升至户部尚书兼武英殿大学士，极其罕见。在有史以来唯一只有一位皇后，没有嫔妃的孝宗的支持下，丘濬实施治国方略，做了几件大事：

行"京察""铨选""评考"制，对官员严格考绩，政风由此好转，行政效率由此提高。

开放辽东和湖广"无人区"，募民屯垦。推行"折纳银钱"制，简化税制。参与整治江南税赋，清理积欠。以朝廷"凭票"为据，围堵官员"贪墨"。推行"兵补制"，减轻运军负担。影响最深远的是盐政改革，变"以粮换盐"为"以银换盐"，北方盐业贸易实现大繁荣。

短期内聚十万人力，完成明朝历史上最大规模的治黄行动。工程井然有序，预算精准无误。该模式让明朝挺过数次难关。

丘濬四次上疏针砭时弊，其中《论厘革时政奏》直言22个问题，涉及财税的有：赏赐当节俭；皇宫陵殿除非迫不得已，不应修缮、扩建；朝廷不要收藏宝石珠玉，带坏社会风气；国家不要与民争利；禁止"差官于外织造措办"。

丘濬（1421—1495），字仲深，号琼台，海南琼山人，景泰五年（1454）进士，历任翰林院编修、侍讲学士、翰林院学士、国子监祭酒、礼部右侍郎、礼部尚书、文渊阁大学士、户部尚书兼武英殿大学士。谥文庄。著有《大学衍义补》《世史正纲》《朱子学的》《琼台吟稿》《琼台类稿》《本草格式》《家礼仪节》《平定交南录》。

第八节　桂萼：特立独行

桂萼不合群儿。

不合群儿的突出表现，是"屡忤上官下吏"。

似乎不能说忤是贬义词。人是社会动物，要竞争，要合作，要对抗，要妥协。置身职场，难免意见不合、磕磕碰碰，一味无原则无底线地迁就他人未必算得上正气和美德。很多时候，爱谁谁、爱啥啥、爱咋咋反倒是一袭清风。这袭清风的底气可能在于：主意正，脾气大。

这关乎性格和习惯，一般情况下与品德无涉。

桂萼的问题出在"屡"字上。"屡"的事态特征，是一而再，再而三，反复堆积，持续强化。用外交语言表述，他的立场和方法是坚定的、明确的、一贯的。

前面说过，桂萼"屡忤"的对象是两个群体：上官、下吏。

这着实麻烦。上官加下吏，差不多等于整个职场。屡忤上官下吏，意味着一遍又一遍地得罪所有人。长此以往，生存环境只剩下两个字：艰难。

桂萼的每一步，都在见证艰难。

起点不算低，起势不算好。因为性刚使气，得罪上官，他被调往浙江青田，还是知县。

谁也没想到，比忤逆上官更严重的事情悄然发生：桂萼拒绝赴任。

幸运的是，他获准开机重启：用荐起知武康。

开机重启不同于系统升级。置身新天地，桂萼犯的依旧是老毛病。这回玩得更悬，因忤逆上官，他遭到御史白简弹劾。

弹劾，就是拿脑袋上的乌纱或乌纱下的脑袋说事儿。

在等级森严、官大一级压死人的旧官场，忤逆上官可能会被解读为风骨，但协调不好与一般胥吏书手的关系，无论如何也找不出站得住的理由。不会巴结上司,也不会团结下属,靠这等情商这等路数经营仕途的官员,比大熊猫还珍稀。

显然,桂萼是一根筋加驴脾气。一根筋加驴脾气的官员往往能开创新局面。

桂萼开创新局面的切入点,是赋役。这个吸引眼球,拉风,还立竿见影。

桂萼清晰而精准地洞察缙绅势家和豪强地主欺隐土地逃避赋役的惯用手法,深知赋役不均对国家长治久安巨大而深远的负面影响。他知道该从哪儿下手,也知道该如何下手。

摆在桂萼面前的难题叫赋役转嫁。传统农业社会的赋役,一般以土地面积为基本计征依据。这是现实的,也是合理的。问题出在官豪势家,他们总是用合法或非法手段,转嫁赋役于贫苦农民。或以诡寄、飞洒等手法欺隐土地,张冠李戴,躲猫猫儿;或独占肥沃土地,只按低税率缴纳很少的田租,不愿为农民"分粮"和"为里甲均苦"①。

比赋役转嫁更糟糕的是,很多时候,很多官员不愿触及矛盾。原因很简单,弄不成。一旦哪个心里装着社稷和苍生的愣头青着手丈量土地或均平赋役,"势家即上下夤缘,多方排阻",免费送你一个虎头蛇尾、灰头土脸的尴尬棋局。

用时下的话说,这叫摆平。

好在,愣头青有很多种,有的一出手就卷刃,有的越战越勇。桂萼属于后一种,他意志坚定,威猛异常,软硬不吃,油盐不进。

每次履新,桂萼都拿均平赋役试刀、立威。眼到心到,手起刀落。

桂萼的招法,也叫摆平,只不过,以他的标准和方式。

正嘉之际,成安知县桂萼坚定而顽强地推行土地清丈。清丈前,"原额官民地二千三百八十六顷五十九亩九分",清丈后,"均量为大地二千七百

---

① (明)桂萼:《请修复旧制以足国安民疏》。

八十一顷四分五厘"①。多出来近400顷农田"计亩征粮"，结果是"民不称累"。当地社民享无税之田、屯民供无田之税的田赋积弊由此得到治理。

事实上，桂萼屡忤上官下吏不是因为犯浑有瘾，而是因为实在看不惯官场中的贪污腐化，实在痛恨势家豪强和地方官吏穿一条裤子，狼狈为奸，实在痛恨征赋派役中的偷奸耍滑，欺软怕硬。负能量无处不在，无时不在，是桂萼不屑于与身边这帮瘪犊子合作的根本原因。

满怀经世济国之志却每被抑挫的桂萼悲催地发现，常年在朝堂上高谈阔论、发号施令的枢辅权臣，很多也是瘪犊子。

嘉靖初，桂萼由成安知县迁南京刑部主事。其时，皇帝和群臣组团群殴，大议礼事件刚刚拉开架势。桂萼赞成张璁的主张，但他远离中枢，没啥影响力。不久，被排挤到南京的张璁，同桂萼惺惺相惜，相互砥砺，处江湖之远而忧其君。嘉靖二年（1523）十一月，桂萼上疏请正大礼，世宗召张璁、桂萼入京。送走一场又一场腥风血雨，皇帝一方获胜。

桂萼由此转入人生快车道。嘉靖四年（1525）升任詹事，仍兼翰林学士。六年（1527）三月升礼部右侍郎，九月改吏部左侍郎，旋升礼部尚书兼翰林学士。逾月，迁吏部尚书，获赐银章，得秘疏言事特权。七年（1528）正月加太子太保。《明伦大典》书成，加少保兼太子太傅。八年（1529）二月以本官兼武英殿大学士，入阁预机务。

大权在握，桂萼发舒积攒多年的政治抱负，革除现实社会的诸多不合理现象，包括推进均平赋役和清丈土地。

桂萼从实际操作环节悉心研究赋役之法，察觉到业已推行的均徭法和十段册法的局限性。比如，均徭法的户等划分标准很不一致，相同户等承担相等差役，但他们的实际丁产可能相去甚远。再比如，十段册法以各户丁粮彻底清理为实施基础，均分十段方能奏效。比较普遍的实际情况却是此地十段和彼地十段丁产并不一致，徭役负担依然不公平。

桂萼很快拿出新方案。嘉靖九年（1530）十月，他进呈《任民考》疏，建

①《成安县志》卷三《赋役考》，明刊本。

议取消照黄册派定年份轮役旧制,改以一省之丁粮供一省之役。户部尚书梁材吸纳该建议,革新赋役征法。"合将十甲丁粮总于一里,各里丁粮总于一州一县,各州县丁粮总于一府,各府丁粮总于一布政司。而布政司通将一省丁粮均派一省徭役,内量除优免之数,每粮一石编银若干,每丁审银若干,斟酌繁简,通融科派,造定册籍,行令各府州县,永为遵行。"①

"桂萼方案"顺应和承续了赋役合并及化繁为简的发展大势,合并各种役目为一项,按丁粮一次编定,俱于秋粮征收。该方案比同时期各版本改革举措完善得多彻底得多。

同桂萼相先后,许多地方官员致力于赋役改革。万镗提出赋役均平应"在县不止以里论,而当均于一县。在州不当以县论,而当均于一州。在府而所均当益广矣"②,万镗所论,限于一府,而桂萼提出在一布政司范围内通融科派,均平负担。不难看出,桂萼创立了一条鞭的赋役征收法则,又以内阁大臣的身份倡行,比同时代其他改革者棋高一筹,较之顽固守旧的前内阁首辅杨廷和,更是别如霄壤。

更大范围的公平,往往是更高层次的公平。

从两税到一条鞭,是中国封建社会赋役制度划时代的重大转折。

桂萼极为重视均丈土地。他多次上疏,阐述重新丈量土地的重要性和紧迫性。"仁政必自经界始,今之经界存乎版图。自正统末,天下吏阴坏版图,诸色田土散漫参错,难以检讨。"桂萼反复提醒世宗,势家豪强越是激烈反对,朝廷越要坚定不移清丈土地。土地一经清丈,版籍一经澄清,各种违法行为就暴露在光天化日之下。

继桂萼之后,世宗朝郭弘化、唐龙、简霄、顾鼎臣等均疏请核实田亩,均丈土地。

桂萼以议礼为跳板跻身权力中心,在论资排辈观念极强的封建士大夫眼里,有逢君干进之嫌。这不是桂萼的短板,却是桂萼的软肋。胡世宁、

---

① （明）桂萼:《桂文襄公奏议》卷八《进任民考疏》。
② （明）张萱:《西园闻见录》卷三二。

王守仁等领袖人物虽认同桂萼的主张，但刻意和他保持距离，奥妙就在这里。入阁后，桂萼禀性难移，与张璁失和。桂萼曾举荐王守仁总督两广兼巡抚，两人后来也渐行渐远。王守仁去世后，桂萼请申禁其学。方献夫等为王守仁辩解，杨一清等乘隙攻讦，朝堂依旧暗流涌动。

桂萼始终棱角分明。棱角带给他战斗力，也带给他破坏力。

桂萼（？—1531），字子实，号古山，江西安仁（今江西东乡西北）人，正德六年（1511）进士，授丹徒知县。

嘉靖十年（1531）正月，桂萼引疾乞归，八月卒。赠太傅，谥文襄。著有《历代地理指掌》《明舆地指掌图》《桂文襄公奏议》。

第九节　海瑞：第一奇人

"立马派人过去，把他也吊起来，打！"海瑞发出指令。

在场的每一个人都目瞪口呆。他们搞不准，知县大人是说气话，还是玩真的。

"去打就是了，出什么事情我负责。"见没人行动，海瑞"啪啪"拍桌子。

训练有素的职业打手们不再犹豫，冲进驿馆把胡公子胖揍一顿。海瑞一不做二不休，索性把胡公子携带的几千两银子充公。

胡公子是一个蹭吃蹭喝的官二代，老爹是浙直总督胡宗宪。胡公子到淳安游山玩水，被驿馆的低标准接待点燃怒火，脑瓜子一热，吊打驿吏出气。众人不知如何应对，海知县以其人之道还治其人之身，回馈他一个鼻青脸肿、万朵桃花开。

更精彩的是善后。海瑞端坐县衙，气定神闲地给胡总督写了一封信，大意是：

尊敬的胡大人啊，您巡视和调研时反复强调，各级政府要厉行节约，公务接待不准铺张浪费，说得忒好了，我每时每刻都在心里默诵啊。今儿个淳安来了个不着调的混混儿，以招待过简为由吊打驿吏，还口口声声说是您儿子。呸！胡说八道！谁都知道您老人家教子甚严，咋会有这样的儿子呢？不用说，这小子是冒牌货，他败坏了您的名声，令人发指。为示惩戒，我没收了他的随身财产，充入国库，现将此人扭送到您府上，听候发落。

见过搞笑的，没见过这样搞笑的。郑重其事，毕恭毕敬，义正词严。

胡宗宪哭笑不得，惩胡事件不了了之。

海瑞到淳安任职是嘉靖三十七年（1558）五月。"知县知一县之事。一民不安其生，一事不得其理，皆知县之责。""浮沉取名，窃取官爵，非知县也。"①这话，是说给自己的。

淳安地瘠民贫，唯茶竹杉柏勉强算得上当地物产。海瑞刚到任，就有人诉苦说淳安田亩悉归豪右，穷者卒年不粒食，百姓疾苦万状，"民之逃亡者过半"②。海瑞深入民间，调研走访，很快摸清最大的社会问题根源在赋役不均，浮粮数多，大户转嫁。"富豪享三四百亩之产，而户无分厘之税。贫者产无一粒之收，虚出百十亩税差。不均之事，莫甚于此。赔贴则困苦，困苦不堪，相继逃亡，皆虚税所压为之，不可不加意也。"③

海瑞的应对之策是定《兴革条例》36项，重点是清丈土地，度田定税，均平赋役。同时雷厉风行清查积弊，严行革除一切陋规，裁冗费，革冗役，息词讼，惩贪官，肃吏治。

招招碰硬，刀刀见血。该谁谁，该咋咋。

民困渐苏。

嘉靖四十一年（1562）五月，因政绩卓著，海瑞擢浙江嘉兴府通判。因两年前得罪过鄢懋卿，遭袁淳弹劾，任命被取消。

鄢懋卿是严嵩党羽，时任总理盐政都御史，巡查盐务时打算取道淳安。此公一贯招权纳贿，贪酷成性，他有意来淳安，着实给海瑞出了一道难题。好在海瑞足够机智，他以"邑小不足奉迎，愿取他道往"，去信挡驾。鄢

---

① ③《兴革条例》，《海瑞集》上册。
②《淳安县政事序》，《海瑞集》上册。

绕道而行,怀恨在心。

惩胡和拦鄢两件事"更为人所不敢为者",百姓拍手称快,传为佳话。不同的是,胡宗宪是君子,鄢懋卿是小人。小人逮住机会,劈头给海瑞一闷棍。

不久,严嵩败落,鄢袁相继去官,海瑞调任江西赣州府兴国县知县。

兴国地瘠民贫,时弊亦在浮粮,"岁征不满什之伍"。"虚粮不能赔,重役不能供",以故"逃绝户极多"。社会生态和赋税秩序比淳安还差。

海瑞深入调研,制定《兴国八议》,厘清宿弊,发展生产。"八议"上南赣巡抚吴百朋,次第施行,官吏"畏法听令","民间用度十分中减去三四"①。

"八议"和赋役管理关联度极高。其要者五:一曰屯田,恢复明初拨军下屯、军民各有定分之法,清退军队侵吞民田而来之"余田","以补民田之虚赔",使"下之小民无军人之扰,上之屯粮无亏欠之累"。二曰地利,招民开垦"无主山地荒田",使地尽其利,而民无游食。三曰均赋役,为"八议"之急务,重点是清丈土地,稽查丁粮虚实、人口富贫,按实征发。四曰招抚逃民,蠲免虚粮重役,招民复业,"三年后实有收成,依例报税,收成稀少则听之。"五曰革冗员,凡军政各衙门一切人浮于事者,皆裁革之②。

任兴国知县年余,海瑞因功被荐,应召入京。

嘉靖四十三年(1564)十月,海瑞升任户部云南清吏司主事。一年后,干了一件惊天动地的大事:犯颜直谏,上《治安疏》。该疏"直言天下第一事,以正君道,明臣职,求万世治安",又称直言天下第一事疏。这就是当时震惊朝野、后世一再评说的"海瑞骂皇帝"。疏出,海瑞"直声震天下。上自九天,下及薄海内外,无不知有海主事也"③。海瑞入狱,遇赦复职,历任尚宝司丞、大理寺右侍丞、南京通政司右通政、通政司右通政,隆庆三年(1569)六月,晋升都察院右佥都御史、总督粮储、提督军务,巡抚应

①《申军门吴尧山便宜五事文》,《海瑞集》上册。
②《兴国八议》,《海瑞集》上册。
③(清)王国宪:《海忠介公年谱》,《海瑞集》下册。

天十府。

时应天巡抚驻苏州，辖应天、苏州、松江、镇江、常州、徽州、宁国、池州、太平、安庆等府和广德州，兼理杭州、嘉兴、湖州三府税粮。应天十府州是明代经济、文化重心，素称"繁剧难治"之区。海瑞遵照朝廷律令，依据江南特点，复制南平、淳安、兴国施政经验，慨然以澄清天下自任，竭尽心力，一意挫豪强，抚贫弱，做了很多利国利民的实事。

整饬吏治。开国以来，江南不法官吏与豪绅大户串通一气，贪赃枉法，敲诈勒索，谋财害命，渐成地方一害。海瑞先后颁布《督抚条例》《续行条约册式》《考语册式》，斥黜贪墨，搏击豪强，矫革浮淫，厘正宿弊。包括：禁迎送、禁请托、禁请客送礼、禁苛派银粮包揽侵欺、禁假公济私、禁苛派差役、禁滥取民财民物、禁差遣人役骚扰乡里、禁官吏敷衍塞责、禁私役民壮、禁官吏奸利侵吞、禁贿赂书吏、正军法、革募兵、定抚按出使车马。严令各府州县大小官吏"一体遵奉施行，俱勿违错"。令既下，"郡邑吏凛凛竞饬，若非往日人。赇者则望风解印绶去，权豪势宦，敛手屏息，至移他省避之。"①

夯实税基。应天十府州强宗巨室数多，土地高度集中，阶级矛盾尖锐复杂。嘉靖以来，兼并之风盛行，乡官豪绅无不以卑劣手段大肆掠夺田产，比较普遍的方式是通过投献侵占农民土地。由于该地赋繁役重，"每一役出，辄破数大家。以故富者辄籍其产于士大夫，宁以身为佣而输之租，用避大役，名曰投献。"②小民田产为奸民籍而献诸势要归其所有者，更是"不知凡几矣"③。松江府华亭县"乡官田宅之多，奴仆之众，小民嚚怨而恨，二京十二省无有也"④。江南乡官代表人物徐阶家拥田产二十多万亩（一说四十万亩），相当一部分通过"投献"夺来。海瑞巡视各地，控告缙绅豪强侵渔白夺小民田产者不计其数，仅松江一地即有"告乡官夺产者几万人"⑤。海瑞

① （明）梁云龙：《海忠介公行状》，《海瑞集》下册。
② （明）黄秉石：《海忠介公传》，《海瑞集》下册。
③ （清）赵翼：《廿二史札记》卷三二《明乡宦虐民之害》。
④⑤《被论自陈不职疏》，《海瑞集》上册。

十分气愤，坚决勒令受献者如数退还白夺田产，或者允许被献者赎回。对徐阶也不例外。由于官绅顽强抵制，这项改革半途而废。江南官户多、优免户多，赋役转嫁十分严重。海瑞推行一条鞭法，尤其注意均平赋役，制定《钱粮册式》《均徭册式》，减轻农民负担。还严治刁讼，平反冤狱。时人评价：海瑞抚江南九月，"而天下财赋之原，肃然一清。"[①]

兴修水利。江南河网密集，湖泊交错。由于长期失修，淤积不通。海瑞巡抚江南，暴雨不断，吴淞江泛滥成灾，农民衣食无着。海瑞通过民间私访和实地勘察，尝试"以工代赈"，"（官）借饥民之力而故道可通，民借银米之需而荒歉有济，一举两利"[②]。还劝民垦田 40 万亩。根除水患，是海瑞巡抚应天最亮眼的政绩。

海瑞（1514—1587）字汝贤，又字国开，号刚峰，广东琼州琼山（今海南）人。四十岁步入仕途，为官十七年。隆庆四年（1570）四月，海瑞告老还乡，一生积蓄仅置居第一区，租田十亩。清苦如此，古今罕见。依清官和奇人论，整个大明官场无出海瑞之右者。

第十节　张学颜：国储躬耕

1933 年，国立北平图书馆以八百金自山东购入一部书，著名历史学家、中国社会经济史学奠基人之一的梁方仲（1908—1970）先生由衷感慨："此三百余年前的政府会计，至今犹留存天壤，得与吾人相见，真是对于研究公家财政史的人们的一件最大的幸事。"[③]

这部书叫《万历会计录》，是现存历代会计录中最厚实最系统最完整

---

①（明）黄秉石：《海忠介公传》，《海瑞集》下册。

②《开吴淞江疏》，《海瑞集》上册。

③梁方仲：《评介〈万历会计录〉》，《中国近代经济史研究集刊》，1935 年第 3 卷第 2 期。

的一部，是研究明代尤其是万历朝社会经济史和财政赋税史最基础最翔实最权威的官方史料。

中国会计制度起源甚早，在发展过程中不由自主坐实两大特点。一是"大会计"。会计制度是一个庞杂的集合体，内涵丰富，外延宽泛：记录山川、林地、田土，登记户籍、人口、私人资财，核算政府收支甚至政治和历史功过。二是"官厅会计"。中国中央集权制度空前发达高度成熟，客观上要求会计制度融贯于财政制度，会计组织隶属于财政组织，会计核算服务于财政管理。"官厅会计"的角色定位决定了会计管理和会计核算必须是而且只能是系统考核国家财政收支规模和结构，反映和监督国家财政状况的重要工具。

中国会计制度的雏形，可以追溯到结绳记事和九式之法。成熟的会计制度直接催生会计典籍，如唐《元和国计簿》《元和会计录》《平赋书》，宋《皇祐会计录》《庆历会计录》，明《大明会计录类要》，这些书目载于新旧《唐书》《文献通考·经籍考》《宋史·艺文志》《明史·艺文志》，可惜未能流传于世。《万历会计录》全须全尾，自然可喜可贺。

《万历会计录》由户部尚书王国光、张学颜接力编纂。隆庆六年（1572）七月，王国光任户部尚书，与侍郎李幼滋等辑录部中前后条例，耗时逾年，成《会计录》初稿。

张学颜这样记述编纂《万历会计录》的时代背景和编纂初衷：

> 臣等窃闻太祖开基创制，已载入《诸司职掌》，孝宗继统，又纂入《大明会典》，宏纲毕举，轻重协中，列圣相承贰百余载。我皇上登极以来，嘉纳辅臣忠猷，修复祖宗实政，至于司农、计务申儆尤详，创立考成之规，酌定降罚之例，清积逋、阅边饷、减徭役、浚河漕、汰冗员、禁驰驿。迩命儒臣重辑《会典》，又命臣等通行天下，清丈田粮，革豪右隐占，苏小户包赔，故吏皆奉法，民不加赋，正供所需，太仓有九年之积。自国初至今，未有积贮如是充裕者……朝廷欲复旧制，计臣欲考旧额，而案牍纠纷，考核无据，查得吏部有四司职掌，礼部有《宗藩

条例》，刑部有《问刑条例》。况本部职掌国储，钱谷出入视各部尤为繁重……

万历四年（1576）二月，王国光乞休获准，行前进呈书稿，请求刊布中外，俾助朝廷理财。万历十分赞赏，命户部详加订正。继任尚书张学颜会同总督仓场左侍郎刘思问、右侍郎王之垣、贵州清吏司署郎中事主事周希华，督率员外郎袁昌祚、主事钟昌、程沂、刘庭芥、房守士、曹楼、朱期至、萧良干、顾宪成、苗浡然、温显、李时芳、李三才、赵南星等订正全书，于万历九年（1581）四月成编进呈，拟名《万历会计录》。随后，张学颜率属官曹楼等再次检阅户部新题事例和各省续报文册，进一步增订校正全稿，于次年二月刊刻成书。

《万历会计录》共四十三卷，其编辑"首遵《大明会典》，次考历年条例，次查本部册籍，补其缺遗，厘其讹误……分理则以司冠郡，以郡冠县；分款则以总冠撒，以撒合总。先田粮旧额、现额、岁入、岁出，次省郡，次边镇，次库监、次光禄，次宗藩，次职官，次俸禄，次漕运，次仓场，次营卫，次屯田，次盐法，次茶法，次钱法，次钞关，次杂课"①。门类或机构之下细分项目，如饷额一门，分屯粮、民运、漕运、盐引、盐课、京运、抚夷、马价、赈济、俸粮、修边、仓庾、职储各项目；漕运一门，分漕粮数额、耗脚轻赍、席板筹架、运船官军、官军粮钞、土宜、漂流挂欠、禁令、河漕、海运、民运、乞运、督运文武官各项目；大多卷目设"沿革事例"一目，记述相关规制及其演变。提纲述要，脉络清楚②。

订正后的《万历会计录》大量收录最新材料。卷一《岁入·浙江布政司·太仓》记述的赃罚银总额及巡抚、巡按、司府州县定额，均万历九年题定。易州镇麦绢豆草折银等八项征收皆"万历九年题改解太仓转发"。卷十五《北直隶田赋·庄田子粒》大量记载万历九年（1581）裁革庄田备边情状。卷

---

① （明）张学颜等：《万历会计录》卷一。
② 梁方仲：《评介〈万历会计录〉》，《中国近代经济史研究集刊》1935 年第 3 卷第 2 期。

十七《辽东镇饷额》录"万历九年，允督抚会奏，加饷银至四钱"。卷三十《内库供应》记述采买物料计价方法。卷三十一《光禄寺供应》、卷三十三《本部职官》分别录有万历九年（1581）光禄寺卿题奏和户部诸清吏司及部差仓场、关市裁减属员情况。

该书对《大明会典》讹误亦多有订正。

难能可贵的是，张学颜团队在编纂经手资料时，表现出强烈的忧患意识，提出了事关国家长治久安的重大问题，期盼之情溢于言表。"国家疆域尽四海，田赋户口逾于前代，载在会典者可考也。今额视先朝增者多，减者少，何哉？田没于兼并，赋诡于飞隐，户脱于投徒。承平既久，奸伪日滋，其势然也。顷荷明旨：清丈田粮，原额可冀渐复。但今每年所入，本折各色通计一千四百六十一万有奇，钱钞不与焉。所出除入内府者六百万余数莫可稽，他如俸禄、月粮、料草、商价、边饷等项，岁逾九百三十一万有奇，是一岁之入不足供一岁之出，虽岁稔时康，已称难继，况天灾流行，地方多虞，蠲赈逋欠，事出意外，又安能取盈也。怀已安已治之虑，清冗费冗食之源，去浮从约，以复祖制，臣等深于朝廷有至望焉。"①

明代财政赋役结构非常复杂，区域差异和执行变异让后人几乎无法按照统一口径对全国、某省、某府财政收入做出精确或满意的统计分析。在黄仁宇看来，这种复杂性是多种因素共同作用所致："水稻耕种的方式，货币体系的特性，税制原则的差异，地方政府制定法律必须符合中央法规，没有运用银行手段来管理公共资金，某些临时性调整却成为定例，中央政府不能进行普遍性的改革，地方政府权力有限，地方官员不能自由采取行动，所有这些都导致了税制结构的复杂。明代的田赋，在折中了如此多的矛盾之后，已经不再是一个简单的财政体制问题，它必须同时也被视为一个政治和社会的制度性问题。"②

---

① （明）张学颜等：《万历会计录》卷一。
② ［美］黄仁宇：《十六世纪明代中国的财政税收》，阿风等译，生活·读书·新知三联书店，2001年，第127页。

对赋役财政有全局性影响的首要因素，是混乱的货币制度和实物征收间的矛盾。政府长期靠行政力量强制推行宝钞，背离民间市场，政策朝令夕改，反复无常。到晚明，官方劣币通行，公私皆恶，物价腾贵。

　　对赋役财政有全局性影响的另一个重要因素，是琐细的赋税计量制度与技术手段背离。在赋税征收册籍或文献中，多有类似记载："各省直通共实认银八十二万五千零五十两一钱六分六厘□毫九丝一忽二微八纤六沙□尘，内属杂项原款者共银七十九万八千零五十四两九钱□分一厘六毫四丝七忽四微□纤六沙一尘。"[1]"每亩实征原科米三合七勺八抄七撮四圭五粟九粒二黍七秒七糠一秕。"[2]如此繁复琐细的计量，加之官制和民制的差异、折算等因素，在传统技术条件下，赋税计算、分解、征收困难可想而知。这一切，直接导致财政管理混乱和账目复杂。任何对明代财政定量分析的尝试，只能在这样的前提下勉力为之。

　　张学颜主户部，正值张居正当国。《明史》载，学颜奏列清丈条例，厘两京、山东、陕西勋戚庄田，清溢额、脱漏、诡借诸弊。又通行天下，得官民屯牧湖陂八十余万顷。民困赔累者，以其赋抵之。自正、嘉虚耗之后，至万历十年(1582)间，最称富庶，学颜有力焉。

　　张学颜(？—1598)，字子愚，号心斋，肥乡(今属河北)人，嘉靖三十二年(1553)进士，初授曲沃知县，历任右佥都御史、辽东巡抚、副都御史、户部尚书、兵部尚书。追赠少保。

第十一节　申时行：调和阴阳

　　每次来到文华殿附近，申时行总是不由自主地心绪不宁。

---

① (明)毕自严：《都支奏议》卷六《新饷司》。
② (民国)《杭州府志》卷六三。

文华殿是皇帝读书的地方。1574年，垂髫少年万历在这里挥毫写下"责难陈善"四个径尺大字送给申时行，真诚希望申先生随时规劝自己的过失，提出有益的建议。转眼13年过去了，申时行尽心尽力，期望值却远未达到，这让他深感不安。

岂止未达到，万历十五年（1587），申时行发现，被径尺大字浸润多年的情怀和理想像断了线的风筝，在历史的天空中越飘越远。当年的乖孩子万历一次次用行动告诉朝臣，他烦透了经筵和临朝。作为内阁首辅，申时行又伤心又无奈，他管不了皇帝，只能写诗自责：

> 王师未奏康居捷，农扈谁占大有年？
> 衮职自惭无寸补，惟应投老赋归田①。

牢骚归牢骚，自责归自责，一旦进入政务频道，首辅大人的责任感依然会压倒一切。

面对"上下否隔，中外暌携"②的困局，申时行穿起调济折衷的外衣，把自己打扮成一个慈眉善目、滚瓜溜圆的和事佬。

调济折衷就是降低标准。当和事佬就是调和阴阳。

说白了，就是寻找人们口头上公认、道德文章推崇的理想和不能告人且自己也不承认的私欲之间的契合点，使"不肖者犹知忌惮，而贤者有所依归"③。

再说白一点，就是大家互相给两毛钱面子，凑合着尿到一个壶里，这比尿到自己脚面或别人袍襟上好看得多。

不能不说，和事佬申时行比改革家张居正更了解中国政治生态和社会生态。

以相对含混的标准划分，旧官场的文官不外乎三种：第一种，清高自

---

①《赐闲堂集》卷四。
②③（明）申时行：《答叶台山相公》。

负,偏激古怪,时刻占据道德高地,绝对的一尘不染;第二种,不择手段不计后果搜刮自肥,脑袋卡在钱眼儿里,声名狼藉、劣迹斑斑;第三种,机巧、圆融、理性地融入世俗社会,有选择守底线,以不完全合法也不明显违法不严重违法的手段和方式取得一些灰色收入,还厚颜无耻、貌似坦荡地自嘲"君子爱财取之有道"。

相比之下,第三种人占比最高。

还是以相对含混的标准划分,旧官场的文官同样不外乎三种:第一种,说话办事循规蹈矩,丁是丁卯是卯;第二种,藐视一切,为所欲为;第三种,随时变通,有所为有所不为。想为的时候能找到理由,理由很过硬;不想为的时候能找到依据,依据很充分;半道儿后悔了还能找到退路,退路平坦而宽阔。

相比之下,还是第三种人占比最高。

这意味着,国家为解决问题而设立文官,而国家的最大问题恰恰是文官。

张居正推出高强度改革举措,是为了改变文官进而改变社会。张居正改革之所以失败,是因为改变不了文官也改变不了社会。

就说考成法吧。考成法的重要考点是赋税,主要考成指标是征收率。考成法的工作流程和奖惩机制表明,它的缺陷与生俱来。

假定朝廷编制某年度预算,税银200万两,分到浙江名下50万两,这50万两首先派给户部浙江司郎中,浙江司郎中督促浙江巡抚落实,浙江巡抚要求浙江布政使限期收齐,浙江布政使要求各知府限期收齐,知府要求各知县限期收齐,知县要求衙役限期收齐,衙役施展十八般武艺在期限内收齐。衙役肯出力,百姓肯出血,互相道一声辛苦,齐活儿。

这是理想状态。顺顺当当,稳稳当当,满满当当。鸡不飞狗不跳,妪不哭翁不逃。

问题是理想状态不是常态,遇到灾荒肆虐、刁民抗税、指标偏大等非理想状态,赋税征收率可能是九成、八成,也可能是七成、六成,极端情况下也可能颗粒无收。

考成法不接受无端歉收。完不成工作指标，后果很严重，轻则罢官，重则坐牢。

这下要了亲命。衙役收不齐要接受处罚并连累知县，知县收不齐要接受处罚并连累知府，知府收不齐要接受处罚并连累布政使。一级连一级，连成一条线。反向推回去，个个都傻眼。

有人傻眼，就有人瞪眼。有人瞪眼，就有人急眼。与其自下而上垮台，不如自上而下压台。各级官员立即行动，不问理由，不讲条件，不惜代价，不计后果，赋税任务必须完成。

顺序再次倒转，压力层层传导。布政使压知府，知府压知县，知县压衙役，衙役压百姓。压到最末端，很多衙役友情出演"石壕吏"。压到最末端，鸡飞狗跳在所难免。

考成法的成效就绑定于"再次倒转"后的压力传导。

管理学告诉我们，有压力且能传导，会催生动力。活生生的现实告诉我们，赋税收得越多越快，业绩越好，升官越快，这导向严重跑偏。这样一种激励机制极大地调动起地方官的积极性，局部地区出现收过头税问题。为躲避纳税，部分农民背井离乡，四处游荡，成为流民。到万历中期，流民数量惊人，京郊亦有流民盘踞，偷盗抢劫之类的治安问题时有发生。

赋税问题演变成社会问题，社会问题又演变成政治问题。

考成法可以改变人生，却改变不了人心。公正地说，张居正把办事拖沓的官僚系统纳入讲求实效的制度轨道，说明他对官僚政治的弊端有相当深刻的了解。实施数年后，科道官说"自考成之法一立，数十年废弛丛积之政渐次修举"①，后人评价"政体为肃"也不是虚妄之言，但无论如何，只问结果不问过程的考评机制，不可避免地助长剑走偏锋急功近利。

"置立文簿，每月终注销"也好，"月有考，岁有稽"也好，内阁通过六科控制、监督部院也好，用人权宜最终集中于皇帝也好，并不能从根本上改变文官集团既想兼济天下又不愿独善其身、既一意经营自己的朋友圈以

---

① 《明神宗实录》卷十一。

增强职场影响力和抗倾轧能力又不顾一己安危宠辱、敢于自我牺牲的双重性格。

有私心不可怕，可怕的是私心藏在公心背后。

黄仁宇说对了："在下层行政单位间许多实际问题尚未解决以前，行政效率的增进，必然是缓慢的、有限度的。强求效率增高，超过这种限度，只会造成行政系统的内部不安，整个文官集团会因压力过高而分裂；而纠纷一起，实际问题又会升级成为道德问题。"①

从赋税的视角观察，"下层行政单位间的实际问题"复杂而多变。其一，明朝1 100多个县，表面上看没什么不同，实际上体量和体能相去甚远。一个富县的税粮，是一个穷县的300～500倍②。其二，某些县基础管理薄弱，耕地底数含糊，沿用的税粮基数可能与真实税源大相径庭。其三，旧税沉积累及新税，征收新税必先减免旧税，这种"以旧换新"的工作套路事实上默许和鼓励拖欠。为追缴欠税，官员们拘拿一些"老赖"到衙前拷打，然而某些人在贿赂衙役后，雇用乞丐受过，史称"倩人代杖"③。衙役拿完钱打人，乞丐挨完打走人，"老赖"抱膀旁观当没事人。这样的默契表演越多，清欠的效果越差。这类事件多发于富庶地区，说明利益勾连比制度体系更有创造力和杀伤力。权力和金钱做游戏，被戏弄的从来都是权力。其四，百姓纳粮，通常是税粮加常例，税粮解运前，常例已收入地方官私囊，至于税粮是否足额，已经是另外一回事④。

在传统农业社会，赋税应收尽收只是一个可以无限接近的目标，干净彻底的应收尽收既不现实也不必要。务实而理性的选择是留有弹性和余地。

这个弹性和余地，就是黄仁宇说的限度。

这个弹性和余地，就是地方官屡试不爽的法宝。

---

① [美]黄仁宇：《万历十五年》，中华书局，2007年，第57页。
② (清)顾炎武撰，黄汝成集释：《日知录集释》卷三。
③ (明)顾炎武：《天下郡国利病书·苏下》卷六。
④ 《海瑞集》卷四八。

这个弹性和余地,就是申时行践行的调济折衷、调和阴阳。

让多数人过得去的制度才是好制度。

从治税或理财的视角观察,申时行似乎没有多大建树。

申时行唯一的税收建树,是废除了考成法。

蔫不唧唧,毅然决然。大和事佬申时行是一个勇敢的人。

申时行(1535—1614),字汝默,号瑶泉,晚号休休居士,南直隶长洲(今江苏苏州)人。嘉靖四十一年(1562)殿试状元,历任翰林院修撰、左庶子、礼部右侍郎、吏部右侍郎兼东阁大学士、礼部尚书兼文渊阁大学士、少傅兼太子太傅、吏部尚书、建极殿大学士、少师兼太子太师、中极殿大学士。去世后诏赠太师,谥文定。著有《赐闲堂集》《纶扉简牍》《纶扉奏草》《纶扉笥草》等,主持修订《大明会典》。

第十二节　李自成:成败赋税

大顺是中国历史上的一朵昙花。

这朵夹在明清缝隙里的历史昙花历经十几个春秋的苦苦孕育①,终于以漫步而来的绰约和忍俊不禁的笑容,迫不及待、勇毅果决地把清雅幽香飘洒在甲申年(1644)的三月春风里。

遗憾的是大顺的花期②实在太短,以致在史学家绘制的中国历史纪年表上无声无息,无影无踪。如果不是郭沫若先生写于1944年的那篇著名史论和姚雪垠先生的那部鸿篇巨著,多数国人的记忆磁盘里或许就装不进"大顺"这条信息。

---

① 1628年,明末农民起义在陕西爆发。

② 自崇祯十七年(1644年)三月十九日崇祯自缢至四月二十八日李自成仓皇"潜遁",大顺政权在北京只存在了40天。五月二日,清兵入京。

胜如风卷残云，败如江海决堤。来时让人震撼，去时令人惊惶。

一般地，人们认为李自成速胜速败的根本原因是"兵骄"和"丧德"。事实上，李自成的成败和税收密切相关。他的一生，数次遭遇税收困局。

第一次遭遇税收困局是被动的，被动得本人毫不知情。准确地说，这次困局绝非他的困局，他只是一个微不足道、被别人拿来破局的牺牲品。

崇祯二年（1629），为节省开支，减轻地方负担，刑部给事中刘懋建议整顿驿站，整顿方法简单到只有一个字：裁。雷厉风行忙活一年，成效显著：裁减驿站200余处，驿卒上万人，各省累计节省开支80万两。

在陕西米脂郊外银川驿，下岗驿卒李鸿基无奈地收拾行装，很不情愿地去投靠给吃给喝给工作的高迎祥。后来，他继承了高迎祥的事业，也继承了高迎祥的名号：造反，闯王。这时，他已改名李自成。

另一种说法比较搞笑，说裁撤驿站由官员包二奶引发。有个官员叫毛羽健，由知县升任御史入京后养起二奶。一天，老婆突然从老家赶到京城捉奸，二奶被打个半死，毛羽健被罚跪一天一夜。跪得膝盖红肿的毛御史起初不明白，远在千里之外的老婆咋来得这么快？想来想去，他眼前一亮，这娘们儿走了驿站这条快速通道。恨透了驿站的毛羽健正义感瞬间爆棚，果断上疏。

假如刘懋和毛羽健不给崇祯支招儿，李自成大约不会参与造反。假如李自成不参与造反，大明或许会走上另外的道路，尽管也会败亡。

历史不能假设。驿站裁了，李自成"下岗再就业"了。"下岗再就业"的李自成在血与火的洗礼中渐渐学会把自己的困局变成统治者的困局。

他选取一个很巧妙的支点，持续发力，大明这个庞然大物颤了又颤，摇了又摇，最后轰然倒地。

这个支点叫税痛。李自成听取牛金星和李岩的建议，提出一个极具蛊惑力和冲击力的战斗口号：均田免粮。"均田"就是夺取地主豪绅的土地分给农民，"免粮"就是农民军驻地不征收任何赋税。看似朴素的口号，恰好迎合了贫苦农民的迫切愿望，从而产生巨大的政治影响力。

在义军控制区，李自成没收地主"庄田"，耕种自食。同时招抚流亡农民，"给牛种，赈贫困，畜孳生，务农桑"①，又"募民垦田，收其籽粒以饷军"②。

高举"均田免粮"大旗，李自成率领他的"穷棒子大军"，于1643年占领西安，次年黄袍加身，建国称帝。新政权保护农业生产，重申"马腾入田苗，斩之"和不准军士抢掠的禁令。责令官僚富户输金助饷，"九卿五万，中丞三万，监司万两，州县长吏半之。"③征战途中，大顺军广泛张贴反对明朝加派，重申农民政权不征粮的文告和"不杀人，不爱财，不奸淫，不抢掠，平买平卖，蠲免钱粮，且将富家银钱分赈穷民"④的军纪。

接下来，起义军高呼"三年免征，一民不杀"的口号，在各地民众"杀牛羊，备酒浆，开了城门迎闯王，闯王来了不纳粮"⑤的欢呼声中，浩浩荡荡进军北京。

吃尽税收甜头的李自成也吃尽税收苦头。

任何性质的战争，都以物质消耗为代价。战争需要实力，把实力高度浓缩，只是一个字：钱。一般说来，谁的口袋里更有钱，谁的胜算更大。

在战争中学会战争的李自成，自然深知这个硬道理。

和崇祯的横征暴敛截然不同，李自成筹措军饷、战费的高招儿，是"追赃助饷"。此招既有养军之功，又有慑敌之威，还有安民之效，因而屡试不爽。

但是以吃大户、斗地主为主要特征的劫掠经济有很大的局限性——土豪劣绅毕竟不是菜地里的韭菜，割了这茬长那茬，这玩意儿一茬就绝根儿，再也不长。

在推翻了大明基层政权的占领区，劫掠经济尤其难以为继。日久天长，难免劫掠无门。寄生在别人的浮财上终非长久之计。

更糟糕的是，农民军无休无止追索财物的土匪行径，迅速激化了社会

---

① 《明清史料》乙编《兵科钞出湖广郧阳府推官奏本》。
② 《石匮书后集》卷六三。
③④ （明）冯梦龙：《甲申纪事·北事补遗》。
⑤ 《明季北略》卷二三的说法是："吃他娘，穿他娘，开了大门迎闯王，闯王来时不纳粮。"这话读起来，隐隐有一股无赖气。

矛盾。

大凡社会动荡期,阶级矛盾和社会矛盾都异常尖锐,一触即发,谁激化了这些矛盾,谁就引火烧身。

李自成的政治智商显然低了一些,他在大变局中的表现,让人一下子想到两句话:农民进城,土财主进京。

破城之后,大顺军一头就扎进钱眼儿里,由刘宗敏、李过主持的"比饷镇抚司",半月之间劫掠饷银突破7 000万两,相当于明朝正常岁入的5倍稍弱。

如巨石击水,空前的劫掠激起方方面面的强烈不满,引发一系列传导效应。

抢作一团,自然招致骂作一片。那骂声,是咬牙切齿的;那仇恨,是刻骨铭心的。7 000多万两银子(不包括中饱私囊部分),剜了多少人的心,多少钟鸣鼎食的大明政要、权贵、富商和豪绅顷刻之间变成一贫如洗、一无所有的穷光蛋。这落差太大,没人承受得了。

把富裕阶层完全推向绝路,必然导致社会混乱,人心动荡,必然孤立自己,自陷困境。

李自成也感到事情有些出格儿,于是试图阻止,无奈将士们不依:"皇帝你来做,金银妇女还不归我们?"自成一声长叹,无可奈何。

有资料说,起义军进京后,自将军到士兵,个个腰包鼓胀,私吞白银多者数千两,少者数百两,以至"人人有富贵还乡之心,无勇往赴战之气"①。

金银到手后,李自成命人昼夜兼程、马不停蹄地运抵西安,全然一副爱财如命的守财奴嘴脸。李自成的目光实在短浅!难道,大顺军进京,就为了劫掠几千万两银子不成?难道,在李自成眼里,真的"十燕未足易一西安"②?

---

① 翁礼华:《以经济视角面对历史》,见《礼华财经历史散文》,浙江文艺出版社,2000年,第6—8页。

② (明)谈迁:《国榷》卷一〇一。

　　更让人惊诧的是，李自成占地虽广，却无一寸稳固的根据地，数十万人孤军深入，退守无地。一旦兵败，势必溃如潮水，散如鸟兽①。此乃兵家大忌。

　　李自成在北京出过两次大洋相。

　　一次是入城前。完成大军压城部署后，李自成派投降太监杜勋进宫与崇祯谈判，他开出的条件竟然是"欲割西北一带，敕命封王，并犒军银百万，退守河南。受封后，愿为朝廷内遏群贼，外制辽沈，但不奉诏入觐"②。一个皇帝对另一个皇帝说出这等没心没肺没气节的昏话，真让人哭笑不得。

　　这叫啥玩意儿？要不是优柔寡断、刚愎自用的朱由检错失良机，谁知道历史老人会洗出一副什么样的牌局？

　　另一次是出城前。山海关兵败，李自成想的不是重整旗鼓，而是登基称帝。四月二十八日，已经作了大顺永昌皇帝的李自成在崇祯的武英殿仓促登位，美滋滋重温一遍百官朝贺。当夜五鼓，屁股还没坐热的李自成撤离北京，仓皇"潜遁"。

　　我们不禁要问：西安那把儿称帝还算不算数？如果算数，北京称帝又作何解释？如果不算数，那你称那个帝干啥？这不魔怔吗？再当一回皇帝，只能制造政治上的混乱，贻人笑柄。

　　真正要命的是，在"均田免粮"政策麻痹和掩盖下，起义军的税制体系长期处于真空状态，以至于粮饷不保，赈济无力。

　　李自成压根儿就没想过，抢占紫禁城之后，大顺靠什么过活？一个无税的朝廷，必定是没有根基的朝廷、短命的朝廷。难道，那么大一堆国家机器、那么大一群文臣武将都跟着他喝西北风？

　　这，才是李自成的软肋。

　　39岁的大顺永昌皇帝带着一世英雄的满怀疲惫在湖北九宫山依依

---

　　① 1645年5月，李自成在湖北通山县遭遇程九伯等地方反动武装袭击而牺牲。耐人寻味的是，此时的通山仍在明朝势力范围内。

　　② （清）戴笠、吴殳：《怀陵流寇始终录》卷一七。

不舍地为自己的传奇人生划上一个滴血的休止符①。如果说崇祯死于横征暴敛,那么,李自成就死于免税劫掠。各走极端的税收政策,最终使大明和大顺走向殊途同归的败亡之路。永昌皇帝做梦也没想到,他会和明思宗同归于尽。

皇冠落地类转蓬,空教胡马嘶北风。

这是一出"成也税收,败也税收"的悲剧。"不纳粮"像一柄双刃剑,成就了李自成,也拖累了李自成。

正如有识者指出的那样,李自成起义虽声势浩大,"然犹如无根之木,终不久远。"

从这个意义上说,李自成是隐性"自杀"②。

李自成(1604—1645？),陕西米脂双泉里李继迁寨(今属横山)人,初名鸿基,1629 年参加义军,曾为高迎祥部下闯将,后继称闯王。崇祯十七年(1644)在西安建国称帝,同年攻占北京,兵败后禅隐夹山或窜死九宫山。

_____

①有学者认为李自成窜死九宫山说"无诚证""不可信",代之以禅隐说。

②王春瑜说得好,当明朝、大顺、南明、清朝都化作历史烟尘,随风而逝之后,我们该以理性的目光审视发生在 360 年前的甲申之变。那种对李自成一味高唱赞歌的态度,虚构大顺军进京迅速腐化变质而导致失败的神话,对崇祯皇帝一钱不值的怜悯,都是对历史真相的掩盖与歪曲。见王春瑜:《大变局中的两个关键人物——甲申三百六十年祭》,《中国剪报》2004 年 3 月 24 日。

明朝十六帝大事记

朱元璋(1328—1398)，年号洪武，在位 31 年(1368—1398)，葬于南京孝陵，谥高皇帝，庙号太祖

1328，元天历元年，出生于濠州(今安徽凤阳)。

1351，元至正十一年，白莲教首领韩山童、刘福通在颍州(今安徽阜阳)起义。

1356，元至正十六年，自称吴国公，据金陵。

1364，元至正二十四年，称吴王。

1368，元至正二十八年，明洪武元年，在南京即位，国号大明。

1370，洪武三年，下诏设科取士，到六年(1373)一度停止，十七年(1384)复设，遂为永制。

1370，洪武三年，迁苏州、松江、嘉兴、湖州、杭州无业农民 4 千多户到濠州种田，又移江南民 14 万于凤阳。

1376，洪武九年，废除中书省，分设承宣布政使司、都指挥使司和提刑按察使司。设立浙江、江西、福建、北平、广西、四川、山东、广东、河南、陕西、湖广、山西 12 个布政使司。洪武十五年(1382)增设云南布政使司。

1380，洪武十三年，以"擅权植党"罪名诛杀胡惟庸，废除丞相。朝廷政务由六部分理，各部尚书直接听命于皇帝。同年废除统管全国军事的大都督府，分中、左、右、前、后五军都督府，每府设左右提督二名，分别管理京师及各地卫所和都指挥使司。

1381，洪武十四年，全国普查户口，编成户口黄册。

1382，洪武十五年，改革监察机构，改御史台为都察院，设左、右都御史。

1385,洪武十八年,颁布《大诰》。后陆续颁布《大诰续编》《大诰三编》《大诰武臣》。

1387,洪武二十年,全国普遍丈量土地,绘制"鱼鳞图册"。

1390,洪武二十三年,李善长被赐死,受牵连及坐诛者 3 万多人。

1393,洪武二十六年,兴"蓝党"大狱,"族诛者万五千人"。

1397,洪武三十年,正式颁布《大明律》。

1398,洪武三十一年,六月二十四日病故。

朱允炆(1377—?),年号建文,在位 4 年(1398—1402),下落不明,谥成皇帝,庙号惠宗

1377,洪武十年,出生,为太子朱标次子。

1392,洪武二十五年,朱标病故,朱允炆被立为皇太孙。

1398,洪武三十一年,即皇帝位,改年号建文。

1399,建文元年,重用齐泰、黄子澄、方孝孺,实施削藩。朱棣起兵,靖难之役起。

1400,建文二年,诏减苏、松、嘉、湖重赋;年末,朱棣军攻东昌,为大将盛庸所败。

1401,建文三年,罢谪齐泰、黄子澄,朱棣进军如故。

1402,建文四年,燕师攻克南京,靖难之役终,朱棣登基,朱允炆下落不明。

朱棣(1360—1424),年号永乐,在位 22 年(1402—1424),葬于长陵,谥文皇帝,庙号太宗,嘉靖十七年(1538)改称成祖

1360,元至正二十年五月二日,出生,为朱元璋第四子。

1370,洪武三年,受封为燕王。

1380,洪武十三年,就藩北平。

1390,洪武二十三年,征讨乃儿不花,大获全胜。

1398,洪武三十一年,敕谕朱棣统率诸王。六月三十日,朱允炆即位。

1399,建文元年,建文帝削藩,朱棣起兵"靖难"。

1402,建文四年,燕师攻克南京,朱棣登基。

1403,永乐元年,改北平为北京。

1404,永乐二年,立长子朱高炽为太子。

1405,永乐三年,郑和下西洋。

1406,永乐四年,诏建北京宫殿。

1407,永乐五年,修《永乐大典》成。

1410,永乐八年,亲征鞑靼本雅失里。

1411,永乐九年,立皇长孙朱瞻基为皇太孙。

1414,永乐十二年,亲征瓦剌马哈木。

1420,永乐十八年,设置东厂;北京宫殿成,下诏迁都。

1422,永乐二十年,亲征漠北。

1424,永乐二十二年,亲征鞑靼阿鲁台,还师途中病逝于榆木川。

朱高炽(1378—1425),年号洪熙,在位 1 年(1424—1425),葬于献陵,谥昭皇帝,庙号仁宗

1378,洪武十一年,出生,为朱棣长子。

1395,洪武二十八年,被册封为燕世子。

1399,建文元年,靖难之役中,主持北京保卫战。

1404,永乐二年,被立为太子。

1424,永乐二十二年,即皇帝位,以次年为洪熙元年,立朱瞻基为太子;下诏赦免建文帝旧臣,同时赦免遭连坐戍边和沦为家奴的官员家属。

1425,洪熙元年,拟迁都回南京,未果;驾崩。

朱瞻基(1398—1435),年号宣德,在位 10 年(1426—1435),葬于景陵,谥章皇帝,庙号宣宗

1398,洪武三十一年,出生,为朱高炽长子。

1410,永乐八年,朱棣北征,受命留守北京。

1411,永乐九年,被立为皇太孙。

1414,永乐十二年,随朱棣北征蒙古。

1424,永乐二十年,朱高炽即位,被立为太子。

1425,洪熙元年,即皇帝位,以次年为宣德元年。

1426,宣德元年,八月,亲征讨伐汉王朱高煦叛乱。

1427,宣德二年,决定从交趾撤兵,撤销交趾布政使司;朱祁镇出生,为朱瞻基长子。

1428,宣德三年,立长子朱祁镇为太子,废胡皇后,立孙贵妃为皇后;朱祁钰出生,为朱瞻基次子。

1429,宣德四年,处死朱高煦及其诸子。

1430,宣德五年,郑和再次远航;朱瞻基派于谦、周忱等6人分抚南北直隶等处,从此各省专设巡抚渐成制度。

1435,宣德十年,驾崩。

朱祁镇（1427—1464），年号正统、天顺，在位22年（1435—1449,1457—1464),葬于裕陵,谥睿皇帝,庙号英宗

1427,宣德二年,出生,为朱瞻基长子,次年被封为太子。

1435,宣德十年,即皇帝位,8个月后任命王振入掌司礼监。

1440,正统五年始,太皇太后张氏和三杨相继离世,王振跋扈不可制。

1449,正统十四年,亲征也先,酿成土木之变,被俘;弟朱祁钰即位,尊朱祁镇为太上皇帝;北京保卫战前夕,皇太后立朱见深为太子。

1450,景泰元年,自瓦剌回国,被软禁于南宫。

1452,景泰三年,朱祁钰废朱见深为沂王,改立朱见济为太子。

1457,天顺元年,正月,发生"夺门之变",朱祁镇复辟帝位,改景泰八年为天顺元年;二月,废朱祁钰为郕王;三月,复立朱见深为太子;十月,赐王振祭葬,并为之立祠纪念。

1460,天顺四年,石亨、石彪谋反被诛。

1461,天顺五年,曹吉祥谋反被诛。

1463，天顺七年，废除殉葬制度。

1464，天顺八年，驾崩。

朱祁钰（1428—1457），年号景泰，在位 8 年（1449—1457），葬于景泰陵，谥景皇帝，庙号代宗

1428，宣德三年，出生，为朱瞻基次子。

1435，宣德十年，被封为郕王。

1449，正统十四年，即皇帝位；用于谦为兵部尚书，粉碎瓦剌对北京的进攻。

1450，景泰元年，朱祁镇回国，被软禁于南宫。

1452，景泰三年，废朱见深太子之位，改立朱见济为太子。

1457，景泰八年，"夺门之变"后被降为郕王，软禁于西苑；一个多月后去世。

朱见深（1447—1487），年号成化，在位 23 年（1464—1487），葬于茂陵，谥纯皇帝，庙号宪宗

1447，正统十二年，出生，为朱祁镇长子，初名朱见濬。

1449，正统十四年，朱祁镇被俘后，于北京保卫战前夕被皇太后立为太子。

1452，景泰三年，被朱祁钰废为沂王。

1457，天顺元年，英宗复辟，又被立为太子，改名朱见深。

1464，天顺八年，即皇帝位，以次年为成化元年。

1465，成化元年，为于谦平反；命韩雍平叛广西大藤峡起义。

1470，成化六年，朱祐樘出生，为朱见深第三子，密养于宫中安乐堂。

1474，成化十年，朱见深朱祐樘父子相见。

1475，成化十一年，朱祐樘被立为太子；恢复朱祁钰帝号。

1477，成化十三年，设西厂，用汪直为提督，权力超过东厂。

1482，成化十八年，因群臣屡次建言，罢废西厂。

1487,成化二十三年,驾崩。

朱祐樘(1470—1505),年号弘治,在位 18 年(1487—1505),葬于泰陵,谥敬皇帝,庙号孝宗

1470,成化六年,出生,朱见深第三子,密养于宫内安乐堂。

1474,成化十年,朱见深朱祐樘父子相见。

1475,成化十一年,被立为太子。

1487,成化二十三年,即皇帝位,大赦天下,以次年为弘治元年。

1489,弘治二年,收回已故内臣赐田,给百姓;追谥于谦光禄大夫、柱国、太傅,谥号肃愍。

1491,弘治四年,朱厚照出生,为朱祐樘长子,次年被立为太子。

1492,弘治五年,重要产粮区苏松一带大水泛滥,工部侍郎徐贯治水,历时三年,水患免除。

1497,弘治十年,纂修《大明会典》。

1500,弘治十三年,定《问刑条例》。

1502,弘治十五年,纂修《大明会典》成。

1505,弘治十八年,驾崩。

朱厚照(1491—1521),年号正德,在位 16 年(1505—1521),葬于康陵,谥毅皇帝,庙号武宗

1491,弘治四年,出生,为朱祐樘长子,次年被立为太子。

1505,弘治十八年,即皇帝位,以次年为正德元年。

1506,正德元年,刘健等大臣铲除"八虎"行动失败,刘健、谢迁被迫致仕。

1507,正德二年,于西安门建造豹房,不久由乾清宫迁至豹房。

1508,正德三年,御道出现揭露刘瑾罪行的匿名书,百官被罚跪于奉天门。

1510,正德五年,四月,安化王叛乱;八月,以谋反罪处死刘瑾。

1514,正德九年,正月,乾清宫大火,下罪己诏;九月,在豹房内戏耍老虎受伤,逾月不视朝。

1517,正德十二年,八月,出居庸关,驻跸宣府,称"家里";九月,驻阳和,自称"总督军务威勇大将军总兵官"。

1518,正德十三年,以蒙古势力侵扰为借口,遍游塞上,西巡六月余。

1519,正德十四年,二月,自加太师衔;三月,大臣大规模请愿,强烈反对皇帝南巡;六月,宁王举兵叛乱;八月,南征;十二月,抵南京。

1520,正德十五年,动身北归,在积水池乘舟捕鱼,落水染疾。

1521,正德十六年,病死于豹房。

朱厚熜(1507—1567),年号嘉靖,在位 45 年(1521—1567),葬于永陵,谥肃皇帝,庙号世宗

1507,正德二年,生于湖广安陆州(今湖北钟祥),父朱祐杭为宪宗第四子。

1519,正德十四年,朱祐杭病逝,以王世子身份掌王府事务。

1521,正德十六年,四月,入京即皇帝位,以次年为嘉靖元年;命礼部集议父母名分,史称"大礼议事件"。

1524,嘉靖三年,大礼议之争告一段落。

1528,嘉靖七年,颁布《明伦大典》。

1542,嘉靖二十一年,杨金英等 16 名宫女谋杀嘉靖未遂,皆被凌迟处死。

1544,嘉靖二十三年,严嵩为内阁首辅。

1548,嘉靖二十七年,因收复河套之事,以"结交近侍"罪名杀夏言。

1550,嘉靖二十九年,庚戌之变。

1556,嘉靖三十五年,胡宗宪招降海盗徐海。

1557,嘉靖三十六年,胡宗宪设计擒海盗汪直。

1563,嘉靖四十二年,朱翊钧出生,为朱载垕第三子。

1565,嘉靖四十四年,削严嵩及其子孙为民,以谋反罪杀严世蕃。

1566,嘉靖四十五年,海瑞上《直言天下第一事疏》;驾崩。

朱载垕(1538—1572),年号隆庆,在位 6 年(1567—1572),葬于昭陵,谥庄皇帝,庙号穆宗

1538,嘉靖十七年,出生,为朱厚熜第三子。

1566,嘉靖四十五年,即皇帝位,以次年为隆庆元年,颁布《嘉靖遗诏》。

1568,隆庆二年,立朱翊钧为皇太子。

1570,隆庆四年,俺答封贡,延续两百多年的明蒙战争结束。

1571,隆庆五年,内阁内讧加剧,高拱独大。

1572,隆庆六年,驾崩。

朱翊钧(1563—1620),年号万历,在位 48 年(1572—1620),葬于定陵,谥显皇帝,庙号神宗

1563,嘉靖四十二年,出生,为朱载垕第三子。

1568,隆庆二年,被立为太子。

1572,隆庆六年,即皇帝位,以次年为万历元年。

1582,万历十年,张居正去世。

1587,万历十五年,申时行等请立皇太子,"争国本"开始。

1589,万历十七年,免去在京升授官面圣,从此上朝减少。

1590,万历十八年,永罢日讲。

1598,万历二十六年,妖书案。

1600,万历二十八年,接见意大利传教士利玛窦。

1603,万历三十一年,武昌发生楚王宗室暴乱。

1615,万历四十三年,梃击案。

1620,万历四十八年,驾崩。

朱常洛（1582—1620），年号泰昌，在位 1 个月（1620），葬于庆陵，谥贞皇帝，庙号光宗

1582，万历十年，出生，为朱翊钧长子。

1587，万历十五年，申时行等请朱翊钧立皇太子，"争国本"开始。

1601，万历二十九年，被立为皇太子。

1620，万历四十八年，七月即皇帝位，八月起为泰昌元年。

1620，泰昌元年，八月，红丸案；九月，驾崩。

朱由校（1605—1627），年号天启，在位 7 年（1620—1627），葬于德陵，谥悊皇帝，庙号熹宗

1605，万历三十三年，出生，为朱常洛长子。

1620，泰昌元年，即皇帝位，以次年为天启元年。

1622，天启二年，册封朱由检为信王；为张居正平反。

1625，天启五年，开始诬杀东林党人。

1626，天启六年，命顾秉谦等修《三朝要典》，为魏忠贤等歌功颂德；王恭厂发生大爆炸，死伤两万余人。

1627，天启七年，驾崩。

朱由检（1610—1644），年号崇祯，在位 17 年（1627—1644），葬于思陵，谥烈皇帝，庙号思宗

1610，万历三十八年，出生，为朱常洛第五子。

1622，天启二年，被册封为信王。

1627，天启七年，即皇帝位，以次年为崇祯元年。

1628，崇祯元年，召见廷臣及督师袁崇焕，议平辽事宜。

1630，崇祯三年，碟袁崇焕于市。

1632，崇祯五年，西濠大捷。

1634，崇祯七年，农民军袭陷凤阳，焚毁皇陵；下罪己诏。

1635，崇祯八年，后金兵破长城关隘直逼京师。

1636,崇祯九年,皇太极称帝。

1637,崇祯十年,皇太极率军入朝,朝廷降清。

1641,崇祯十四年,李自成兵陷洛阳,杀福王朱常洵;张献忠兵陷襄阳,杀襄王朱翊铭;杨嗣昌病殁于沙市徐家园。

1642,崇祯十五年,松山陷落,洪承畴、祖大寿降清。

1643,崇祯十六年,李自成号大顺于襄阳;张献忠号大西于武昌。

1644,崇祯十七年,正月,李自成称王于长安,国号大顺,年号永昌;三月十一日,朱由检下罪己诏;三月十九日,自缢于煤山寿星亭。

明朝税收大事记

1356，元至正十六年，朱元璋自称吴国公，据金陵。

1361，元至正二十一年（1361），始议立盐法，中书省议定茶法。

1364，元至正二十四年，朱元璋称吴王。

1368，明洪武元年，朱元璋在南京即位，国号大明。置户部。派国子监生周铸等164人去苏松各地核田亩，定赋税。

1370，洪武三年，大封功臣。正式颁行户帖制度。湖州等地编制小黄册。行食盐开中法。

1371，洪武四年，中书省、户部制定文武百官岁禄标准。发布海禁令。在江浙等田粮较多地区创设粮长制。

1372，洪武五年，敦促诸国前来朝贡。

1373，洪武六年，制定大明律。以所承担的赋额为度，分天下府为三等。

1374，洪武七年，大量设置铁冶所。

1376，洪武九年，初定诸王岁禄。

1377，洪武十年，核户粮，州改为县者十二，县并者六十。

1380，洪武十三年，户部升秩，定设尚书一人，侍郎二人，分内设机构为四部：总部、度支部、金部、仓部。户部重定内外文武百官岁给禄米钞俸之制。户部核实天下田土。太祖命造黄册。

1381，洪武十四年，实施里甲制度。正式编造赋役黄册，至崇祯十五年（1642），共攒造27次。

1382，洪武十五年，恢复科举。厘定河泊所官制。

1384，洪武十七年，诸州民户不及三千者皆改为县。

1387,洪武二十年,制定鱼鳞图册。全盘性调整文武百官岁禄。

1388,洪武二十一年,敕天下卫所屯田。

1391,洪武二十四年,开征塌房税。奏准攒造黄册格式。

1393,洪武二十六年,全国实施土地丈量。编成《诸司职掌》。

1395,洪武二十八年,更定诸王岁禄标准,形成亲王等禄米定例。

1403,永乐元年,恢复市舶司。

1404,永乐二年,册封琉球中山王(册封琉球之始)。室町幕府得明朝勘合,开始朝贡。出台户口食盐钞制度。

1405—1407,永乐三年至五年,郑和第一次远航。

1408—1409,永乐六年至七年,郑和第二次远航。

1409—1411,永乐七年至九年,郑和第三次远航。

1413—1415,永乐十一年至十三年,郑和第四次下西洋。

1415,永乐十三年,罢海运,以大运河为南粮北运主渠道。

1417—1419,永乐十五年至十七年,郑和第五次下西洋。

1421,永乐十九年,迁都北京。

1421—1422,永乐十九年至永乐二十年,郑和第六次下西洋。

1425,洪熙元年,增市肆门摊课钞。

1429,宣德四年,南京至北京沿河设立钞关。

1432—1433,宣德七年至八年,郑和第七次下西洋。

1433,宣德八年,江南开始税粮折银(金花银)。

1438,正统三年,在大同开设马市,与瓦剌通商。

1449,正统十四年,瓦剌军攻入明朝,俘虏朱祁镇(土木之变)。

1451,景泰二年,设漕运总督。到崇祯十七年(1644),共有99人任该职。

1472,成化八年,始定每年输京漕粮定额400万石,自后以为常。在河套地区修建长城。

1478,成化十四年,辽东开设马市。

1492,弘治五年,纳银中盐开始。

1493，弘治六年，九门课税事务统由崇文司监管，征收武当山香税。

1516，正德十一年，始征泰山香税。

1540，嘉靖十九年，开始实施一条鞭法。

1557，嘉靖三十六年，允许葡萄牙人在澳门居住。

1563，嘉靖四十二年，戚继光在福建沿海击溃倭寇。

1565，嘉靖四十四年，在浙江实施一条鞭法。颁行《宗藩条例》，调整郡王禄米支放标准。

1566，嘉靖四十五年，开征过坝税，主要于淮安坝征收。

1567，隆庆元年，解除海禁。

1570，隆庆四年，明与阿勒坦达成协议。

1571，隆庆五年，在大同等地开设马市。

1578，万历六年，张居正开始全国丈量土地。

1581，万历九年，《万历会计录》成编进呈，次年刊刻成书。张居正以清丈田地为基础，在全国推广一条鞭法。

1596，万历二十四年，令宦官开采矿山，用以增收（矿税之祸）。

1600，万历二十八年，武昌民变。

1601，万历二十九年，苏州民变，临清民变。

1602，万历三十年，景德镇发生窑工反抗税监潘相斗争。

1606，万历三十四年，云南民变。

1618，万历四十六年，辽东开战，以"辽饷"为名加征田赋。

1627，天启七年，陕西饥荒。

1630，崇祯三年，增加新税。

1637，崇祯十年，开证剿饷。

1639，崇祯十二年，开征练饷。

1644，清顺治元年，清军进北京，崇祯自缢，明亡。

主要参考文献

一、专著类

[1]白寿彝总主编:《中国通史》,上海人民出版社,1999年。

[2]卜宪群总撰稿,中国社会科学院历史研究所撰稿:《中国通史》,华夏出版社,2016年。

[3]陈宝良:《现代儒学生员与地方社会》,中国社会科学出版社,2005年。

[4]陈明光:《唐代财政史新编》,中国财政经济出版社,1991年。

[5]当年明月:《明朝那些事儿》,中国海关出版社,2009年。

[6]邓云特:《中国救荒史》,商务印书馆,1937年。

[7]樊树志:《张居正与万历皇帝》,中华书局,2008年。

[8][韩]吴金诚:《明代社会经济史研究》,东京汲古书院,1990年。

[9]黄惠贤、陈锋:《中国俸禄制度史》,武汉大学出版社,1996年。

[10]李长江:《天下兴亡——中国奴隶社会封建社会赋税研究》,内蒙古人民出版社,2005年。

[11]李胜良:《大任斯人》,中国税务出版社,2009年。

[12]李胜良:《税道长安》,陕西师范大学出版社,2012年。

[13]李焯然:《丘濬评传》,南京大学出版社,2011年。

[14]刘淼:《明代茶叶经济研究》,汕头大学出版社,1997年。

[15][美]黄仁宇:《十六世纪明代中国之财政与税收》,阿风等译,生活·读书·新知三联书店,2001年。

[16][美]牟复礼、[英]崔瑞德编:《剑桥中国明代史》,张书生译,中国

社会科学出版社，1992 年。

[17][日]宫本一夫等著：《讲谈社·中国的历史》（全十册），高莹莹等译，广西师范大学出版社，2014 年。

[18]孙翊刚：《中国财政史》，上海人民出版社，200 年。

[19]翁礼华：《礼华财经历史散文》，浙江文艺出版社，2000 年。

[20]吴晗：《吴晗论明史》，武汉出版社，2013 年。

[21]杨联陞：《明代地方行政》，《国史探微》，（台湾）联经出版公司，1983 年。

[22]姚汉源：《中国水利发展史》，上海人民出版社，2005 年。

[23]叶振鹏主编，陈光明、陈锋副主编，张建民、周荣著：《中国财政通史（第六卷）明代财政史》，湖南人民出版社，2013 年。

[24]张建民、宋俭：《灾害历史学》，湖南人民出版社，1998 年。

[25]张嵚：《不容青史尽成灰》，苏州古吴轩出版社有限公司，2011 年。

[26]周伯棣编著：《中国财政史》，上海人民出版社，1981 年。

[27]朱东润：《张居正大传》，百花文艺出版社，2000 年。

二、典籍类

[1]《崇祯存实疏抄》，上海商务印书馆影印本，1934 年。

[2]《大诰》。

[3]《大诰三编》。

[4]《大诰续编》。

[5]（明）毕自严：《旧饷告匮疏》，清高宗敕撰：《御选明臣奏议》卷三十九，四库全书本。

[6]《明成祖实录》。

[7]（明）顾起元：《客座赘语》，中华书局，1987 年。

[8]《明光宗实录》。

[9]（明）李清：《三垣笔记》，顾思点校，中华书局，1982 年。

[10]（明）李诩：《戒庵老人漫笔》，中华书局，1982 年。

[11] (明)刘若愚:《酌中志》,北京古籍出版社,1994年。

[12] (明末清初) 顾炎武:《天下郡国利病书》,上海古籍出版社,2003年。

[13] (明末清初)顾炎武撰,黄汝成集释《日知录集释》,光绪十三年同文书局石印本。

[14] (明末清初)孙承泽:《春明梦余录》,北京古籍出版社,1992年。

[15] 《明穆宗实录》。

[16] (明)丘濬:《大学衍义补》,林冠群、周济夫校点,京华出版社,1999年。

[17] (明)申时行:《明会典》,中华书局,1989年影印本。

[18] 《明神宗实录》。

[19] 《明实录》附录《崇祯长编》。

[20] 《明世宗实录》。

[21] 《明太祖实录》。

[22] (明)王象乾:《诸虏协力助兵俯准量加犒赏疏》,《明经世文编》卷四六三《王司马奏疏一》,中华书局,1962年12月影印。

[23] (明)吴遵:《初仕录》,明崇祯金陵书坊刻《官常政要》本。

[24] 《明熹宗实录》。

[25] 《明宪宗实录》。

[26] 《明孝宗实录》。

[27] (明)谢肇淛:《五杂俎》,上海书店出版社,2001年。

[28] 《明宣宗实录》。

[29] (明)杨时乔:《马政纪》。

[30] 《明英宗实录》。

[31] (明)张萱:《西园闻见录》,杭州古籍书店,1983年。

[32] (明)张学颜等:《万历会计录》,书目文献出版社,1988年。

[33] (明)周忱《与行在户部诸公书》,《明经世文编》卷二二,中华书局,1963年。

[34]（清）谷应泰：《明史纪事本末》，中华书局，1977年。

[35]（清）黄宗羲：《明夷待访录》，陶乐勤校订，上海梁溪图书馆印刷，中华民国十四年（1925）六月版。

[36]（清）廖攀龙：《历朝茶马奏议》，清初刻本。

[37]（清）谭吉璁纂修：康熙《延绥镇志》，清康熙刻本。

[38]（清）夏燮：《明通鉴》，中华书局，1980年。

[39]（清）张廷玉等：《明史》，中华书局，1974年。

[40]《续文献通考》，商务印书馆万有文库本，1936年。

三、论文类

[1]曹钦白：《丘濬的生财、聚财和用财思想》，《海南国税》，2018年第3-5期。

[2]陈宝良：《明代学官制度探析》，《社会科学辑刊》，1994年第3期。

[3]海南省文化历史研究会：《丘濬 海瑞学术研讨会论文选集》，海南省文化历史研究会，东方文化事业公司，1998年。

[4]全汉昇：《明中叶后太仓岁出银两的研究》，《中国近代经济史论丛》，（台湾）稻禾出版社，1996年。

[5]肖伟：《丘濬与斯密经济思想之比较分析》，《重庆三峡学院学报》，2007年第五期。

后记："说明"进行时

1

赵先生打进电话的时候，我正在查阅税史资料。我习惯于把来自不同渠道的资料随手扔进 word 文档，一一标明出处，再分门别类，根据需要剪切和组装到文章中。于是，手头的多数文稿在完工前，后半部总是拖着一条或长或短的尾巴。每当思路阻滞，我就一遍遍翻看这些资料，从字缝里踅摸路标。

"影响您休息，实在抱歉。我遇到了职业生涯中的最大坎坷，必须向您倾诉。我有一些想法，期盼您能支持。"大约 20 分钟，我一直听赵先生倾诉。赵先生语速飞快，声音不时打颤打滑，听得出他很激愤，甚至能感觉到他眼里汪着泪水。

赵先生的坎坷叫"正转副"，就是由一个单位的正职就地转任职级不变的副职。显然，他很在意自己的奋斗成果，自认为不该归入这个少皮无毛的可怜群体。一遍遍地，他向我解释政策条文，引用领导讲话，捆绑别人一起对号入座，然后给自己规划出一条既纠结又坚定，既不甘心又没信心的维权线路。

赵先生说的政策和流程，我懂，因为我有幸参与同一项工作，只是岗位不在赵先生工作和生活的那个城市。我和赵先生很熟，23 年的交情，互动频繁，推心置腹。赵先生给我出题，于公于私我都有责任认真作答。于是，接下来的 20 分钟基本上是我掰开揉碎谈人生观和价值观，赵先生先是抢话辩白，渐渐不大吭声，最后奇迹般接受我的建议。"我想通了，您放心吧。"他说。

　　挂断手机倒在床上，我久久不能入睡，脑子里翻过来倒过去总是一句话：有一种奉献叫牺牲。我由衷地体会到，这项工作绝不像某些人说得那样简单和轻松，也不该像某些人做得那样机巧和生硬，对付出牺牲的同志，组织上该多给一些理解、包容、尊重和关爱。改革要展现力度，更要保持温度，秉公心、行大道和人性化、温情化同样重要。很多事情说到底只是互相给足面子而已。

　　几天后，深夜，赵先生再次拨通我的手机。"那天吵醒了您，今天您肯定没睡着。"再次误判我作息状态的赵先生并不知道，连日来忙工作忙私活儿，我很疲倦，关心了几十分钟国际新闻后早早睡下。被手机铃声惊醒，迅速校准时间和空间，我总算回过味儿来：赵先生这回是宽慰我的，他已经得知，我也正转副了。劝来劝去，赵先生笑了，他送给我的差不多全是我那天送给他的话。"我就觉得不公平……"察觉到自己的宽慰了无新意，赵先生一拐弯，索性回到当初的频道。

　　我们同时开启"情景再现"模式，还是他娓娓倾诉，还是我谆谆劝慰。劝过，笑过，睡意全无，我苦笑着打开电脑，接着鼓捣我的文章和资料。

　　活儿没干成，觉也没睡好。本市的、外市的、外省的朋友接续着打来电话，试探着核实讯息，劝导我"想开些"。接完最后一个电话，我想起一位领导干部9年前悄悄说过的话："友情这东西，有时候也很折磨人。"

　　就在那个深夜，我告诉朋友们：我正忙着写《说明：钱眼儿里的皇朝》。

2

　　早在一年前，我就开始打量明朝。忝充税史部学术委员多年，不拼凑几篇文章实在说不过去。继粗略研究崇祯、李自成的得失成败和万历开矿榷税之后，我瞄上了明朝田赋与皇朝兴衰的因果联系。积累资料的同时，忍不住加一些批注，也就是随机性、随意性的心得，批注多了，又忍不住把它们排列组合到一起。那份勇毅和执着，像极了一个勤勉敬业的木工把一垛木料分解成不同规格的木板，再拼装成卯榫结构的家具。勇毅和执着一天天增长，电脑里的文字渐渐滚成雪球。

　　见证奇怪的时刻到了：设想中的论文只是一粒尚未发芽的种子，它的副产品却疯长到洋洋数万言。这等舍本逐末、剑走偏锋、天马行空的迷糊事儿，大概只有我这种无拘无束、无知无畏、无欲无求的洒脱人才干得出来。

　　迷糊和洒脱，只是视角和观感不同而已。

　　比迷糊和洒脱更优秀的品质，是随时随地找到恰切的视角，生发熨帖的观感。

　　神助攻悄然出现。他们是贵人。经挚友李胜良介绍，海南某杂志发出加盟专栏邀请，我欣然接受，集中精力完成 6 期稿件。稍后，河南某杂志邀约专栏稿件，我另起炉灶，重组和扩展出 12 期稿件交差。因为是专栏文章，自觉不自觉间坐实两个特点：字数固定，每节 2 700 字(少数几节略长些)；既遵从章与章、节与节间的逻辑和层次，又保持每章每节的相对独立性，也就是曹钦白老师说的项链式叙事结构。

　　《说明：钱眼儿里的皇朝》共六章七十二节。依次是：田赋演变、工商税制概述、矿税及其征管、军制及其与赋役的关联性、财政分配的大致框架和税收人物，并以丰歉、征纳、盛衰、安危、源流和高下六个意象词分别临摹其内涵、外延和体貌特征。胜良建议我大胆扩容，以更宏阔更立体的视野、更雄浑更霸气的格局和更恣肆更厚重的笔法"说明"，想了想，没敢过多尝试，理由是：活儿太大，底气不足；以我的读书体验，24 万字成册，容量刚刚好；背离传统规则的写法受不受欢迎，有待检验。

　　需要向读者坦白的是，除矿税一章于 2017 年大体完稿外，田赋等五章均在我参与国地税征管体制改革督导期间，利用业余时间完成。督导任务很重，头绪很多，但远比耗在机关灵动爽利，心无旁骛。幸运的是，我的同事一力承担本部门几乎所有本职工作，用"单出头"接续"二人转"，构筑起坚强稳固的"大后方"；幸运的是，陪我督导某市的两个同事业务娴熟，严谨练达，在工作上给了我全方位的有力支持，"三人邢"的经历和友情弥足珍贵；幸运的是，我所在的这个市局，民风淳朴敦厚，干部勤勉本分，班子团结向上，工作平稳有序。在某些督导组组长不舍昼夜，耗费精力和智慧纠偏排雷的时候，我大多端坐桌前写文章，或者和市局主要领导聊读书。这是一张安静的书桌。

这不能不让我由衷地感谢改革，感谢正转副，不能不让我对脚下这片土地和身边这些同事充满敬意。

3

《说明:钱眼儿里的皇朝》是一种尝试。尝试就是走新路,但不一定穿新鞋。

这其实是摆布承继和创新(或者说突破)的关系。

"承继"就是延续十几年前发轫,近年不断修正、强化的兴趣点、思考方式和行文方式。我的兴趣点是历史＋税收,透过历史看税收,透过税收看历史。历史是我的喜好,税收是我的专业。这样的结合或重合算不上不务正业、不知轻重,也算不上好高骛远、好逸恶劳。我的思考方式是尽可能以宏阔的、全景式的、彼此勾稽的视野,审视经济发展和社会进步、历史和文化传承、政治和社会生态变迁、统治者性格和偏好等复杂因素与赋役间的内在联系和作用机理,因为我一向固执地认为税收是王朝兴衰、更替的重要变量,税收演进和王朝兴衰具有时间、方向、深度和广度上的密切相关性和高度一致性。忽视或无视这种相关性和一致性,就税论税或就政论政,得不出笃实雄辩的结论。我的行文方式是借用严肃的史实、习见的框架和累积的成果,用通俗化、思辨化、适度趣味化、轻度文学化和尽可能干净流畅的学术随笔,讨论治乱得失,用现实点亮历史,用历史观照现实。

"突破"就是学习、写作和成果转化从点射状、偶尔为之、小打小闹转向集束式、递进式、体系化,也就是从单篇文章到系列文章,再到结集付梓。这当然是以自己和过往为参照,与高手相比,我只是一个术业粗疏的初学者。

走到这一步,学术论文和学术随笔的主次关系已经逆转:学术随笔变身主产品,学术论文屈尊副产品。

之所以拿明朝说事儿,是因为明朝有事儿可说。一半开明一半昏暗的政治、一半平静一半动荡的政局、一半勤勉一半昏懒的皇帝、一半励精图治一半困顿萎靡的朝堂、一半壮心不已一半党同伐异的官僚、一半忠君律己一半滥权祸国的权宦，让整个皇朝跌宕起伏、波诡云谲、惊心动魄、丰富多彩。从赋役的视角切进去，大明皇朝色彩绚丽、影像通透、脉络清晰、层次分明。

一直称笔下的劳作为"说明"或"明说"，推敲再三，深感简约有余，直观不足，且容易习惯性误读，于是增加一个大众化、通俗化的副题，变成《说明：钱眼儿里的皇朝》。

4

2018 年的税史部平静而热闹。我的《说明：钱眼儿里的皇朝》开工不久，胜良的《中华四千年税史赋》雄健起韵。赋文通体四言，五十三章，激越豪迈，前无古人。我们时常互动，相约金秋时节基本结稿。我一向呆头呆脑、笨手笨脚，选一个博览群书、视野宏阔、达观睿智、笔耕不辍的青年才俊作标杆，不为赶超，只为砥砺。比我和胜良出手更早，赵丰兄的补白大作《伪满洲国税收真相》行进到出版阶段。三兄弟以不同手法呈献阶段性税史成果，不能不说是一大快事。

到后半程，我数次在朋友圈暴晒写作大纲和局部文稿，为的是征求意见、刷耕读感。感谢"中税学五部"和"书香含光"两个微信群各位前辈、老师、朋友的支持和鼓励，他们时时用厚实的功底、拼搏的激情和严谨的学风感染着我。这两个群不乏成果丰硕、在财税史学界极具影响力的开山式、标志性和成长型人物，未经许可，我不敢披露他们的大名，但这不影响我发自肺腑的敬意。

真诚感谢曹钦白老师。我和曹老师相识有年，相知有素，相助有成，其情其谊，历久弥新弥淳弥厚。向这位亦师亦友的敦厚长者讨序，是老早就打定主意的。最后两节刚刚备足资料，我就迫不及待地把初稿发给曹老师。曹老师作序兼审读，连续十天守在电脑前，逐一标注文字谬误，提出很多真知灼见，还随信寄送相关资料，提携之情充溢字里行间。曹老师对书稿的评价，我不敢全盘接受，因为我知道那里边鼓励和希冀的成分很大，更知道书稿有很多缺憾。

真诚感谢李胜良、顾志珊、孟贵涛、王海亮四位先生。他们慨然助力，为拙作添彩。

真诚感谢天津人民出版社和吴丹编辑。这是一次愉快的合作。

"说明"是一单大活儿。我目前的尝试，只是起步。我看到的想到的写出来的，只是全豹之一斑。我码放的这些粗糙稚嫩且微不足道的方块字，只是"进行时"某个节点的并不起眼的标记。

一切都在路上。重整行囊，放眼风物，咱接着走。

李长江

2019 年元旦于怡鹤书屋

扫码进入长江书友群